Anders Levermann

Die Faltung der Welt

I could be bounded in a nutshell and
count myself a king of infinite space.

SHAKESPEARE, HAMLET

ANDERS LEVERMANN

DIE FALTUNG DER WELT

Wie die Wissenschaft helfen kann, dem Wachstumsdilemma und der Klimakrise zu entkommen

Ullstein

Ullstein ist ein Verlag der Ullstein Buchverlage GmbH

ISBN: 978-3-550-20212-4

4. Auflage 2026

Bei Fragen zur Produktsicherheit wenden Sie sich bitte an
produktsicherheit@ullstein.de
Gesetzt aus der Minion Pro
Satz: LVD GmbH, Berlin
Druck und Bindearbeiten: GGP Media GmbH, Pößneck

Für
Christiane

Für
Shiva und Ole
und
Max und Mascha

Inhalt

Prolog

We stick our fingers in the ground,
heave and turn this world around.
TOM WAITS, HOIST THAT RAG

Nehmen wir einen Tischtennisball. Zunächst ist er nur ein einfacher Ball ohne Gefühle und Wünsche, aber wenn Sie bei mir bleiben, dann wird sich das bald ändern. Wäre dieser Ball im All, weit entfernt von der Erde und anderen schweren Körpern wie dem Mond oder gar der Sonne, dann flöge er mit gleicher Geschwindigkeit immer geradeaus.[1] Wenn wir uns in die mathematisch-physikalische Perspektive des Tischtennisballs begeben, dann interessiert uns nur, wo wir gerade sind und wo wir als Nächstes hinfliegen. Wir können uns ein Koordinatensystem bauen, in dem eine unserer Achsen immer nach vorne zeigt. Das geht, weil es eine Richtung gibt, die immer vorne ist. Und weil keine Kräfte auf den Tischtennisball wirken, ändert er seine Richtung nie. Er fliegt immer geradeaus. In seiner Welt nach vorne.

---

1 Für die Profis: Bevor wir den Tischtennisball in die Luftleere des Alls bringen, haben wir ihn natürlich mit einem kleinen Loch versehen, damit er nicht explodiert, wenn der Luftdruck von außen nachlässt.

Wir können den Tischtennisball etwas interessanter machen, indem wir ihm ein Wertesystem geben, das vorgibt: »Vorne ist gut, und weiter vorne ist besser.« Damit hätten wir in dieser luftleeren theoretischen Welt einen glücklichen Tischtennisball, denn er würde sich in jedem Moment verbessern. Aber selbst in dieser bis zur Absurdität vereinfachten Welt von emotionalen Tischtennisbällen im All kann Glückseligkeit nicht bis in alle Ewigkeit Bestand haben. Denn sogar im All mit seinen scheinbar unendlichen Weiten gibt es eine Grenze – die des Universums. Und noch bevor unser glücklicher Ball diese erreicht, wird er mit großer Wahrscheinlichkeit an einem Planeten vorbeikommen, und dann ändert sich sein freier Flug. Denn dann wird er durch dessen Anziehungskraft abgelenkt werden.

Wenn der Tischtennisball die Richtung, die bisher für ihn vorne war, als das allein glücksbringende Vorne definiert, dann passiert etwas Schreckliches: Er wird ein trauriger Ball werden. Nachdem er besagten Planeten gekreuzt hat und so von seiner ursprünglichen Bahn abgelenkt wurde, fliegt er wieder ungestört weiter – aber eben in eine andere Richtung. Wenn er nun sein altes Vorne als gut definiert, dann entfernt er sich immer weiter davon und wird immer unglücklicher. Eine gute Strategie für unseren Ball wäre deshalb, sein Wertesystem zu ändern und sich an die neue Flugrichtung anzupassen.

Mancher mag vielleicht sagen, dass es von mangelndem Rückgrat zeugt, sein Wertesystem zu ändern. Dabei wird das Ganze sogar noch komplexer, wenn unser Tischtennisball nicht der einzige im Universum ist. Was, wenn die nächste Ablenkung nicht von einem der weit entfernten Planeten herrührt, sondern wenn noch andere

Tischtennisbälle mit eigenen Wertesystemen im All herumschwirren und unser Ball gelegentlich gegen einen anderen prallt? Ein solcher Zusammenstoß würde die Flugrichtung beider dramatisch ändern, bis zur nächsten Kollision. Auch hier gilt wieder: Wenn unser Tischtennisball nur die eine Richtung, mit der er ins Leben gestoßen wurde, als gut betrachtet, dann ist es wahrscheinlich, dass ihn die Zusammenstöße mit anderen Tischtennisbällen unglücklich machen.

Wir müssen das absurde Beispiel noch ein kleines bisschen weiterspinnen. Tischtennisbälle im All fliegen in eine Richtung, bis sie auf etwas stoßen, und dann ändern sie nach dem Impulserhaltungssatz ihre Richtung, wie Kugeln auf dem Billardtisch. Aber ein Tischtennisball, den wir auf der Erde hochwerfen, wird nicht in gleicher Richtung fliegen, sondern seine Richtung stetig ändern. Entsprechend der Erdanziehungskraft wird er einen Parabelflug durchführen, bis er auf die Erde prallt. Erst geht es in die Richtung, in die wir ihn geworfen haben, aber sofort zieht ihn die Erde in ihren Bann und verändert seine Flugbahn. Mit einem festen Wertesystem wäre er zur Traurigkeit verdammt, und das zeigt vor allem, dass seine Bewegung auf der Erde eingeschränkt und unfrei ist. Das liegt daran, dass unsere Tischtennisbälle bisher zwar Gefühle haben, sich aber nicht von selbst fortbewegen können. So sind sie Sklaven ihrer Umgebung, ohne Einflussmöglichkeit auf ihr Schicksal.

Stellen wir uns nun die Welt als eine Welt von aktiven Bällen vor – von goldenen Schnatzen wie dem, den Harry Potter fangen muss, um für seine Mannschaft ein Quidditch-Spiel zu gewinnen. Der goldene Schnatz fliegt von allein vorwärts und scheint einen freien Willen zu haben.

Bei J. K. Rowling fliegt er zum Beispiel im Zickzack, um dem Fänger zu entkommen und damit seiner Bestimmung zu folgen. Nehmen wir jetzt mal an, dass unsere Tischtennisbälle sich frei bewegen und damit entscheiden können, wohin sie fliegen. Da ihr Wertesystem am Anfang festgelegt wurde, und zwar in die Richtung, in die sie ursprünglich geflogen sind, werden sie der Erde entfleuchen und in diese Richtung wegfliegen. Und da sie sich selbst bewegen können, werden sie immer wieder auf diese Richtung zurückkehren. Wenn sie gegen einen Planeten prallen, dann versuchen sie, danach wieder zurück auf Kurs zu kommen, und streben weiter in die ursprüngliche Richtung. Das Gleiche werden sie tun, wenn sie mit einem anderen Ball zusammengestoßen sind. Von außen betrachtet scheint dieses Verhalten eher das eines Fanatikers zu sein, aber die Bälle werden immer glücklicher.

Es sei denn, es gibt ein Hindernis, das sie nicht umrunden können, zum Beispiel einen Krater in einem Planeten, aus dem sie nicht herauskommen, weil sie immer wieder kurzsichtig in die gleiche Richtung fliegen, ohne zu bedenken, dass sie damit nur wieder gegen das gleiche Hindernis prallen. Diese Art von Verhalten macht einen Schnatz zu einem dummen Schnatz. Tragisch wird es dann, wenn ihn seine kurzfristige Glücksoptimierung in die Richtung einer Sonne bringt. Denn dann wird er verbrennen.

Was geschieht, wenn wir dem goldenen Schnatz nicht nur die Möglichkeit geben, sich frei zu bewegen, sondern auch die Möglichkeit, zu entscheiden, welche Richtung ihm gefällt? Wir können wohl annehmen, dass er dann nicht in eine Sonne fliegen würde. Aber würde er dann überhaupt ins All fliegen und immer weiter geradeaus ans Ende des Universums? Vielleicht würde er das, aber das würde bedeuten, dass er all die anderen goldenen Schnatze hinter sich lassen würde. Manch ein Schnatz würde sicher diesen Weg wählen. Wenn aber Schnatze Luft zum Überleben bräuchten, dann würden sie die Atmosphäre sicher nicht verlassen. Sie würden die Grenze, die durch ihre Natur und die ihrer Umwelt gegeben ist, respektieren und in der Nähe der Erde bleiben.

Der Schnatz bei Harry Potter bleibt sogar in der Nähe des Spielfeldes, weil der Sinn seiner Existenz mit dem Spiel verbunden ist. Andere kleine goldene Bälle mögen einen anderen Sinn suchen und finden. Die Frage ist, betrachten wir sie als unfrei, weil sie die Atmosphäre nicht verlassen können? Ich glaube, sie sind genauso wenig unfrei wie ein Vogelschwarm, der sich frei am Himmel bewegen kann. Er darf nicht in den Ozean stürzen und nicht ins luftleere Weltall fliegen, aber zwischen diesen natürlichen Grenzen besteht unendliche Freiheit.

Tatsächlich könnte es sogar sein, dass Vogelschwärme sich gegenseitig aus dem Weg gehen und dadurch den Himmel und neue Futterquellen erkunden. Ich vermute, dass sich zwei Vogelschwärme, wenn man sie nah beieinander aussetzen würde, ihren jeweils eigenen Weg bahnen würden und erst mal so schnell wie möglich auseinanderfliegen, um sich nicht in die Quere zu kommen. Weil ihr Lebensraum begrenzt ist und es andere Vogelschwärme gibt, sind sie ständig dazu angehalten, neue Futterquellen und Brutplätze zu finden. Einige entwickeln vielleicht andere Methoden der Futterbeschaffung und des Nestbaus, um neue Lebensräume erkunden zu können. So entstehen aus dem Freiheitsdrang der einzelnen Vogelschwärme und der Begrenztheit des Raumes Vielfalt und Kreativität. Das ist die Faltung (Abbildung 1).

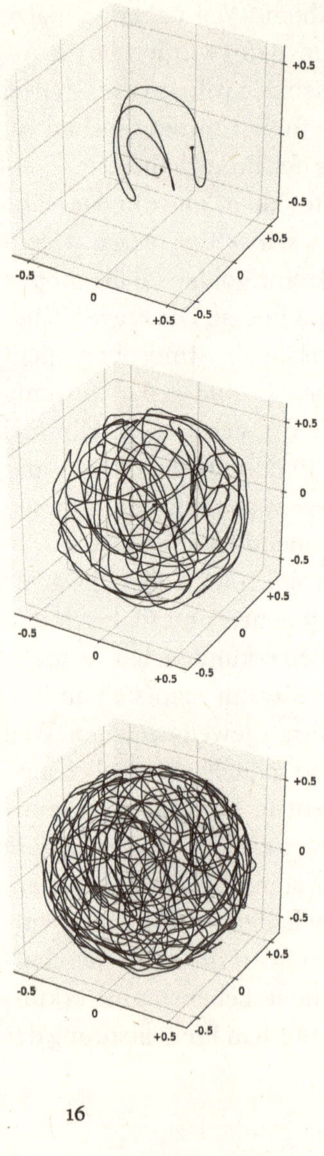

Abbildung 1 – Illustration der Faltung in einem dynamischen System. Gezeigt ist der Pfad eines Wesens, das versucht, Orte zu finden, an denen es noch nicht war. Es wird dabei von seiner eigenen Vergangenheit abgestoßen und strebt deshalb voran. Gleichzeitig muss es in einem endlichen Raum bleiben. Es ist sich dieser natürlichen Grenzen bewusst und faltet seinen Pfad, seine Trajektorie, immer, wenn es in die Nähe der Grenze kommt, zurück in die noch freien Gebiete. Nach und nach erforscht es den gesamten möglichen Raum. Es ist dabei schneller als jede systematische Suche.

1 Das Wachstums-dilemma

You can drive out nature with a pitchfork,
but it always comes roaring back again.

TOM WAITS, MISERY IS THE RIVER OF THE WORLD

Das Dilemma von Bewegung und Begrenztheit beschäftigt mich schon lange. Vor allem die Frage: Wie ist unendliches Wachstum auf einem begrenzten Planeten möglich? Als theoretischer Physiker forsche ich seit zwanzig Jahren in der physikalischen Klimaforschung und seit nunmehr einem Jahrzehnt zusätzlich an den ökonomischen Aspekten des Problems.

Die weltweit führende wissenschaftliche Fachzeitschrift *Nature* hat in den letzten drei Jahren zweimal Publikationen meiner Arbeitsgruppe als Titelgeschichten veröffentlicht – einmal mit einer Studie über die physikalische Stabilität der Antarktis und einmal mit einer über die wirtschaftlichen Folgen von weltweiten Regenveränderungen. In diesem Buch verbinde ich Überlegungen aus den beiden Welten – den Natur- und den Wirtschaftswissenschaften. Die Begrenztheit unseres Planeten und seiner Ressourcen ist offensichtlich. Das Dilemma entsteht dann, wenn man, wie ich in Kapitel 4 darlege, davon überzeugt ist, dass eine fortwährende Weiterentwicklung unausweichlich ist. Diese Weiterentwicklung muss darüber hinaus frei von Beschränkungen erfolgen, um tatsächlich effektive Lösungen für neue Herausforderungen zu finden.

Ich möchte hier das Narrativ der Faltung anbieten, von dem ich glaube, dass es das Paradigma von unbegrenztem und stetigem Wachstum, das in weiten Teilen unseres Wirtschafts- und Gesellschaftssystems vorherrscht, ersetzen kann. Dabei handelt es sich um ein neues Narrativ, eine Alternative zu der Überzeugung, dass die Lösung unseres Nachhaltigkeitsproblems nur durch Verzicht und ein Zurück zu alten Lebensweisen möglich ist.

Auch wenn ich glaube, dass das Narrativ eine Orientierung für eine funktionierende Gesellschaft der Zukunft bietet, so kann dieses Buch nicht alle Lösungen liefern. Ich versuche, zu erklären, was der Gedanke der Faltung für einige wichtige Bereiche des Zusammenlebens bedeuten kann, und zeige, wie das Prinzip angewendet werden kann und wie flexibel es ist.

Ich glaube, dass die Anwendung der Faltung auf die politische und gesellschaftliche Gestaltung unserer Zukunft sehr weit tragen kann, und da wir vieles davon schon heute leben, wird es Ihnen zum Teil bekannt vorkommen. Verkürzt gesprochen entsteht Faltung immer dort, wo ein sich aktiv entwickelndes System mit Grenzen konfrontiert wird. Meine Vorschläge, die ich mit Blick auf die Faltung ableite, sind genau das, nämlich Vorschläge. Die Faltung existiert als Phänomen auch ohne diese möglichen Anwendungen.

Im Buch verwende ich keine mathematische Formel[2],

---

2 Nur in Fußnoten – einige wenige.

doch aber Mathematik. Das muss niemanden abschrecken, denn Mathematik ist einfach nur die Sprache, die manche von uns gelernt haben, um Gedanken zu formulieren. Sie hat einige Vorteile und andere Nachteile. Man kann die Gedanken hier sicher auch auf andere Art ausdrücken, wie ich es bei meiner Frau und meinen Freunden schon erlebt habe. Ich hoffe, dass die Leserin und der Leser dies auch tun werden. Es sind zumeist einfache Gedanken, neu ist ihre Kombination.

Obwohl mathematische Beschreibungen der Wirklichkeit häufig mit physikalischen Gegebenheiten verbunden werden, ist die Mathematik doch noch wesentlich universeller in dem Sinne, dass sie auf alle Bereiche des Lebens angewendet werden kann. Sie ist eine Art »eingefrorene Logik«. Das bedeutet, wenn man einen Sachverhalt in die Mathematik überträgt oder in ihr darstellt, dann kann man deren Gesetze benutzen, um zu neuen Schlüssen zu gelangen. Da die Mathematik in sich widerspruchsfrei ist, sind die Schlüsse immer konsistent mit den Annahmen. Die einzige mögliche Fehlerquelle liegt in der Übertragung von Wirklichkeit in Mathematik und zurück. Mathematik repräsentiert Wahrheit. Das macht sie faszinierend und schränkt sie natürlich auf Sachverhalte ein, in denen es Wahrheit geben kann.

Sie werden keine Mathematik brauchen, um dieses Buch und das Konzept der Faltung zu verstehen – das verspreche ich Ihnen; vielmehr glaube ich, dass das mathematische Prinzip der Faltung produktiv sein kann, um die politische und gesellschaftliche Gestaltung der Zukunft neu zu denken, und ich lade Sie ein, mich bei diesem Versuch zu begleiten.

2 Das Prinzip der Selbstverstärkung

There's no prayer like desire.
TOM WAITS, BLACK MARKET BABY

Ehe ich das Konzept der Faltung näher erläutere und beispielhaft auf verschiedene Bereiche anwende, möchte ich ein Prinzip einführen, das in der Mathematik standardmäßig zur Beschreibung bestimmter Phänomene genutzt wird: die Selbstverstärkung.

Selbstverstärkungen sind leicht zu verstehen, und wir finden sie praktisch überall in unserem Leben (Abbildung 2). Mehr noch, sie stehen im Mittelpunkt eines Dilemmas, das wie kein zweites die politischen und gesellschaftlichen Debatten unserer Zeit bestimmt, ihnen in gewisser Weise sogar den Rahmen vorgibt: das Dilemma unseres unendlichen Wachstums auf einem endlichen Planeten.

Tatsächlich kann man die gesamte Welt aus der Sicht von Selbstverstärkungsprozessen betrachten, denn sie dominieren die Natur um uns herum ebenso wie unser Zusammenleben, und damit auch unser Wirtschaftswachstum und unseren Ressourcenverbrauch. Es lohnt sich also, den Mechanismus genauer zu ergründen, ehe wir darüber nachdenken, wie wir mit ihm umgehen können.

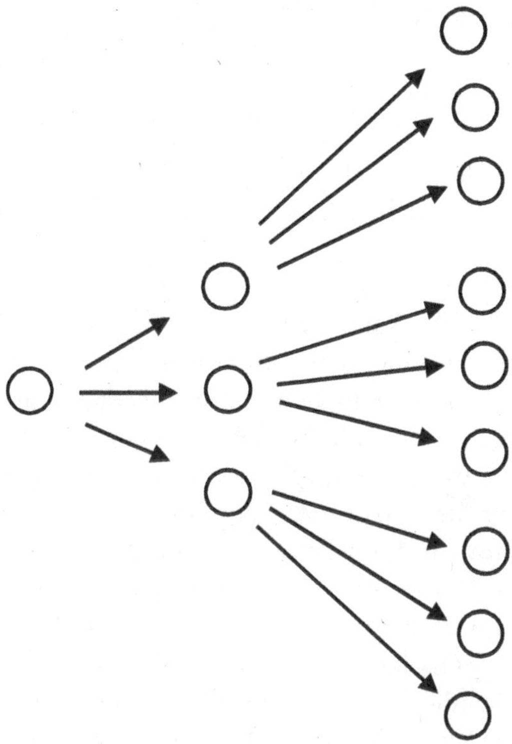

Abbildung 2 – Einfache Illustration von Selbstverstärkung: Bei der Atombombe wird durch ein Neutron ein Uranatom gespalten, und es entstehen drei weitere Neutronen. Dieses setzt eine Kettenreaktion oder Selbstverstärkung in Gang, und es entsteht exponentielles Wachstum der Neutronenanzahl. Ähnliche Mechanismen finden wir überall in der Natur, Wirtschaft und Gesellschaft – immer dann, wenn die Zunahme einer Größe mit der bereits vorhandenen Menge zunimmt: Mehr Hasen bedeuten mehr Hasenbabys.

2.1 Das Prinzip

Das Prinzip ist wunderbar einfach und universell[3]:

Eine Selbstverstärkung liegt vor, wenn eine Menge umso stärker anwächst, je größer sie bereits ist.

Einfacher ausgedrückt: je mehr Hasen, desto mehr Hasenbabys. Dabei kann die Menge, die da anwächst, materiell sein, wie eine Menge von niedlichen Nagern oder gefährlichen Viren. Es kann sich aber genauso um etwas Virtuelles handeln, wie das Geld auf meinem Konto oder den Wert der Firma Google. In den digitalen Medien erleben wir die Selbstverstärkung, wenn ein Gerücht rasend schnell die Runde macht oder durch viral werdende YouTube-Videos, Tweets und Lieder. Dass dieser Vorgang als »viral gehen« bezeichnet wird, spricht für sich. Je mehr Menschen etwas teilen, desto höher wird die Wahrscheinlichkeit, dass es weiter geteilt wird – sei es durch die Nutzer selbst auf Twitter, durch das Lästern an der Kaffeemaschine im Büro oder durch Algorithmen, wie bei den meisten anderen Onlineplattformen wie Instagram oder TikTok.

Die Menge, die wächst, kann sogar negativ sein. Bei einem Börsencrash wachsen die Verluste der Firmen

3 Einfachheit und Universalität sind neben der Widerspruchsfreiheit die höchsten Ziele wissenschaftlicher Theorie. Das ist in der berühmten epistemologischen Aussage aus der Scholastik zusammengefasst, die manchmal als Ockhams Rasiermesser bezeichnet wird. Wilhelm von Ockham beschrieb sie 1341 in seinen Summa-logicae-Manuskripten.

nach einem Selbstverstärkungsprinzip: Je stärker der Wert einer Aktie fällt, desto mehr Leute verkaufen sie, das Angebot auf dem Markt steigt, und der Preis fällt weiter.

Aber langsam, lassen Sie uns einige Eigenschaften dieser Prozesse an ein paar einfachen Beispielen veranschaulichen, um ihre Bedeutung und Dynamik zu verstehen. Bei einer Viruserkrankung ist jedes Virus, das nicht vom Immunsystem unschädlich gemacht wird, eine Quelle für weitere Viren. Ohne Selbstverstärkung würden uns nur Viren krank machen, die wir von außen aufnehmen, ihre Anzahl in unserem Körper würde also nur steigen, wenn wir uns in der Nähe von infizierten Menschen befänden. Sobald wir uns von ihnen entfernten, würde die Zahl der Viren in unserem Körper stagnieren. Wir wären wesentlich seltener krank, und eine Coronapandemie hätte es nicht gegeben. Wir würden uns nicht »anstecken«. Stattdessen wäre eine Viruserkrankung, als würde man eine heiße Herdplatte anfassen: schädlich in dem Maße, wie wir uns verbrannt haben, aber nicht mehr. Tatsächlich entfalten die Viren nach der Infektion eine Eigendynamik in unserem Körper. Das hat eine Reihe von Konsequenzen. Zum Beispiel ist dann fast gleichgültig, ob wir noch weitere Viren von außen aufnehmen, denn ihre Menge in unserem Körper wird von der Dominanz der Eigenvermehrung gesteuert, nicht von der weiteren Aufnahme.

Das ist schon die erste universelle Eigenschaft von Selbstverstärkungsprozessen: Sie überschreiben innerhalb von kurzer Zeit jeden anderen Prozess, der keiner Selbstverstärkung folgt. Die Aufnahme der Viren, die von außen geschieht, ist solch ein Beispiel. Egal, wie viele weitere Viren wir von außen aufnehmen: Sobald *in* unserem Körper der selbstverstärkende Prozess eingesetzt hat, wird diese Aufnahme durch eine viel rasanter steigende Zahl von Viren überschrieben. Der Verlauf der Krankheit wird vom Kampf unseres Immunsystems gegen die Eigendynamik der Viren bestimmt.

Selbstverstärkungen sind mathematisch sehr gut verstanden und haben eine ganze Reihe solcher Eigenschaften, die ihnen allen gemein sind. Ihre zeitliche Entwicklung zum Beispiel kann im Detail kompliziert sein, aber in der Essenz folgt sie immer einer sogenannten Exponentialfunktion (Abbildung 3), die zunächst langsam anwächst, dann aber ab einem gewissen Zeitpunkt explosionsartig zunimmt. Viele haben diese Funktionen bereits in der Schule kennengelernt, aber ganz schnell wieder vergessen, obwohl es wahrscheinlich die wichtigste mathematische Funktion ihres Lebens ist. Sie können mich jetzt natürlich nicht lächeln sehen, aber mir ist schon bewusst, dass 99 Prozent der Menschen sehr gut ohne mathematische Funktionen in ihrem Leben auskommen. Ob wir sie kennen oder nicht: Mathematik ist allgegenwärtig und transzendiert alles. Wenn Außerirdische auf unserem Planeten landen würden, dann hätten sie die gleiche Mathematik wie wir, auch wenn ihre Gestalten aus Gas bestünden oder sie rein virtuelle Intelligenzen wären. Das ist die Schönheit dieser reinen Gedankenwelt.

Aber zurück zu den Selbstverstärkungen. Zunächst könnte man meinen, dass es die Einfachheit und Universalität des Prozesses ist, die Selbstverstärkungen so allgegenwärtig in unserem Leben machen. Der wirkliche Grund ist aber ihre dynamische Wucht. Sie führt dazu, dass ein Selbstverstärkungsprozess die Entwicklung eines

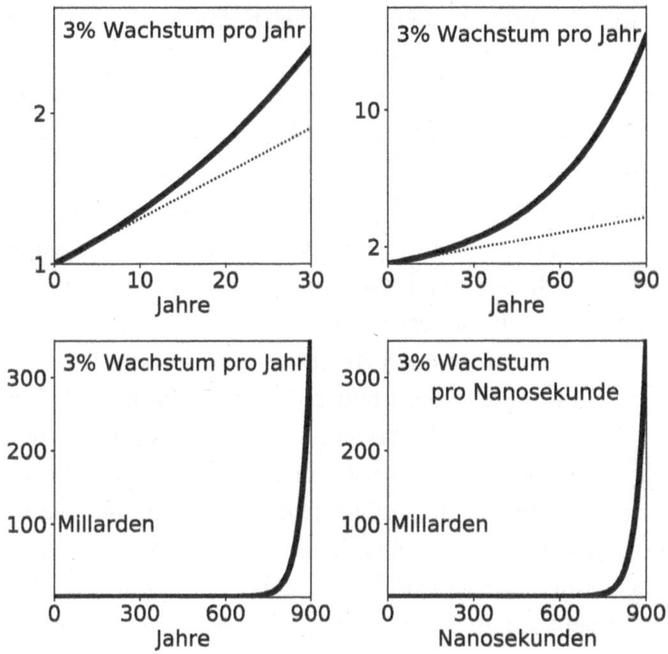

Abbildung 3 – Selbstverstärktes und damit exponentielles Wachstum von drei Prozent nach unterschiedlicher Zeit. Kommen jedes Jahr drei Prozent des Ursprungswerts hinzu, dann ist der Wert nach dreißig Jahren mehr als verdoppelt (links oben), aber der Unterschied zu einem linearen Wachstum (gepunktete Linie), bei dem immer die gleiche Menge hinzukommt, ist noch gering. Nach drei Generationen oder neunzig Jahren ist dieser Unterschied nicht mehr aufzuholen (rechts oben). Findet das Drei-Prozent-Wachstum auf einer kürzeren Zeitskala statt, zum Beispiel innerhalb einer Nanosekunde, wie beim Ultrafast-Trading an der Börse (rechts unten), dann ist das vergleichbar mit dem jährlichen Wachstum nach 900 Jahren. Diese Steigerungsgeschwindigkeit ist ähnlich wie die Kettenreaktion in einer Atombombe.

Systems dominiert, weil er immer stärker wird und damit andere Effekte verdrängt.

Das ist nicht selbstverständlich, denn nicht alles, was viel vorkommt in der Welt, ist durch einen solchen Prozess entstanden. Dass unser Körper zu einem Großteil aus Wasser besteht, hat seinen Grund zum Beispiel nicht in einem Selbstverstärkungsprozess. Ansonsten müssten wir Sorge haben, dass wir immer mehr Wasser in unserem Körper anreichern. Das ist normalerweise nicht der Fall. Stattdessen müssen wir sogar stetig Wasser trinken, um unseren Flüssigkeitshaushalt stabil zu halten.

Dieser einfache Unterschied bedeutet, dass wir mit Selbstverstärkungsprozessen grundsätzlich anders umgehen müssen als mit anderen Situationen, in denen einfach von irgendetwas viel da ist. Selbstverstärkungsprozesse sind kraftvoll und dominant. Und wenn sie das nicht sein sollen, dann müssen sie kontrolliert werden. Nicht nur in einer Pandemie.

Das exponentielle Wachstum dieser Selbstverstärkungsprozesse spiegelt sich in der mathematischen Theorie dynamischer Systeme durch einen positiven sogenannten Lyapunov-Exponenten wider. Das muss man nicht im Detail verstehen, aber der Kehrwert des Lyapunov-Exponenten ist ein Zeitmaß, das in etwa der Zeit entspricht, in der sich die wachsende Menge verdoppelt.[4]

---

4 Für die Profis: Tatsächlich ist es die Zeit, in der sich die Menge »ver-e-facht«, also um den Faktor der Eulerzahl ansteigt. Die Eulerzahl ist 2.7182818… Die Verdopplungszeit ist also immer etwas kürzer als der Kehrwert des Lyapunov-Exponenten, um genau zu sein, um 1-ln(2) kleiner, d. h. um etwa 30 Prozent.

Wenn wir bei den Viruserkrankungen bleiben, dann zeigt sich, dass das Prinzip auch außerhalb des menschlichen Körpers weiterhin seine Gültigkeit behält. Eine Krankheit breitet sich exponentiell aus, wenn eine Person im Mittel mehr als eine weitere ansteckt, bevor sie sich in Quarantäne begibt. Selbst wenn es hier um die gleiche Krankheit ginge, so ist das doch ein völlig anderer Prozess als die Virenvermehrung innerhalb des Körpers. Die Anzahl der von einer Person angesteckten Personen, der sogenannte R-Faktor, hat während der Covid-19-Pandemie traurige Berühmtheit erlangt. Er ist hierbei das Maß für die Ausbreitungsgeschwindigkeit. Nimmt man diesen R-Wert minus eins und multipliziert ihn mit dem Referenzzeitraum, zum Beispiel einem Tag oder der Zeitspanne, bis eine Person sich entweder in Quarantäne begibt oder nicht mehr ansteckend ist, dann hat man das Zeitmaß, in der sich die Zahl der Infizierten verdoppelt.[5] Das bedeutet: Ist der R-Wert größer als eins, dann steigt die Anzahl der Infizierten explosionsartig an, weil der Lyapunov-Exponent positiv ist.

Diese Art von Selbstverstärkungsprozessen kann man als explosionsartiges Wachstum bezeichnen, denn die Ausbreitung von Viren und Bakterien im Körper und die Verbreitung von Krankheiten von Mensch zu Mensch sind mathematisch praktisch identisch zu einer physikalischen Explosion: In einer Atombombe zum Beispiel führt die Spaltung jedes einzelnen Uranatomkerns zur Freisetzung von drei Neutronen, die dann weitere Uranatome spalten. Wenn jedes dieser Neutronen eine Spaltung verursacht, wäre der R-Faktor drei, und wenn dies

5 Der Lyapunov-Exponent ist der R-Wert minus eins: $\lambda = R - 1$.

innerhalb eines Zeitraums von zum Beispiel zehn Nanosekunden[6] geschieht, dann wäre das Verdopplungszeitmaß fünf Nanosekunden.

Nicht nur naturwissenschaftliche Phänomene sind diesem Prinzip unterworfen. Auch Prozesse, die durch unser Verhalten gesteuert werden, können sich ihm nicht entziehen. Wie eingangs schon gesagt: Jedes Lied, das berühmt wird, jedes Video, das durch die Decke geht, unterliegt dieser Dynamik. Auch sie dominieren ihre Umgebung und verdrängen ihre Konkurrenz. Das gilt für die Monopolbildung bei Unternehmen wie Google und Amazon ebenso wie bei der Meinungsbildung in der Gesellschaft. In gewissem Sinne kann man die Selbstverstärkung schon in der berühmten Aussage »Nichts ist so stark wie eine Idee, deren Zeit gekommen ist« entdecken, die Victor Hugo zugeschrieben wird[7]. Der springende Punkt ist hier zwar »die Zeit, die gekommen ist«, und Hugo beschreibt damit die Koinzidenz einer Idee mit

---

6 Das freigesetzte Neutron bewegt sich mit einer Geschwindigkeit von etwa 10 Millionen Metern pro Sekunde oder etwa 3 Prozent der Lichtgeschwindigkeit. Eine Kugel mit kritischer Masse von nuklearem Material hat einen Radius von etwa 10 Zentimetern, also 0,1 Metern. Das ergibt eine »Reisezeit« des Neutrons von 10^{-8} Sekunden.

7 Sie wird oft Victor Hugo zugesprochen, auch wenn tatsächlich bisher wohl kein Nachweis dafür gefunden wurde, dass die Aussage »Rien n'est plus fort qu'une idée dont l'heure est venue« tatsächlich von Hugo stammt. Das verringert ihre Kraft meiner Auffassung nach auch nur wenig. Zumal eine sehr ähnliche Aussage in seinem Buch *Histoire d'un crime* gemacht wird: »On résiste à l'invasion des armées, on ne résiste pas à l'invasion des idées.« (Man kann der Invasion von Armeen standhalten, nicht aber der Invasion von Ideen.)

einem bestimmten historischen Kontext – in seinem Fall der Gedanke der Volksherrschaft im Kontext von Verelendung breiter Bevölkerungsschichten und einer Schwäche der Eliten. Aber die Ausbreitung der Idee geschieht dann in der Form eines Selbstverstärkungsprozesses, und dadurch entfaltet sie ihre Gewalt in den Köpfen der Menschen.

Auch der Weg in die Klimakrise ist die Folge von zumindest zwei Selbstverstärkungsprozessen: des Bevölkerungs- und des Wirtschaftswachstums.

Obwohl die Bevölkerungsentwicklung der Menschen hochkomplex ist, handelt es sich doch um einen Selbstverstärkungsprozess. Das mathematische Prinzip transzendiert hierbei zunächst die ethischen, moralischen, religiösen, kulturellen und alle anderen möglichen Aspekte: Die Netto-Geburtenrate, also die Anzahl der Geburten abzüglich der Todesfälle in einem Jahr, bestimmt, ob die Anzahl der Menschen zu- oder abnimmt. Sie ist der Lyapunov-Exponent der Bevölkerungsentwicklung. Die Komplexität steckt darin, welche Aspekte des Lebens diesen Exponenten bestimmen.

Wir Menschen bevölkern die Erde seit rund 300 000 Jahren und haben im Verlauf der klimatisch stabilen Warmzeit, in der wir uns seit mehr als 10 000 Jahren befinden, eine Hürde nach der anderen genommen, um unsere Spezies erfolgreich gegen die Konkurrenz durchzusetzen. Dabei sind wir langsam, aber stetig nicht nur an die Spitze der Nahrungskette geklettert, sondern haben zudem unser Leben immer weiter verlängert – dank medizinischen Fortschritts, besserer Nahrung und hygienischer Lebensbedingungen. Das alles sind in jeder Hinsicht Fortschritte, aber sie haben, nachdem die vorindustrielle Bevölkerung über lange Zeit kaum oder nur wenig gewachsen ist, seit dem Beginn der Industrialisierung im frühen 18. Jahrhundert zu einem exponentiellen Wachstum geführt (Abbildung 3, siehe Seite 25).

Natürlich verhalten Menschen sich nicht wie Viren. Menschen sind vernunftbegabte Wesen, die Entscheidungen fällen und somit den Lauf der Dinge beeinflussen können. Die Frage ist daher, wie sich dieses rasante Wachstum auf eine Weise beeinflussen lässt, die nicht gegen Menschen-, Bürger- und Freiheitsrechte verstößt. Klar ist, dass man Selbstverstärkungsprozesse nicht einfach in den Griff bekommt. Man muss ihnen kraftvoll begegnen. Dazu später mehr.

Unser Wirtschaftswachstum ist ebenfalls ein Selbstverstärkungsprozess, denn der Grundmechanismus des Kapitalismus ist die Selbstverstärkung. Auf der mikroökonomischen Ebene von Einzelpersonen und Firmen ist das ganz einfach: Je mehr Kapital eine Person oder eine Firma hat, desto mehr kann sie investieren oder auch produzieren, um Kapital hinzuzugewinnen – mehr Kapital führt zu verstärktem Kapitalwachstum. Ob man das Zinsen oder Rendite nennt, ist dabei zunächst unerheblich.

Auf nationaler oder gar globaler Ebene ist das etwas komplexer, aber ebenso gültig. In der neoklassischen Makroökonomie gilt zwar, dass das Wachstum einer Volkswirtschaft saturiert, wenn die Zahl der Arbeitskräfte und der technische Fortschritt stagnieren. Diese These beruht aber auf der Annahme, dass die Wachstumsrate mit dem Kapital abnimmt und sich damit ein Gleichgewicht einstellt.

Ob das tatsächlich der Fall ist, kann und sollte man hinterfragen. Aber nehmen wir zunächst an, dass das stimmt. Wenn man sich die weltweite Wirtschaft anschaut, dann sieht man, dass sie keineswegs im Gleichgewicht ist. Die Wirtschaftskraft der Vereinigten Staaten hat seit 1930 mit einer durchschnittlichen Wachstumsrate von etwa drei Prozent pro Jahr zugenommen, das entspricht einem Lyapunov-Exponenten von eins durch 33 Jahre und galt bis zur Wirtschafts- und Finanzkrise von 2008 und 2009 (Abbildung 3, siehe Seite 25). Dass die wirtschaftliche Produktion entgegen der Annahme nicht stagniert, wird in der klassischen Theorie damit begründet, dass das Bevölkerungswachstum die Arbeitskraft stetig erhöht und damit weiteres Wachstum generieren kann. In dieser Theorie wäre das Wirtschaftswachstum also entweder an das nationale Bevölkerungswachstum gekoppelt oder würde durch die Verlagerung von Arbeit in ärmere Länder ansteigen. Hinzu kommt, dass der technische Fortschritt sich scheinbar unbegrenzt erhöht.

Eine erfolgreiche Erklärung für das beobachtete Wirtschaftswachstum muss also Erklärungen für die Arbeitskraft- und Technologieentwicklung beinhalten. Klar ist aber, dass mehr Wirtschaftskraft zu mehr Wirtschaftswachstum führt und wir es dadurch mit einem Selbstverstärkungsprozess zu tun haben.

2.2 Skalen und Grenzen

Geben Sie einer Physikerin oder einem Physiker ein Problem, dann sucht sie oder er intuitiv sofort nach dessen Skala – sei es bewusst oder unbewusst: Was bedeutet klein und was bedeutet groß, was bedeutet viel und was wenig, was bedeutet schnell und was bedeutet langsam –

im jeweiligen Zusammenhang der Fragestellung? Die Skalen werden hierbei häufig in irgendeiner Form von den Grenzen des Systems bestimmt. Etwas, das groß auf einer nationalen Skala ist, muss das nicht auf globaler sein, ist es aber wahrscheinlich auf regionaler.

Unser Planet und unsere menschliche Natur setzen uns Grenzen und damit Skalen. In einer Atmosphäre von 40 Grad Celsius Lufttemperatur und 80 Prozent Luftfeuchte könnten wir nicht dauerhaft überleben.[8] Wir können keine visuellen Informationen verarbeiten, die schneller eintreffen als 18 Bilder pro Sekunde. Wir leben selten länger als hundert Jahre. Grenzen schränken uns ein, aber sie geben der Welt auch Struktur. Denn eine wichtige Konsequenz dieser Grenzen ist, dass sie Skalen erzeugen. Durch das Setzen einer Grenze wird klar definiert, was groß ist und was klein. Würden wir unendlich lange leben, dann hätte ein Lebensjahr weniger Bedeutung, und wir wären mit neunzig noch nicht alt. Damit wird auch klar, dass die Grenzen nicht per se etwas Schlechtes sind. Grenzen generieren Skalen und diese wiederum Werte.

Sogar ein unbegrenzter Selbstverstärkungsprozess hat immer wenigstens eine Skala, und zwar nicht in der Menge, die wächst, sondern in der Zeit. Wenn man auf die Abbildungen von Exponentialfunktionen schaut (Abbildung 3, siehe Seite 25), bedeutet das: Ohne Begrenzung

---

8 Unsere Körperoberfläche kann sich durch Schwitzen nicht unter die sogenannte »wet bulp temperature« oder »Kühlgrenztemperatur« abkühlen. Menschen können in einer Umgebung, in der diese permanent über 35 Grad liegt, nicht überleben (Raymond et al., 2020; Sherwood und Huber, 2010).

kann eine Menge auf der y-Achse in unendliche Höhe schießen; auf der x-Achse hingegen, die die Zeit repräsentiert, gibt es eine Skala, nämlich die, bei der das Wachstum explodiert, in der y-Richtung abhebt und sich von einer Geraden unterscheidet. Der Kehrwert des Lyapunov-Exponenten bestimmt die Verdopplungszeitskala. Das Besondere am Selbstverstärkungsprozess ist, dass er jede beliebige Mengenskala, die von außen gesetzt wird, sprengt (y-Achse). Die Zeit, in der das geschieht, wird von der Zeitskala gesetzt, sie bestimmt den Knick in der Zeitentwicklung, bei dem aus dem anfänglich linearen Wachstum eine immer steilere Kurve wird. Bei der Atombombe liegt diese Skala im Nanosekunden-Bereich, beim Virenwachstum wird sie in Tagen gemessen, beim Kapital wird sie von der Rendite bestimmt, und beim Bevölkerungswachstum wird diese Zeitskala durch die Länge der aufeinanderfolgenden Generationen und die Anzahl der Geburten bestimmt.

Hier zeigt sich wieder die Gefahr, die in der Selbstverstärkung liegt. Denn wir brauchen Skalen, um uns Dinge vorstellen und ein Gefühl für ein bestimmtes Phänomen oder Problem entwickeln zu können. Über Dynamiken, die sich diesen Skalen entziehen, können wir nur schwer urteilen.

Im Gegensatz dazu sind wir in unserem Alltag extrem gut darin, Skalen intuitiv zu erfassen und Unterschiede abzuschätzen, solange sie zu unserem natürlichen Erfahrungshorizont gehören. Ein schiefes Bild springt sofort ins Auge, weil wir Unterschiede von Millimetern erfühlen können. Wir wissen, wie weit vier Kilometer sind, weil wir bereits erlebt haben, dass sie schwer zu erlaufen, aber leicht mit dem Auto oder Zug zu erfahren sind.

Das ändert sich sofort, wenn die Skala nicht mehr Teil unserer Erfahrungswelt ist. Versuchen Sie einmal, sich die viertausend Meter nach oben vorzustellen. Das ist schwieriger. Ich forsche seit über 15 Jahren an der Dynamik des Antarktischen Eisschildes und versuche immer wieder, mir intuitiv vorzustellen, wie weit dieser Eisschild in die Luft ragt. Verstehen kann ich die viertausend Meter schon, aber fühlen kann ich sie nicht. Ich baue mir Brücken, indem ich denke, dass es ungefähr die Höhe ist, in der ein Flugzeug von Berlin nach München fliegt, oder halb so hoch, wie ein Interkontinentalflieger in die Lüfte steigt. Aber das hilft alles nicht wirklich.

Nun ist es für die meisten Menschen weniger wichtig, sich den Eisschild der Antarktis vorzustellen. Aber diese Grenzen unserer Vorstellungskraft werden bei anderen Fragen durchaus wichtig. Wenn wir Lotto spielen, dann wägen wir den für die meisten Menschen unendlich großen Gewinn von mehreren Millionen Euro gegen die Wahrscheinlichkeit von 1 : 13 983 816 ab. Manche entscheiden sich dafür zu spielen – andere nicht. Das Ereignis »Lottogewinn« passiert aus der Perspektive eines Spielers, der jede Woche genau ein Kästchen ausfüllt, im Mittel etwa alle 270 000 Jahre. Selbst wenn man jede Woche einen Zettel ausfüllen würde, hätte man erst eine einigermaßen vernünftige Chance auf den Hauptgewinn, wenn man praktisch das gesamte Holozän über gespielt hätte. Aber das Ereignis »Es gibt einen Gewinner« liegt jede Woche nahe bei 100 Prozent, und das bringt vermutlich viele dazu, den kleinen Betrag zu investieren, auch wenn dies keine rationale Entscheidung ist.

Lotto ist ein harmloses Alltagsbeispiel dafür, dass wir bei der Einschätzung von Skalen, die nicht unserer Erfahrungswelt entsprechen, versagen. Aber es gibt wesentlich dramatischere Beispiele. Mit der Information, dass ein bedrohlicher Unfall bei einem Atomkraftwerk nur einmal alle 10 000 Jahre vorkommt, gehen unterschiedliche Menschen auf verschiedene Weise um. Die Zeitskala liegt außerhalb unserer Vorstellungskraft, denn sie ist länger als alles, was wir zeitlich erfahren können. Das Ganze wird zusätzlich dadurch erschwert, dass auch die Größe der Katastrophe außerhalb unseres Erfahrungsschatzes liegt. Wir haben die Auswirkungen solch schrecklicher Ereignisse noch nicht erlebt und können deshalb das Risiko nur schwer einschätzen.

Bei einer häufig verwendeten Möglichkeit, Risiko zu definieren, wird die Größe eines Desasters mit dessen Wahrscheinlichkeit multipliziert. Je größer das Ausmaß des Ereignisses, desto größer ist das Risiko. Ebenso wächst das Risiko mit der Wahrscheinlichkeit des Eintretens; je wahrscheinlicher das Ereignis, desto größer das Risiko. Beim Risiko einer Kernschmelze müssen wir hier also eine sehr kleine Zahl, die Wahrscheinlichkeit, mit einem sehr großen Schaden verbinden. Intuitiv ist das quasi unmöglich. Die einen beruhigen sich, indem sie sich die Wahrscheinlichkeit als praktisch null imaginieren. Null ist eine Zahl, die uns vertraut ist und damit greifbar.

Die anderen geraten in Panik, weil die Folgen eines Unfalls unvorstellbar schrecklich wären. Meine Vermutung ist, dass viele, die tatsächlich Angst verspüren, unbewusst ihre Vorstellung von der Wahrscheinlichkeit erhöhen und sie damit in einen Bereich bringen, den sie schon mal erfahren haben. Ich glaube, beide Intuitionen sind problematisch, weil wir uns weder die Skala des

Schadens noch die Skala der kleinen Wahrscheinlichkeit vorstellen können. Wichtig für unsere Entscheidungsfindung ist, dass wir uns dieser Begrenztheit unserer Einschätzungskraft bewusst sind.

Um sich eine Meinung bilden zu können, die wir in der gesellschaftlichen Diskussion vertreten und bei unseren Entscheidungen anwenden können, brauchen wir ein Gefühl für die Sache. Das ist nicht zuletzt deshalb wichtig, weil wir aus der Gesamtheit unserer Meinungen Entscheidungen ableiten müssen. Das sind Entscheidungen bei der Wahl, aber auch beim Einkauf und bei der Kindererziehung. Manchmal können Brücken helfen, um Dinge, die wir uns schwer vorstellen können, in unsere Erfahrungswelt zu übertragen. Wenn die Wahrscheinlichkeit für einen Atomreaktorunfall bei einmal in 10 000 Jahren liegt und die etwa 400 Reaktoren, die gerade auf der Welt in Betrieb sind, als unabhängig voneinander betrachtet werden können, dann müssten wir weltweit im Durchschnitt mit einem Unfall alle 25 Jahre rechnen[9]. Das bringt uns das Problem in unsere Erfahrungswelt und erlaubt eine Einschätzung. Die drei großen Unfälle von Harrisburg 1979, Tschernobyl 1986 und Fukushima 2011, die sich ereignet haben, seit das erste kommerziell genutzte Atomkraftwerk 1956 ans Netz ging, passen ungefähr zu dieser Zahl.[10]

---

9 Wenn die Wahrscheinlichkeit für einen Unfall pro Jahr $p = 10^{-4}$ ist, dann ist die Wahrscheinlichkeit für das Auftreten eines Unfalls bei $N = 400$ Reaktoren: $P_N = 1 - (1 - p)^N$. Das kann man entweder direkt ausrechnen oder mit einer Taylor-Reihe für kleine p ausrechnen als $P_N \approx N \cdot p = 1/25$ Jahre.

10 Das ist natürlich nur eine grobe Abschätzung: In diesen 66 Jahren waren nicht immer 400 Kraftwerke am Netz. Die

Sich der Begrenztheit unseres Vorstellungsvermögens immer wieder bewusst zu werden, ist nicht nur wichtig, weil wir (politische) Wahlentscheidungen treffen. Es spielt vor allem in unseren täglichen Auseinandersetzungen über gesellschaftliche Fragen eine entscheidende Rolle.

Anders als bei Atomkraftwerken, wo der Schaden so extrem ist, dass er nicht eintreffen darf, kann es problematisch sein, Entscheidungen auf der Basis einer Diskussion zu fällen, in der nur die extremen Ränder einer Sache betrachtet werden. Das ist ein beliebtes Mittel, um Entscheidungen zu verhindern, die vielleicht richtig und in Ordnung sind, solange man ein »vernünftiges Maß« wahrt. Um nur ein beliebiges Beispiel zu nennen: Gegen Veganer wird oft argumentiert mit dem Verweis auf vegan lebende Mütter, deren Kinder wegen der strikten Diät mit Nährstoffen unterversorgt sind. Dass solche – extrem seltenen – Fälle vorkommen, ist jedoch überhaupt kein Argument gegen eine vernünftig gestaltete vegane Lebensweise. Wie hirnrissig diese Art der Argumentation an den extremen Rändern einer Skala ist, kann man daran sehen, dass wir in der öffentlichen Diskussion nicht in ähnlicher Weise gegen den Genuss von Alkohol vorgehen. Da Alkohol – anders als vegane Ernährung – eine lange kulturelle Tradition hat, akzeptieren wir die Schattenseiten – obwohl die gesundheitsschädlichen und

---

Sicherheit ist unterschiedlich verteilt und so weiter und so fort. Es geht hier darum, die Gedankenbrücke zu illustrieren, mit der sich die unfassbaren 10 000 Jahre in eine fassbare und realistische Größenordnung bringen lassen, ohne das Problem völlig falsch zu beschreiben.

sogar tödlichen Folgen von Alkoholkonsum in unserer Gesellschaft ein ernst zu nehmendes Problem darstellen, das sich auch in Kosten beziffern lässt – und die Zahl von Alkoholgeschädigten und Toten die Fälle, in denen sich Veganer gesundheitlich schwer schaden, um ein Vielfaches überwiegt.

Das Problem von Argumenten, die eine Diskussion an die extremen Ränder eines Phänomens treiben, ist nicht trivial, denn in der Regel wird die Strategie dazu genutzt, um Propaganda gegen etwas zu machen, auf das wir uns als Gesellschaft möglicherweise leicht einigen könnten, würden wir dieser Strategie nicht auf den Leim gehen. Ein weiteres – von vielen – Beispielen ist die Diskussion über das Tempolimit. Seit Jahren zeigen Umfragen, dass die Mehrheit der Bevölkerung sich dafür ausspricht (wie übrigens auch nahezu alle Staaten der Welt). Dennoch argumentieren Gegner mit der völlig überzogenen Behauptung, die Freiheit, eines der politischen Fundamente unserer Gesellschaft, werde dadurch bedroht. Wie »extrem« dieses Argument ist, versteht man, wenn man sich vor Augen hält, welche Ereignisse wirklich zu einem Ende der Freiheit wurden – die NS-Zeit, der Bau der Mauer – und dass unsere freiheitliche Lebensweise selbst durch die drastischen Einschränkungen während der Coronapandemie keinen wirklichen Schaden genommen hat. Man mag zum Tempolimit stehen, wie man will: Das Freiheitsargument erscheint fragwürdig, auch mit Blick auf andere Länder. Weder Franzosen noch Engländer würden sich als »unfrei« bezeichnen, und die Amerikaner mit ihrer manchmal nahezu obsessiven Freiheitsliebe haben sogar ein besonders strenges Tempolimit. Ich könnte viele weitere Beispiele anführen, um zu zeigen, dass es helfen kann, Propaganda zu erkennen, indem man sich die zugrunde liegende Skala vor Augen hält und fragt, wie weit eine Diskussion nur über Extrembeispiele geführt wird.

Skalen sind wichtig und hilfreich, um zu verstehen, ob und wann ein sich selbst verstärkender Prozess gefährlich werden kann. Es fühlt sich zunächst nicht besonders kraftvoll an, wenn man auf seinem Sparkonto ein Prozent Zinsen bekommt. Der Grund liegt darin, dass bei einem Lyapunov-Exponenten von einem Prozent pro Jahr die Verdopplungszeitskala hundert Jahre beträgt. Das ist im Vergleich zu den fünf Nanosekunden bei der Atombombe schon sehr, sehr viel langsamer. Hinzu kommt noch die Geldentwertung durch Inflation. Das bedeutet, dass wir in unserer Lebenszeit die Selbstverstärkung auf unserem Konto kaum spüren.

Wenn man aber als Broker an der Börse mit einem Algorithmus im Nanosekundenbereich handelt, dann kommt die Selbstverstärkung tatsächlich einer Explosion gleich. Sie führt zu Gewinnen, die aus vorhergehenden Gewinnen entstehen, und das hat Folgen, denn durch diese explosive Selbstverstärkung an der Börse »explodiert« gewissermaßen auch die Ungleichheit zwischen einem Arbeitnehmer, der jeden Monat das gleiche Gehalt bekommt und damit nur ein lineares Wachstum erreichen kann, und dem Broker, dessen Reichtum sich von der Mehrheit der Gesellschaft immer weiter entfernt.

Mit ähnlichen Konsequenzen manifestieren sich vergleichbare Prozesse auf dem Immobilienmarkt. Die Zeitskala, also der Kehrwert des Lyapunov-Exponenten, liegt hier zwischen dem des Sparkontos und dem des Nanosekundenhandels an der Börse. Und hier ist der gesellschaftliche Sinn des Handels zunächst sogar offensichtlicher. Der Kauf und die Sanierung einer Immobilie kosten viel Geld. Sobald diese Investitionen von den Mieteinnahmen ausgeglichen werden, führen sie zu einem Gewinn. Dieser wiederum kann reinvestiert werden, beispielsweise in eine andere Immobilie oder in andere gewinnbringende Geschäfte. An diesem Anreizprinzip wäre erst mal nichts auszusetzen, es kommt den Leuten zugute, die die Immobilien besitzen, könnte aber auch denen nützen, die darin wohnen können. Wir erleben jedoch auch auf dem Immobilienmarkt, dass die selbstverstärkende Eigendynamik keine Grenze hat und aus dem Ruder läuft (mehr zum Problem des Immobilienmarktes in Kapitel 8.2).

Alle drei Beispiele, die Zinsen auf dem Konto, die Mieteinnahmen im Immobiliensektor und die Nanosekundengewinne an der Börse, gehören zu den Selbstverstärkungsprozessen, die Teil unseres Wirtschaftswachstums sind (auf andere komme ich noch zu sprechen). Sie unterscheiden sich in einer wichtigen Komponente, nämlich der Zeitskala des Wachstums, und die ist entscheidend. Denn je nachdem, wie das Wachstum auf der Zeitskala ausfällt, hat es Folgen für unsere Gesellschaft, die schwerwiegend sein können. Deshalb müssen wir über Skalen sprechen.

Eine Folge des exponentiellen Wachstums, in das wir mit Wirtschaft und Bevölkerung seit einigen Jahrhunderten geraten sind, ist, dass dieses Wachstum an das Verbrennen fossiler Energieträger gekoppelt ist. Für viele stellt sich deshalb mittlerweile die große Frage, ob es reichen wird, das Wirtschaftswachstum von der Zerstörung unserer Umwelt zu entkoppeln – indem wir zum Beispiel auf neue Energieträger setzen –, oder ob wir das Wirtschaftswachstum selbst komplett stoppen müssen. Auch für meinen Vorschlag, dieses Dilemma durch das neue Paradigma der Faltung aufzulösen, sind dabei Skalen von Bedeutung.

2.3 Abgrenzung und Clusterbildung

Bisher ging es in diesem Kapitel ausschließlich um eine spezielle Klasse der Selbstverstärkungen, das explosionsartige Wachstum. Es gibt aber wenigstens noch zwei weitere Arten, die extrem wichtig sind. Die eine ist die selbstverstärkende Clusterung. Auf die andere, den Kipppunkt, komme ich im nächsten Kapitel zu sprechen.

Eine selbstverstärkende Clusterung entsteht,
wenn eine Anhäufung eine umso größere
Anziehungskraft entwickelt, je größer sie schon ist.

Auch dieser Prozess ist mathematisch universell und existiert seit Anbeginn der Zeit, und auch er kann sich auf Materielles beziehen, wie Sternenstaub, oder auf etwas Virtuelles, wie politische Meinungen.

Ein Beispiel: In den frühen Stadien unseres Universums hatten zufällig entstandene kleine Anhäufungen von »kosmischem Staub« eine erhöhte Gravitation und haben damit umliegende Materie angezogen. Diese haben sich langsam zu Sternen und Planeten verdichtet. Sie wurden damit immer schwerer, hatten immer mehr Gravitation und saugten langsam, aber sicher alle Materie in ihrer Umgebung auf, sodass unser Universum jetzt im Großen und Ganzen aus geballten Materieansammlungen in einem ansonsten leeren Raum besteht. Auf einem dieser Materieklumpen leben wir und entscheiden, wie wir leben wollen.

Dass wir das können, ist wieder die Folge einer Selbstverstärkung, denn auch die Evolution ist ein Clusterungsprozess. Die Spezies, die am besten an die Umgebung angepasst ist, überlebt. Sie kann sich am stärksten vermehren, weil ihr Anpassungsvorteil ihr zum Beispiel bessere Nahrungsmöglichkeiten oder eine geringere Sterberate verschafft. Selbst ohne einen physischen Kampf mit ihren Konkurrenten kann sie sich langfristig durchsetzen. Das bedeutet, dass die belebte Natur, wie wir sie um uns herum wahrnehmen, aus Selbstverstärkungsprozessen erwachsen ist. Die Selbstverstärkung wirkt hier wie ein Sortierungsprozess. Wer am schnellsten wächst, gewinnt und entzieht dabei dem Konkurrenten Nahrung und Lebensraum. Tatsächlich verringert dieser Prozess die Vielfalt, indem er weniger gut angepasste Ausprägungen aussortiert.

Wie bei der Explosion, so steigt auch bei der Clusterung eine Größe exponentiell an, diese ist aber schwerer zu identifizieren, und der Anstieg ist meistens begrenzt. Im Fall der Sternenbildung ist es die Größe der Sterne, die anfangs exponentiell anwächst, dann aber durch die Verfügbarkeit von kosmischem Staub begrenzt wird. Die natürliche Auslese der Spezies ist durch den Lebensraum begrenzt, aber sie folgt anfänglich ebenfalls einer Exponentialfunktion.[11]

---

11 Durch die Begrenzung ist die entsprechende Differentialgleichung (mit einer sogenannten logistischen Gleichung auf der

Auch in unserem Alltag begegnen uns Prozesse der Clusterung, zum Beispiel bei der Urbanisierung. Immer mehr Menschen entscheiden sich, in Städte zu ziehen. Die Gründe hierfür sind vielfältig. Einige dieser Gründe hängen aber damit zusammen, dass bereits viele Menschen in der Stadt leben. Mehr Menschen bedeuten mehr kulturelles und wirtschaftliches Angebot und damit mehr und vielfältigere Arbeitsplatzmöglichkeiten. Was auch immer die Gründe sind: Wenn während irgendeiner Phase der urbanen Entwicklung der Zuwachs von Leuten mit der Einwohnerzahl ansteigt, dann handelt es sich um einen Selbstverstärkungsprozess. Entsprechend wird urbane Entwicklung häufig mit sogenannten Gravitationsmodellen untersucht. Hierbei werden die Menschen zwar nicht als willenlose Materieteilchen dargestellt, aber es wird angenommen, dass ihre Entscheidung für eine bestimmte Stadt mit deren Größe wahrscheinlicher wird. Diese Annahme ist nicht unumstritten, dennoch ist es eine Möglichkeit, das Phänomen nachzuvollziehen.

Das Entscheidende ist, dass die Selbstverstärkung in diesem Fall nicht unbedingt zu einer Explosion führen muss, weil die Anzahl der Menschen, die überhaupt in die Stadt ziehen können, begrenzt ist. Sie kann einerseits durch die Größe der Bevölkerung im Umland begrenzt sein oder, wenn sie auch von weiter herkommen können,

---

rechten Seite): $\frac{dx}{dt} = \frac{x}{\tau} \cdot (A - x)$. Hierbei ist x die bei der Clusterung wachsende Größe, τ der Lyapunov-Exponent und A die Begrenzung, über die x nicht hinauswachsen kann. Diese benimmt sich anfänglich, also für kleine $x \ll A$, genauso wie die Differentialgleichung des exponentiellen Wachstums, $\frac{dx}{dt} = \frac{x}{\tau}$, verhält sich aber in dem Moment anders, in dem die Begrenzung relevant wird, also x in die Gegend von A kommt.

durch die Anzahl der Menschen, die in dem Land permanent leben dürfen. Dadurch, dass die Menge begrenzt ist, geschieht etwas anderes als bei der Explosion. Es entsteht eine Zusammenballung. In diesem Fall dominiert die Selbstverstärkung die Dynamik des Systems sogar noch stärker, weil sie direkt die Konkurrenten schwächt. Wenn eine Stadt wächst, dann wird sie nicht nur größer, sie entzieht den umliegenden Orten gleichzeitig die Möglichkeit, größer zu werden. Der Lyapunov-Exponent kann hier wie eine Art Anziehungskraft interpretiert werden, die eine Stadt auf ihre Umgebung ausübt. Die Urbanisierung ist seit Langem ein starker Trend in vielen Teilen der Erde, und einige Schätzungen gehen davon aus, dass im Jahr 2050 mehr als 80 Prozent der Weltbevölkerung in Städten leben werden. Dieser Trend hat auch für die Art und Weise, wie wir Klimaphänomene einschätzen müssen, enorme Konsequenzen. Es ist etwas fundamental anderes, wenn Naturkatastrophen in einer Region geschehen, in der Menschen mehr oder weniger gleichmäßig verteilt leben, oder ob Menschen konzentriert in Städten leben, die auf die Versorgung durch flächige Landwirtschaft und Produktion und die dazu notwendigen Versorgungsrouten angewiesen sind. Die Art der Störung ist in beiden Situationen grundsätzlich verschieden.

Die größte gesellschaftliche Rolle spielt die Clusterung aber meiner Einschätzung nach derzeit in der Meinungsbildung. Durch die freie Wahl von Informationsmedien, die uns das Internet ermöglicht, aber auch durch Algorithmen, die hinter Suchmaschinen stecken und die digitalen Inhaltsangebote steuern, informieren wir uns zunehmend nur durch Medien, die unsere Meinung widerspiegeln oder zumindest mit unserer Meinung konsistent sind. Es entstehen die sogenannten Filterblasen – nahezu geschlossene Räume, in denen wir Informationen immer stärker so auswählen, dass sie unsere Überzeugungen unterstützen. Wir werden immer mehr in unserer eigenen Meinung bestärkt und immer weniger mit anderen Meinungen konfrontiert.

Bis zur Einführung des Privatfernsehens in Deutschland in den 1990er-Jahren hat eine überwältigende Mehrheit der Bevölkerung entweder die *Tagesschau* in der ARD oder *Heute* im ZDF geschaut. Das hatte gegenüber der Nachrichtenproduktion in der Medienlandschaft heute zwei Vorteile: Erstens gab es eine Art Kanon von Informationen; man konnte davon ausgehen, dass jeder, der das politische und gesellschaftliche Geschehen aufmerksam verfolgt, auf die mehr oder weniger gleichen Nachrichten und Informationen zugriff. Verzerrungen und Verschwörungstheorien entstanden allenfalls am Stammtisch und waren beim nächsten Bier wieder vergessen. Der Kanon wurde durch die Arbeit von Redaktionen in den Verlags- und Fernsehanstalten geschaffen, und das hatte zweitens den Vorteil, dass alle Informationen in der Regel bestimmten Qualitätskriterien entsprachen. Nachrichten mussten gut recherchiert sein, anschaulich dargestellt und politisch möglichst neutral vermittelt werden. Die politische Neutralität ist in den öffentlichen Rundfunkanstalten zudem durch Aufsichtsgremien gesichert, in denen die wichtigsten gesellschaftlichen Gruppen vertreten sind. Dass diese Nachrichten nicht vollständig objektiv waren und sein können, ist selbstverständlich, und die Sprache in diesen Nachrichtensendungen war trocken, geradezu langweilig.

Das änderte sich in Deutschland 1984, als die Fernsehlandschaft durch die Entstehung der Privatsender vielfältiger wurde. Auf einmal ging es um Marktanteile und Einschaltquoten, was sich vor allem auf das Niveau und die Qualität der Inhalte auswirkte. Anders als in den USA, wo mit Fox News ein Fernsehsender ausdrücklich mit dem Ziel gegründet wurde, einer bestimmten Partei zur Macht zu verhelfen, fällt eine Politisierung der Privatsender in Deutschland bisher kaum ins Gewicht.

Die fundamentale Veränderung geschah, als zu Beginn des 21. Jahrhunderts das Internet allmählich zur Hauptnachrichtenquelle wurde. Die Algorithmen von Suchmaschinen, vor allem aber die sozialen Netzwerke, die für große Teile der Bevölkerung zur ersten, manchmal einzigen Nachrichtenquelle geworden sind, sorgen dafür, dass immer mehr Menschen auf Informationen und Nachrichten zugreifen, die ihrer Filterblase entsprechen, also ein zunehmend engeres Spektrum von Themen und Meinungen repräsentieren. Damit begeben sie sich in einen Selbstverstärkungskreislauf, dem eine Clusterbildung zugrunde liegt. Hinzu kommt, dass insbesondere in den sozialen Netzwerken Nachrichten oft aus dubiosen Quellen stammen oder offen falsch und gelogen sind: Fake News. (Und natürlich wird dabei genau jene Strategie oft genutzt, die ich oben als Propaganda bezeichnet habe, die Stimmungsmache gegen etwas durch die Skandalisierung von Randphänomenen.) Das bedeutet, dass die meisten von uns sich nicht nur je nach politischem Lager immer einseitiger informieren, sondern Teile der Gesellschaft dabei auch den Bezug zur Wirklichkeit verlieren und anfällig für Verschwörungsmythen werden. Wie gefährlich das für den Zusammenhalt werden kann, sehen wir seit einigen Jahrzehnten in den Vereinigten Staaten.

Der Selbstverstärkungsprozess in informationellen Filterblasen hat einerseits zur Folge, dass wir uns unserer Meinung immer sicherer werden. Ein Effekt, der im Extremfall in Radikalisierung umschlagen kann. Zum anderen führt er dazu, dass wir andere Meinungen aus unserer Informationsblase verbannen. Es entstehen abgeschlossene Räume, in denen Meinungspakete konformiert sind. Die Clusterung wird zur Abgrenzung und bestimmt unser Kauf- und Wahlverhalten. Wir leben scheinbar auf unterschiedlichen Planeten.

2.4 Grenzen, an die wir stoßen

Es fällt uns schwer, uns bestimmte Grenzen vorzustellen, und das kann gefährlich sein. Seit Mitglieder des Club of Rome unter der Führung von Dennis Meadows 1972 ihren berühmten Bericht *Grenzen des Wachstums* veröffentlicht haben, wissen wir aber, dass wir mit unserer Lebensweise an solche Grenzen stoßen werden. Obwohl sie in den fünfzig Jahren, die inzwischen vergangen sind, von Wissenschaftlerinnen und Wissenschaftlern aller Fachrichtungen diskutiert und teilweise quantifiziert wurden, wurden diese Grenzen in Politik und Gesellschaft jedoch weitgehend verdrängt und ignoriert. Die meisten politischen Entscheidungen, in denen zumindest der Versuch erkennbar ist, heraufziehende Katastrophen abzuwenden, kommen spät und wirken halbherzig.

Dabei stellt sich zunächst die Frage, von welchen Grenzen wir überhaupt sprechen. In einem 2009 in der

Zeitschrift *nature* erschienenen Artikel hat mein Kollege Johan Rockström mit einem internationalen Team von Wissenschaftlerinnen und Wissenschaftler vorgeschlagen, bestimmte sogenannte »planetare Grenzen« zu identifizieren und zu quantifizieren (Rockström et al., 2009). Tun wir das nicht, so ihre Argumentation, entstehen Umweltschäden und Folgen, die wir »nicht akzeptieren« können. Womit sich gleich die nächste Frage anschließt, die lautet: Was heißt »nicht akzeptieren können«?

»Nicht akzeptieren« können wir es, so die Autoren und Autorinnen in ihrem Artikel, wenn sich bestehende Umweltbedingungen auf der Erde so stark verändern, dass sie menschliches Leben in der heutigen Form gefährden oder sogar unmöglich machen. Spätestens seit den Demonstrationen von *Fridays for Future* sind wir uns weitgehend einig darüber, dass wir das tatsächlich nicht akzeptieren sollten. Dabei gehören zu den Bedingungen, die für uns lebenswichtig sind, ein relativ stabiles Klima mit seinen komplexen Subsystemen (Monsunsysteme, Nordatlantikstrom usw.), die weltweite Verfügbarkeit von Trinkwasser, das Vorhandensein bestimmter Stoffe, das komplexe Zusammenspiel einer Vielfalt von Arten und anderes mehr. Vor gut 10 000 Jahren hat sich hier eine gewisse Balance eingestellt. Damals begann das Erdzeitalter des Holozän, dessen lange andauernde Stabilität dafür gesorgt hat, dass sich unsere Zivilisation und unsere Lebensweise herausbilden konnten: von der Benutzung des steinzeitlichen Faustkeils bis zur Erfindung des Smartphones.

Aufgrund unseres Verständnisses der Klimadynamik der Erde und der Planetenkonstellation in unserem Sonnensystem (dazu unten mehr) wissen wir, dass das Holozän noch mehrere Jahrtausende andauert. *Andauern würde.* Denn seit der Industrialisierung sind die Umweltbedingungen nicht mehr konstant. In den vergangenen knapp zwei Jahrhunderten haben wir Menschen mit unserer Lebensweise begonnen, so stark auf die Umweltbedingungen einzuwirken, dass wir einen erheblichen Teil der physikalischen Systeme mit ihren Subsystemen verändern, weshalb viele das Holozän bereits als beendet ansehen und vom Zeitalter des Anthropozän reden. Wir leben in einer Zeit des menschengemachten geologischen Wandels (Nobelpreisträger Paul Crutzen, der den Begriff Anthropozän vorgeschlagen hat, war ebenfalls an dem von Rockström veröffentlichten Artikel beteiligt).

Rockström und seine Kollegen und Kolleginnen haben neun physikalische, chemische und biologische Prozesse ausgemacht, die für sich verändernde Umweltbedingungen des Anthropozän relevant sind:

- Klimaveränderung
- Artenverlust (Land und Meer)
- Eingriff in den Stickstoff- und Phosphorhaushalt
- Ozonschichtabbau
- Versauerung der Meere
- globaler Frischwasserverbrauch
- Flächennutzung
- chemische Verschmutzung
- atmosphärische Verschmutzung mit Aerosolen

Einige dieser menschengemachten Veränderungen sind bereits so weit fortgeschritten, dass sich die Systeme, auf die sie wirken, irreversibel verändern oder schon verändert haben: Der Klimawandel, die rapide abnehmende Artenvielfalt und die Veränderung des Stickstoffzyklus sind solche weit fortgeschrittenen Prozesse, die die Resilienz natürlicher Systeme bereits heute nachhaltig beeinträchtigen.

Bei manchen Prozessen (sogenannten Kippprozessen) kann man eine Schwelle bestimmen. Wird diese erreicht, destabilisiert sich das System. Beispiele sind die Eisschilde auf Grönland und der Westantarktis, die ozeanische Wärmepumpe im Atlantik und der Amazonas-Regenwald. Andere Prozesse werden gefährlicher, je stärker sie zunehmen – das gilt z. B. für die schwindende Artenvielfalt. Hier kann man jedoch keine genaue Schwelle bestimmen, an dem die zunehmende Veränderung konkrete, nicht mehr aufhaltbare Folgen nach sich ziehen würde.

In allen Fällen schlagen die Autorinnen und Autoren des *nature*-Artikels vor, dass die Weltgemeinschaft sich auf konkrete Werte einigt, die wir nicht mehr überschreiten sollten, um so zu gewährleisten, dass die für uns Menschen und unsere Lebensweise notwendigen Umweltbedingungen auf der Erde auch in Zukunft erhalten bleiben. Diese Werte nennen sie »planetare Grenzen«. Die planetaren Grenzen stellen dabei jeweils einen Sicherheitsabstand dar, der zu den Schwellen oder fortschreitenden Prozessen eingehalten werden soll, um so Folgen katastrophalen Ausmaßes zu verhindern. Um es mit einem Bild zu sagen: Die Schwellen, an denen Systeme für immer kaputtgehen, sind der Abgrund; wenn wir hier einen Schritt machen, stürzen wir. Die planetaren Grenzen wären eine Art Zaun, den man zum Beispiel mit dem Sicherheitsabstand von einigen Metern vor den Abgrund setzt, um zu verhindern, dass wir überhaupt bis an den Abgrund gelangen.

Um solche planetaren Grenzen zu bestimmen, also einen sicheren Abstand, innerhalb dessen wir gefährliche Schwellen nicht erreichen, brauchen wir bestimmte gesellschaftliche Regeln für den Umgang mit Risiko und Unsicherheit.[12]

Zum Beispiel wissen wir mittlerweile, dass bei einer CO_2-Konzentration von 450 ppm eine Reihe von Systemen, wie Grönland und die Westantarktis, mit großer Wahrscheinlichkeit unumstößlich kippen werden. Die planetare Grenze, die Rockström und Kolleginnen für die CO_2-Konzentration vorschlagen, liegt deshalb bei 350 ppm.

Hier kann man natürlich diskutieren, ob die Grenze nicht zu vorsichtig gesetzt wurde, denn wir sind jetzt bei 420 ppm, und auch wenn die Folgen des Klimawandels überall sichtbar sind, halten unsere Systeme noch stand. Bei einer so großen Frage sollten wir als Gesellschaft aber dem sogenannten *cautionary principle* folgen, dem Vorsichtsprinzip, und ausreichend Abstand zu den gefährlichen Grenzen halten. Bei allen Werten, auf die wir uns als Grenzen einigen, stellt sich daher immer die Frage: Was kann die Menschheit ertragen? Die Vegetation? Die Biodiversität? Wo genau liegen hier jeweils die Grenzen?

Während es in Bezug auf die verschiedenen physikalischen Systeme unterschiedlich schwierig ist, mit Gewissheit Vorhersagen zu machen und entsprechend sichere Grenzen zu setzen, darf man jedoch eines nicht

---

12 So in etwa formulieren es einschränkend Rockström et al., *nature*, S. 473.

vergessen: Die Tatsache, *dass* wir mit unserer Lebensweise an Grenzen stoßen, an denen sich unsere Umwelt mit schmerzhaften, vielleicht sogar katastrophalen Folgen verändert, ist ein harter, absolut unverrückbarer Fakt. Diese Tatsache ist die harte Wand, gegen die der Tischtennisball aus dem Prolog unweigerlich prallt. Wir werden irgendwann an solche Grenzen stoßen. Und anders als der Tischtennisball werden wir bei einem solchen Aufprall stark deformiert, im schlimmsten Fall sogar zerstört. So wird es z. B. bestimmte Ressourcen irgendwann nicht mehr geben, es ist absolut unumstößlich, dass wir vollständig aufhören müssen, Rohstoffe abzubauen, und nur noch verwenden können, was nachwächst oder was wir recycelt haben. Und irgendwann wird die Atmosphäre so voller emittiertem CO_2 sein und die Erde so stark erwärmen, dass wir gravierende Folgen spüren werden (dazu im nächsten Kapitel mehr).

Wir haben es dabei mit zwei Arten von Grenzen zu tun. Erstens wird das Material weniger, das wir verbrauchen. Zweitens stellt die Erde mit ihrer Atmosphäre einen begrenzten Raum dar, den wir immer weiter mit Kohlendioxid anfüllen. Wir verschmutzen derzeit die Atmosphäre, den Ozean und das Land in einem immer bedrohlicheren Ausmaß, als wäre die Umwelt eine Müllhalde. Diese Müllhalden sind irgendwann, wie eine echte Müllhalde, voll.

Vor dem Hintergrund dieser Erkenntnis hat die US-amerikanische Ökonomin und Nobelpreisträgerin Elinor Ostrom bereits 1990 ein Modell vorgeschlagen, wie sich diese Gemeinschaftsgüter, die nur begrenzt vorhanden sind, die sogenannten *Commons*, auf lokaler Ebene fair und nachhaltig nutzen lassen. Später hat Ottmar Edenhofer vom Potsdam-Institut für Klimafolgenforschung vorgeschlagen, diese Idee auf die globale Ebene zu übertragen. Für einen sorgsamen Umgang mit den begrenzten *Global Commons* braucht es ein Management, eine Strategie, die global auszuhandeln ist, auf der Ebene der Weltgemeinschaft – ganz im Sinne einer von Willy Brandt schon viele Jahrzehnte früher vorgeschlagenen »Weltinnenpolitik«. Im folgenden Kapitel werde ich zunächst die Grenze genauer betrachten, die in Bezug auf den Klimawandel von Bedeutung ist.

3 Die Faltungsgrenze des Klimas

The Earth died screaming,
while I lay dreaming.

TOM WAITS, THE EARTH DIED SCREAMING

3.1 Eiszeit und Warmzeit

Seit mehr als einer Million Jahren durchläuft die Erde mit großer Regelmäßigkeit einen natürlichen Zyklus von sich abwechselnden Eis- und Warmzeiten. Das Wort *natürlich* wird hier verwendet, weil diese Klimaoszillation von der Sonneneinstrahlung getrieben wird und nicht vom Menschen. Der Wechsel der Eis- und Warmzeiten entsteht nicht, wie man meinen könnte, weil mehr oder weniger Sonnenenergie auf der Erde ankommt; es hat also nichts damit zu tun, wie nah die Erde der Sonne ist. Entscheidend ist die Saisonalität der Einstrahlung. Durch die schwankende Neigung der Erdachse verändert sich die Menge an Sonneneinstrahlung innerhalb einer Jahreszeit. Wenn die Erwärmung der Nordhemisphäre im Sommer nicht ausreicht, um den im Winter gefallenen Schnee zu schmelzen, dann ist die Rückstrahlkraft des weißen Schnees so stark, dass die Erde zusätzlich abkühlt. Der Schnee im Winter fällt auf den übrig gebliebenen Schnee des Vorjahres, und langsam, aber stetig entsteht ein Eispanzer in Nordamerika und Eurasien.

Der Eiszeitzyklus wird somit von der schwankenden Neigung der Erdachse in Relation zur Sonne bestimmt, und diese oszilliert mit einer Periode von etwa 100 000 Jahren. Normalerweise sind die Warmzeiten in diesem Zyklus nur etwa 10 000 Jahre lang.

Vor etwa dieser Zeit, vor 10 000 Jahren, begann mit dem Erdzeitalter des Holozäns die jüngste Warmzeit unserer Erde. Es ist »unsere« Warmzeit. Seit dieser geologischen Epoche war das Klima sehr stabil, was es uns Menschen ermöglicht hat, auf der Erde zu leben und unsere Kultur und Zivilisation zu entwickeln. Nun wäre die Erde eigentlich mit ihrem 10 000 Jahre währenden Holozän wieder bereit für eine Eiszeit.

3.2 Strahlungsbilanz und Treibhauseffekt

Glücklicherweise befinden wir uns dieses Mal in einem anormalen Warmzeitzyklus, sodass die nächste Eiszeit erst in 50 000 Jahren anläge. Ich benutze hier den Konjunktiv, weil wir Menschen seit geraumer Zeit in den natürlichen Zyklus eingreifen. Die Beschreibung der Eiszeitzyklen ist nur ein Beispiel für unser Verständnis des vergangenen Klimageschehens. Entscheidend für die Sicherheit der Aussagen, dass der Mensch den Planeten erwärmt, ist das physikalische Grundverständnis der Strahlungsbilanz der Erde. Es ist nicht die Klimaforschung, sondern die Physik, die die Grundfesten dieser

Erkenntnis liefert. Diese Physik ist sehr tief verstanden, und entsprechend existiert keine Unsicherheit über die Zusammenhänge mehr. Der Fakt, dass eine Anhäufung von Kohlendioxid und Methan in der Atmosphäre die Temperatur des Planeten erhöht, beruht auf den seit mehr als hundert Jahren bekannten und täglich neu getesteten Gesetzen der Quantenphysik und Thermodynamik (oder statistischen Physik). Die Quantentheorie bestätigen Sie selber jeden Tag, wenn Sie Ihr Handy oder Ihren Computer anschalten, und die Thermodynamik, wenn Sie den Wasserdampf nach dem Duschen vom Spiegel wischen. All diese Säulen der modernen Physik stehen fest im Raum, und sie lehren uns die Grundfesten des Klimawandels.

Die Strahlungsbilanz ergibt sich daraus, wie viel Sonnenlicht auf die Erde strahlt und wie viel Licht umgekehrt von der Erde abstrahlt. Diese Menge der abgegebenen Energie ist durch die Temperatur, die auf der Erde herrscht, bestimmt. Die Treibhausgase verschieben diese Strahlungsbilanz, in dem sie von der Erde abgestrahlte Energie zurückschicken.

Aus der Quantenphysik kennen wir die Absorptions- und Emissionsspektren der Moleküle CO_2 (Kohlendioxid) und CH_4 (Methan) und auch die des Wasserdampfs, H_2O. Wir wissen, dass sie unsichtbar sind, und diese Aussage bedeutet in physikalischer Sprache, dass sie sichtbares Licht nicht absorbieren. Sie lassen es durch. Die Sonne strahlt aufgrund ihrer enormen Temperatur vor allem sichtbares und ultraviolettes Licht ab. Deshalb landen Sonnenstrahlen auf der Erde und erwärmen sie. Die Erde ist wesentlich kälter als die Sonne und strahlt daher vor allem im langwelligeren infraroten Spektrum ab.[13] Im infraroten Bereich des Lichts aber sind CO_2-, Methan- und Wasserdampfmoleküle nicht mehr durchlässig. Anstatt diese sogenannte Wärmestrahlung[14] ins All zu entlassen, nehmen sie sie auf und geben sie in alle Richtungen wieder ab. Damit gelangt auch ein Teil der Energie wieder zurück auf die Erde und erwärmt sie zusätzlich zur direkten Sonneneinstrahlung.

Durch den Wasserdampf und andere natürliche Treibhausgase erwärmt sich die Temperatur der Erde – ohne diesen Effekt würden im globalen Mittel nur −18 Grad Celsius herrschen; die Erde wäre für uns Menschen nicht bewohnbar. Der Treibhauseffekt ist also zunächst ein natürliches Phänomen, er spielt nicht nur beim Verständnis der jüngsten anthropogenen[15] Erwärmung eine Rolle, sondern ist ebenso zentral für das Verständnis der Tem-

---

13 Natürlich strahlt die Erde auch im sichtbaren Spektrum ab, wir können sie ja im All sehen. Aber ein großer Teil des Spektrums liegt im Infraroten. Im Wesentlichen ist das Abstrahlungsspektrum eines Körpers von seiner Temperatur bestimmt und folgt dem Planck'schen Strahlungsgesetz, wobei die gesamte Energie, die pro Sekunde abgestrahlt wird, dem Stefan-Boltzmann-Gesetz folgt. Dieses Gesetz spielt bei der Diskussion um die Möglichkeit eines (limitierten) Runaway-Treibhauseffekts eine fundamentale Rolle. Der Grund für dessen Wichtigkeit ist, dass es eine sehr starke stabilisierende Rückkopplung darstellt, nicht zuletzt deshalb, weil die abgestrahlte Energieleistung mit der vierten Potenz der absoluten Temperatur des abstrahlenden Körpers ansteigt.

14 Wenn Sie eine Infrarot-Lampe zu Hause haben, können Sie sicher nachvollziehen, warum man diesen Teil des elektromagnetischen Spektrums Wärmestrahlung nennt.

15 Vom Menschen verursachten.

peratur der Venus wie unserer Eiszeitzyklen auf der Erde.[16]

Seit wir mit Beginn der Industrialisierung fossile Energien verbrennen und dabei vor allem auch große Mengen zusätzliches Kohlendioxid in die Atmosphäre bringen, drehen wir an der Schraube des natürlichen Treibhausgaseffekts; wir »verpesten« die Luft und erhöhen damit seine Wirkung, sodass sich das Klima der Erde auf unnatürliche Weise erwärmt.

Dabei habe ich bisher nur den ersten direkten Strahlungsanteil des Treibhauseffekts beschrieben. Je mehr Treibhausgase in der Atmosphäre, desto höher die Temperatur des Planeten. Bei jeder Verdopplung der Kohlendioxidkonzentration in der Atmosphäre erhöht sich die Temperatur hierdurch um etwas mehr als ein Grad Celsius.[17]

Als Antwort auf diese Erwärmung reagiert die Atmosphäre mit der ersten sogenannten Rückkopplung: Eine wärmere Atomsphäre kann mehr Wasserdampf halten als eine kältere. Auch dieses Gesetz ist keine Erfindung der Klimaforscher, sondern wurde bereits vor der Formu-

---

16 Die oben beschriebene Verschiebung der Saisonalität in der Sonneneinstrahlung ist die Ursache für die Entstehung einer Eiszeit. Die direkte Konsequenz ist die Bildung der Eisschilde. Durch die verstärkte Reflexion der Sonneneinstrahlung durch das Eis kühlt sich der Planet ab. Eine zusätzliche Abkühlung von fast der gleichen Stärke erfährt die Erde aber dann durch eine Änderung im Treibhauseffekt: Ein kälterer Ozean löst mehr Kohlendioxid aus der Atmosphäre, dieser steht nicht mehr zur Erwärmung der Erde zur Verfügung, und diese kühlt sich zusätzlich ab. Fertig ist die Eiszeit.

17 1,1 Grad Celsius.

lierung der Thermodynamik entdeckt. Das Clausius-Clapeyron-Gesetz von 1834 beschreibt die Dampfdruckkurve als Funktion der Temperatur und wird von jedem Brillenträger, der im Winter nach drinnen in die Wärme geht, immer wieder aufs Neue bewiesen: Die Brille beschlägt, weil die kalten Gläser die zunächst warme feuchte Luft in ihrer Umgebung rasch abkühlen. Die abgekühlte Luft kann den Wasserdampf nicht mehr halten und dieser kondensiert zu Wassertropfen auf der Brille.

Das Umgekehrte geschieht, wenn die Treibhausgase unsere Erdatmosphäre erwärmen. Der Wasserdampfgehalt der Atmosphäre erhöht sich – einfache Kochtopfphysik oder Thermodynamik. Da Wasserdampf, wie oben beschrieben, ebenfalls ein Treibhausgas ist, erhöht der zusätzliche Wasserdampf in der Atmosphäre über den Treibhauseffekt die Temperatur unseres Planeten noch mal um zusätzliche anderthalb bis zwei Grad für jede Verdopplung des Kohlendioxidgehalts. Allein mit diesen beiden Effekten kommen wir also auf 2,5 bis 3 Grad globale Erwärmung für jede Verdopplung des Kohlendioxids in der Atmosphäre.

Das Klimageschehen ist wie alle physikalischen Systeme der Erde komplex, und so gibt es weitere Effekte, die durch diese Vorgänge ausgelöst werden. Sie sind aber wesentlich schwächer. Eine weitere Rückkopplung ist zum Beispiel der sogenannte Eis-Albedo-Effekt: Das Schmelzen der Schnee- und Eismassen auf der Erde führt dazu, dass weniger Sonneneinstrahlung ins All reflektiert wird. Der dunkle Ozean unter dem Eis am Nordpol oder das dunkle Land unter dem Schnee schlucken das Sonnenlicht und erwärmen sich und damit den Planeten zusätzlich. Auch die Wolken spielen eine Rolle, weil sie sich dynamisch verändern und die Wolkenbildungsdynamik komplex und vielfältig ist. Sie stellen den größten Unsicherheitsfaktor in der Berechnung dar. Trotz dieser Unsicherheit ist der Effekt der Wolken relativ klein gegenüber den kraftvollen und fundamentalen Beiträgen des direkten Treibhauseffekts und der ersten thermodynamischen Rückkopplung durch den Wasserdampf.

Aus diesen Rückkopplungen ergibt sich die sogenannte Klimasensitivität: das Maß, in dem sich das Klima bei Verdoppelung der Konzentration von CO_2 in der Erdatmosphäre erwärmt. Sie wurde und wird mit unterschiedlichen Methoden über viele Jahrzehnte immer wieder neu untersucht. Aber weil sich der Hauptteil aus direktem Treibhauseffekt und erster Rückkopplung erklärt, kommt auch immer wieder praktisch das Gleiche raus: Die Erde erwärmt sich um etwa drei Grad für jede Verdopplung des Kohlendioxids.

3.3 Kipppunkte und abrupte Übergänge

Der Eisschild in Grönland

Der Treibhauseffekt ist kein selbstverstärkender Prozess, aber eine Folge von Selbstverstärkungen in der Wirtschaft und dem Bevölkerungswachstum. Zum Klimageschehen tragen jedoch auch Risiken bei, die in unmittelbaren Selbstverstärkungen bestehen. Das sind abrupte Übergänge, sogenannte Kippprozesse. Dabei handelt es sich um Selbstverstärkungen, die anders verlaufen als die in Kapitel 2 beschriebenen Explosionen und Clusterungen; wie diese finden sich aber auch Kippprozesse in physikalischen, biologischen, chemischen, psychologischen oder gesellschaftlichen Situationen. Man kann Kipppunkte wie folgt definieren:[18]

Ein System erreicht einen Kipppunkt,
wenn dessen Eigendynamik von einer
Selbstverstärkung dominiert wird, bis es einen
qualitativ anderen Zustand erreicht hat.

Der Term »qualitativ anderer Zustand« ist nicht wirklich eindeutig definiert. Er dient der Unterscheidung zu einem ausschließlich quantitativen Unterschied. Dennoch kann man damit arbeiten, wie sich am Beispiel von Grönland zeigt. Derzeit befindet sich auf Grönland ein drei Kilometer hoher Eisschild. Würde der Grönländische Eisschild zehn Prozent seines Eisvolumens verlieren, dann würde das den Meeresspiegel um 70 Zentimeter weltweit ansteigen lassen. Das wäre eine große Veränderung und ein Problem für viele Küstenstädte. Aber es wäre für den Eisschild eher eine quantitative und keine qualitative Änderung, denn es gäbe weiterhin einen Eisschild, und dieser würde den gleichen physikalischen Gesetzen gehorchen wie heute. Ein eisfreies Grönland ist

18 Diese dynamische Definition wurde 2012 von mir vorgeschlagen (Levermann et al., 2012) und wird mittlerweile weltweit benutzt (McKay et al., 2022). Die ursprüngliche Definition von Kippelementen war aus der Sicht der gesellschaftlichen Folgen formuliert (Lenton et al., 2008). Sie ist sehr wichtig und wird auch viel verwendet. Ich benutze sie hier nicht, weil sie recht kompliziert ist und nicht von der Dynamik her gedacht ist. Sie ergibt aber im Wesentlichen die gleiche Liste von möglichen Kippelementen.

etwas grundsätzlich anderes. Wenn der Eisschild vollständig abgeschmolzen ist, dann hat Grönland eine neue Qualität, denn dann ist es einfach eine große Insel und nicht mehr einer von zwei Eisschilden der Erde. Gleiches gilt für die Antarktis.

Damit ein Kippprozess stattfindet, müssen immer zwei Bedingungen erfüllt sein: Es muss eine Selbstverstärkung vorliegen, und diese muss die Dynamik dominieren, sie muss also stärker sein als mögliche stabilisierende Rückkopplungen.

Der Selbstverstärkungsprozess, der die Kippdynamik des Grönländischen Eisschilds erzeugt, ist eine Rückkopplung zwischen der Höhe des Eisschildes und des Schmelzens an seiner Oberfläche (Levermann und Winkelmann, 2016). Derzeit ragt der Eispanzer im Mittel etwa 3000 Meter hoch in die Atmosphäre. Jeder Bergsteiger weiß, dass die Luft nach oben hin dünner und deshalb kälter wird. Es gibt einfach weniger Moleküle, die Energie auf das Thermometer, unsere Haut oder eben den Eisschild übertragen können, und das macht es kalt. Jeder Kilometer in die Höhe bedeutet in etwa sieben Grad Temperaturabfall.[19] Während des gesamten Holozäns, also seit mehr als 10 000 Jahren, wurde der Schneefall, der dem Eisschild Masse gibt, durch das Schmelzen an der Oberfläche und das Abbrechen von Eisbergen an den Rändern ausgeglichen. Dadurch war der Eisschild in einem sehr stabilen Gleichgewicht. Seit der industriellen Revolution aber reichern wir immer mehr Kohlendioxid

19 Diese sogenannte »Lapse rate« variiert mit der Feuchtigkeit in der Luft und der Atmosphärendynamik, bewegt sich aber um diesen Wert herum.

in der Atmosphäre an und erwärmen sie dadurch. Langsam erhöhen wir damit die Temperatur der Luft und auch des Wassers auf und um Grönland herum. An der Oberfläche schmilzt mehr Eis und fließt als Wasser ab. Der Eisschild verliert an Masse, die nicht mehr vollständig durch neuen Schneefall ausgeglichen wird, und so steigt der Meeresspiegel weltweit. Kritisch für den Kippprozess ist aber, dass der Eisschild damit auch an Höhe verliert. Damit gelangt seine Oberfläche in wärmere Atmosphärenschichten, was zur Folge hat, dass noch mehr Eis schmilzt. Man nennt einen solchen Teufelskreis eine positive Rückkopplung. Bisher haben wir das in diesem Buch eine Selbstverstärkung genannt und werden das auch weiter tun. Ich möchte hier nur kurz den wissenschaftlichen Term einführen. Eine positive Rückkopplung kann zum Anwachsen oder zur Reduktion von etwas führen. Das Wort »positiv« sagt hierbei nur, dass eine Veränderung immer mehr verstärkt wird. Das System ist damit instabil. Das Gegenteil hiervon sind negative Rückkopplungen, bei denen jede Veränderung durch die eigene Dynamik ausgeglichen wird. Diese Systeme sind stabil.

Mit dem Moment, in dem der Grönländische Eisschild seinen Kipppunkt überschreitet, setzt ein Teufelskreis ein: eine sich selbst verstärkende Veränderung, die erst gestoppt wird, wenn der Eisschild verschwunden ist. Ab einem gewissen Erwärmungspunkt dominiert die Selbstverstärkung die Dynamik vollständig, und der Eisschild schmilzt unaufhörlich, selbst wenn wir den Planeten nicht weiter erwärmen. Die Frage, ob dieser Punkt bereits überschritten ist, wird nicht nur in der wissenschaftlichen Literatur intensiv diskutiert. Es sieht so aus, als wäre das bereits der Fall, und wenn nicht, dann wird die weitere Erwärmung, die wir in den nächsten Jahrzehnten sehen werden, uns über diesen Kipppunkt bringen (Robinson et al., 2012).

An diesem Beispiel kann man eine Reihe von Eigenschaften der Kippprozesse verstehen. Zum einen, dass der Zeitraum bis zum Erreichen des Kipppunktes ein vollkommen anderer ist als der, über den sich das Kippen vollzieht. Der Grönländische Eisschild wird Jahrhunderte bis möglicherweise Jahrtausende brauchen, um vollständig abzuschmelzen. Den Kipppunkt haben wir aber entweder bereits überschritten oder werden es in den nächsten Jahrzehnten tun. Es ist der Moment, in dem die ursprüngliche Balance von Eisverlust und neuem Schnee so aus dem Takt geraten ist, dass der selbstverstärkende Prozess zunehmenden Eisverlusts eingetreten ist.

Die zweite, sehr wichtige mögliche Eigenschaft von Kippprozessen ist die Umkehrbarkeit oder Reversibilität. Im speziellen Fall von Grönland könnten wir das Kippen theoretisch wieder anhalten, der Eisschild könnte wieder wachsen. Dazu müssten wir die Temperatur des Planeten rechtzeitig wieder verringern, dann könnte sich der Eisschild erholen. Das ist bei fast keinem anderen Kipppunkt der Fall. Da das Schmelzen so langsam vonstattengeht und direkt mit der Temperatur zusammenhängt, wäre das bei Grönland aber theoretisch möglich. Nur sind wir derzeit nicht in der Lage, Kohlendioxid in auch nur annähernd relevanter Größenordnung aus der Atmosphäre zu holen, um die Temperatur der Erde wieder signifikant zu verringern. Und in jedem Fall wird es Unmengen an zusätzlicher Energie kosten. Dennoch: Wenn wir knapp über dem Kipppunkt anhalten und das Klimasystem rechtzeitig genug CO_2 aus der Atmosphäre wieder heraustransportieren kann oder wenn wir selber die Treibhausgase wieder entfernen, dann könnten wir den Eisschild zurück in den sicheren Bereich bringen. Das geht aber nur, wenn wir in der Nähe des Kipppunktes bleiben und schnell handeln. Viele ähnliche Kippprozesse sind hingegen nicht mehr umkehrbar, ist der Kipppunkt erst einmal überschritten; sie sind irreversibel. Und ab einem gewissen Zeitpunkt gilt das auch für den Grönländischen Eisschild. Spätestens, wenn das Eis vollständig geschmolzen und zu Wasser geworden ist, würde auch eine Abkühlung des Klimas diesen Vorgang nicht mehr rückgängig machen können. Man nennt das in der Physik eine Hysterese, aber das nur für die Profis unter den Leserinnen und Lesern.

Der Eisschild der Westantarktis

Die Möglichkeit der Regeneration ist eine Besonderheit Grönlands, weil der Eisverlust so langsam vonstattengeht und wir theoretisch durch Abkühlung ins System eingreifen können. Bei der Westantarktis zeigt sich hingegen ein abweichendes Bild. Die positive Rückkopplung ergibt sich hier aus einem Zusammenspiel anderer Prozesse: Im Unterschied zu Grönland liegt der Eisschild in der Westantarktis überwiegend unterhalb des Meeresspiegels auf dem Boden auf, und weil er so mächtig ist, ragt er aus dem Wasser weit in die Atmosphäre hinauf. Auch auf die Antarktis fällt Schnee, wird zu Eis komprimiert und erhöht damit die Masse des Eispanzers. Anders als auf Grönland sind die Temperaturen hier jedoch so niedrig, dass der Massegewinn aufgrund des Schneefalls nicht durch Schmelzen ausgeglichen wird. Stattdessen geschieht der Eisverlust, der das System über Jahrtausende praktisch im Gleichgewicht hielt, durch ein Abfließen und Abgleiten der gefrorenen Eismassen in den Ozean. Die Antarktis ist sozusagen eine große Eiswürfelmaschine.

Der Schnee, der auf die Antarktis fällt, wird durch sein eigenes Gewicht zu Eis komprimiert und fließt als Eis sehr langsam in Richtung Ozean. Je weiter es ins Meer hinausgeht, desto tiefer wird der Meeresgrund, auf dem das Eis aufliegt. An irgendeinem Punkt ist der Ozean so tief, dass das Eis nicht mehr dick genug ist und den Kontakt zum Untergrund verliert. Diese virtuellen Punkte, die sich entlang der Küste schlängeln, bilden die sogenannte Aufsetzlinie, und sie spielt eine besondere Rolle.

In der Westantarktis und auch in Teilen der Ostantarktis haben wir nämlich eine zusätzliche Besonderheit in der Bodentopografie. Der Meeresgrund, auf dem der Eisschild liegt, fällt nicht nur in Richtung Meer hin ab, sondern auch in Richtung des Landesinneren. Die Küste besteht also zu großen Teilen aus einem Unterwassergebirgskamm. Die Aufsetzlinie, an der das Eis beginnt aufzuschwimmen, liegt zunächst auf der Meeresseite des Gebirgskamms und ist dort stabil. So war es wenigstens während der letzten 100 000 Jahre. Diese spezielle Geometrie birgt aber ein großes Risiko. Das ist schon lange bekannt, wird aber erst jetzt durch die Erderwärmung wirklich relevant.

Als ich fünf Jahre alt war, veröffentlichte der britische Glaziologe John Mercer einen Artikel in der Fachzeitschrift *nature*, in dem er eine Reihe von Vorhersagen über die Antarktis machte (Mercer, 1978). Als Erstes sagte er, fast 15 Jahre vor der ersten Klimakonferenz, dass der Kohlendioxidgehalt der Erde sich in den nächsten fünfzig Jahren verdoppeln würde, wenn wir weiter Kohle, Öl und Gas verbrennen, wie es schon damals der Fall war. Das war eine simple Extrapolation der Beobachtungen, aber sie war eine gute Vorhersage, denn sie liegt nah an dem Weg, den wir tatsächlich eingeschlagen haben. Die nächste Vorhersage war schon wesentlich weniger offensichtlich. Mercer sagte, dass durch die Erwärmung, die das verursachen werde, die Eisschelfe in der Antarktischen Halbinsel zerbersten werden. Und tatsächlich war es im Jahre 2002, fast ein Vierteljahrhundert später, das Larsen-B Eisschelf, das es als erstes Eisschelf der Erde auf die Frontseite der *New York Times* gebracht hat, weil es innerhalb von 14 Tagen kleinteilig zerborsten ist. Die zweite korrekte Vorhersage John Mercers.

Das eigentliche Thema des Artikels war aber die Stabilität der Westantarktis. Mercer sagte voraus, dass der Eisfluss der Westantarktis sich selbst verstärken und sich die gesamte Westantarktis in den Ozean entleeren würde, falls die Erwärmung die Aufsetzlinie über dem Gebirgskamm schmelzen würde. 2014 – an einem Montag im Mai – erschienen zwei Veröffentlichungen von zwei amerikanischen Forschergruppen (Joughin et al., 2014; Rignot et al., 2014), die eine französische Studie vom Vormonat bestätigten (Favier et al., 2014). Alle drei erklärten, die Westantarktis sei nun in der Amundsensee instabil geworden. Sollten sich diese Studien bewahrheiten, dann wird genau das geschehen, was Mercer vorhergesagt hat (Feldmann und Levermann, 2015); allein wegen des Geschehens in diesem Gebiet der Antarktis wird der Meeresspiegel weltweit um mehr als drei Meter ansteigen (Bamber et al., 2009).

Ich erinnere mich an diesen Montag, an dem die Veröffentlichungen erschienen, denn ich habe damals innegehalten und eine halbe Stunde lang in meinem Büro nur an die Wand geblickt. Wenn sich das bewahrheiten sollte, dann ist es der erste irreversible Kippprozess, den wir tatsächlich mit unserer Kohlenstoffverbrennung ausgelöst haben. Zu diesem Zeitpunkt hatte ich seit mehr als zehn Jahren an der theoretischen Möglichkeit von Kipppunkten im Klimasystem geforscht. An diesem Montag hat sich für mich vieles verändert. An der Arbeit von Herrn Mercer kann man sehr schön die Vorhersagekraft der Physik erkennen. Im Jahr 1978 standen ihm weder Computer noch Satellitendaten zur Verfügung. Er hatte allein das physikalische Verständnis der Eisdynamik, die auf dem simplen Newtongesetz[20] beruht, und sehr spärliche empirische Abschätzungen über die Boden- und Eistopografie.

Sollte die Westantarktis instabil geworden sein, dann kann sie sich, anders als Grönland, nicht mehr erholen, selbst wenn die Erwärmung zurückginge. Das liegt daran, dass der Selbstverstärkungsprozess zwar von der Erwärmung verursacht wird, diese aber nicht Teil des Teufelskreises ist. Die Menge an Eis, die über die Aufsetzlinie ins Meer fließt, steigt mit der Eisdicke an der Aufsetzlinie an. Der Grund hierfür ist recht kompliziert, aber man kann

20 Die Beschleunigung eines Körpers ergibt sich aus dem Quotienten der Kraft, die auf ihn wirkt, geteilt durch dessen Masse. Bekannt aus der Schule als $F = m \cdot a$.

sich vorstellen: Selbst wenn die Eisgeschwindigkeit sich nicht verändern würde, so würde doch die Fläche, über die Eis verloren geht, größer, wenn die Eisdicke größer ist. Dadurch, dass der Meeresboden in der Westantarktis zum Landesinneren hin abfällt, bedeutet ein Rückzug der Aufsetzlinie, dass der Eisschild an der Position der Aufsetzlinie immer dicker wird. Damit verliert der Eisschild immer mehr Eis, je mehr er schon verloren hat – der Teufelskreis ist in Gang gesetzt. Ähnlich wie auch in Grönland entfaltet sich dieser Prozess über einen sehr langen Zeitraum. In diesem Fall allerdings eher Jahrhunderte als Jahrtausende.

Golf- und Nordatlantikstrom

Die meisten klimatischen Kippprozesse entfalten sich auf Zeitskalen, die wesentlich länger sind als unsere politischen, ökonomischen oder gesellschaftlichen Entscheidungsprozesse. Der berühmteste Kippprozess ist der abrupte Stillstand der ozeanischen Wärmepumpe im Atlantik. Er wird häufig als »Kollaps des Golfstroms« betitelt. Es wäre besser, »Nordatlantikstrom« zu sagen, aber eigentlich handelt es sich um eine große Umwälzbewegung, in die beide Ströme involviert sind. Relativ warme und sehr salzhaltige Wassermassen strömen im Atlantik in den oberen 800 bis 1000 Metern nach Norden. Entlang der amerikanischen Ostküste sind sie hier Teil des Golfstroms, lösen sich dann von der Küste und strömen als Nordatlantikstrom quer über den Ozean nach Grönland und Skandinavien. Dort geben sie ihre Wärme an die Atmosphäre ab, werden kalt und schwer, sinken in die Tiefe und strömen zurück in den Süden, wo sie Teil eines komplexen globalen Strömungssystems werden.

Die Selbstverstärkung ist hier dadurch gegeben, dass der Nordatlantikstrom das Salz mit sich führt, das ihn später zum Sinken bringt. Denn nicht nur Kälte macht Wasser schwer, sondern auch Salz. Nimmt der Salzgehalt des Meerwassers im Nordatlantik aus irgendeinem Grund ab, zum Beispiel durch Schmelzwasser von Grönland, dann wird der Strom schwächer, und je schwächer er wird, desto weniger Wasser sinkt und desto schwächer wird wiederum die Strömung. Eine Selbstverstärkung, die zum abrupten Abbruch führen kann. Sollte das geschehen, wäre es, als würde man mit einem Hammer auf das gesamte globale Klimasystem schlagen. Es ginge eine katastrophale Klimawelle um den Globus. Zunächst würde sich der Nordatlantik inklusive Europas dramatisch abkühlen. Die Wärme, die hier fehlt, würde sich im Rest der Welt aufstauen. Der Meeresspiegel im Norden würde um bis zu einem Meter ansteigen. Die Strömungsveränderung würde das marine Ökosystem durcheinanderbringen. Der tropische Regengürtel in Westafrika und dem Amazonasgebiet würde sich um Hunderte Kilometer verschieben, und Wettersysteme auf der ganzen Welt wären beeinflusst. Paleodaten zeigen, dass Veränderungen im Nordatlantikstrom sich sowohl im weit entfernten indischen als auch im chinesischen Monsunregen bemerkbar gemacht haben.

Aufgrund seiner enormen Wichtigkeit für das Weltklima untersuchen viele großartige Wissenschaftler seit Jahrzehnten das Golfstromsystem, unter ihnen der Physiknobelpreisträger von 2021 Suki Manabe. Die Möglichkeit eines abrupten Abbruchs der Strömung wurde aber zum ersten Mal durch meinen Kollegen und Mentor am Potsdam-Institut, Stefan Rahmstorf, gezeigt (Rahmstorf, 1996), der damit Dekaden intensiver weltweiter Forschung zum Thema eingeleitet hat.

3.4 Was uns nicht droht

Es gibt eine ganze Reihe von Kippelementen im Klimasystem, und man könnte ein eigenes Buch über ihre Dynamik, Folgen und Gefahren schreiben. Im Rahmen dieses Buches ist vor allem entscheidend, dass sie ein weiterer klarer Grund dafür sind, dass das Klimaproblem gelöst werden muss.

Ich möchte hier aber noch über einen Irrtum sprechen, der in der politischen Diskussion gelegentlich auftaucht. Die globale Mitteltemperatur ist kein Kippelement. Es gibt also keine Erwärmungsschwelle, ab der sie selbst Teil eines unaufhaltbaren Selbstverstärkungsprozesses wird. Wäre das der Fall, dann würde das Klimaproblem die Menschheit in ihrer Existenz bedrohen. Das tut es nicht. Das Klimaproblem alleine ist keine existenzielle Gefahr für unsere Spezies, wie es ein Atomkrieg wäre. Gäbe es eine solche Klimaklippe, dann würde hinter dieser Klippe die Temperatur immer weiter ansteigen, bis irgendwann, wie auf der Venus, die Meere verdampfen und der Treibhauseffekt des daraus entstehenden Wasserdampfs den Erdball für Pflanzen, Tiere und Menschen unbewohnbar machen würde. Das wird nicht geschehen.

Lassen Sie mich kurz erläutern, warum das so ist und auch nicht strittig ist. Tatsächlich gibt es positive Rückkopplungen im Klimasystem, die dazu führen, dass eine Erwärmung der Erde zu noch mehr Erwärmung führt. Ein einfaches Beispiel ist, wie oben erwähnt, die Meereisbedeckung in der Arktis. Je wärmer wir den Planeten machen, desto weniger Eis bedeckt das Arktische Meer. Als Folge wird immer weniger Sonnenlicht von der weißen Eisoberfläche zurück ins All reflektiert. Stattdessen schluckt der dunkle Ozean, der unter dem geschmolzenen Eis hervorkommt, das meiste der Sonneneinstrahlung und erwärmt die Region und damit den Planeten zusätzlich. Dieser Prozess führt zu zusätzlicher Erwärmung, er ist also ein Selbstverstärkungsmechanismus. Der entscheidende Punkt ist aber, dass er nicht die Dynamik der Energiebilanz der Erde dominieren kann, wie es für die Existenz eines Kippprozesses notwendig wäre. Der Grund hierfür ist, dass es neben den positiven Rückkopplungen auch eine negative gibt, die alles überschreibt und das System stabilisiert. Diese stabilisierende Rückkopplung ist die sogenannte Schwarzkörperstrahlung, die Wärmeabstrahlung der Erde, die auch bereits oben erwähnt wurde. Sie steht am Anfang jeder Energiebilanz und ist auch bei der Beschreibung des Treibhauseffekts zentral. Die Energie, die ein Körper abstrahlt, steigt mit seiner Temperatur an.[21] Das bedeutet, wenn wir mehr Treibhausgase in die Atmosphäre bringen, dann wird

---

21 Die dazugehörigen Gesetze wurden in der aufregenden Zeit um 1900 herum gefunden. Tatsächlich ergibt sich das Planck'sche Strahlungsgesetz und dann das daraus ableitbare Stefan-Boltzmann-Gesetz aus einer fantastischen Kombination zweier der drei großen Theorien, die in dieser Zeit entstanden sind, der Quantenphysik und der Thermodynamik. Dies sieht man sehr schön an der sogenannten Stefan-Boltzmann-Konstante:

mehr von der Rückstrahlung der Erde ins All von der Atmosphäre aufgefangen und zurück auf die Erde gestrahlt. Die Erde reagiert darauf mit einer Temperaturerhöhung, bis sich entsprechend dem Planck'schen Strahlungsgesetz die Energieabstrahlung so stark erhöht hat, dass sich ein neues Gleichgewicht bei höherer Temperatur eingestellt hat. Diese Erhöhung der Temperatur nennen wir globale Erwärmung. Sie ist die Reaktion der Erde auf zusätzliche Treibhausgase und stellt eine sogenannte negative Rückkopplung dar.

Die negative Rückkopplung durch die Schwarzkörperstrahlung ist um ein Vielfaches stärker als alle positiven Rückkopplungen, die wir bisher gefunden oder auch nur theoretisch erdacht haben. Der Fakt, dass es einige Jahrzehnte dauern kann, bis sich das neue Gleichgewicht eingestellt hat, weil der Ozean noch über lange Zeit Wärme in die Tiefe pumpt oder die Eisschilde relativ langsam reagieren, ändert nichts daran, dass sich dieses neue Gleichgewicht einstellen wird.

Diese Aussage ist in der Klimaforschung anerkannt und nicht umstritten. Gelegentlich werden in den Medien aber Worte wie »unaufhaltsame Erwärmung« verwendet. Das ist entweder falsch oder bezieht sich auf die Verzögerung der Erwärmung, die wir noch zu erwarten haben. Es ist essenziell für die Klimadebatte, dass wir eine sich aufschaukelnde unaufhaltsame Erwärmung nicht zu befürchten haben. Unaufhaltsam wird die Erwärmung nicht durch einen Selbstverstärkungsprozess, den wir nicht mehr stoppen können. Allerdings erwärmt sich die

---

$\sigma = \frac{2\pi^5 k_b^4}{15h^3c^2}$, die den Planck'schen Wirkungsquant h, die Lichtgeschwindigkeit c und die Boltzmann-Konstante k_b vereint.

Erde sehr wohl unaufhaltsam immer weiter, und zwar dann, wenn wir immer noch mehr und noch mehr CO_2 in die Atmosphäre pumpen. Wir haben die Zukunft in der Hand – im Guten wie im Schlechten.

3.5 Was uns droht

Ob unsere zivilisatorische Entwicklung der letzten 10 000 Jahre auch ohne die klimatische Stabilität des Holozäns möglich gewesen wäre, vermag ich nicht zu spekulieren. In jedem Fall ist es eine berechtigte Frage, denn die Landwirtschaft ist mit dem Ende der Eiszeit entstanden, und vieles spricht dafür, dass die klimatische Stabilität des Holozäns eine wichtige Voraussetzung für die lange Entwicklung unserer Zivilisation war und ist.

Die entscheidende Frage ist aber, ob wir unsere gesellschaftlichen Errungenschaften auch in Zukunft erhalten können. Seit über hundert Jahren verbrennt die Menschheit Kohlenstoff in Form von Erdgas, Erdöl und vor allem Kohle. Diese Vorkommen von fossilen Brennstoffen sind über einen Zeitraum von zig Millionen Jahren entstanden und haben dabei Kohlendioxid aus der Atmosphäre gebunden. Man könnte etwas flapsig sagen: Es sind die Dinosaurier und ihr Futter, die wir jetzt wieder ausgraben und verbrennen. Damit treiben wir die Erde in eine Hitze, die seit den Dinosauriern nicht mehr auf dem Planeten geherrscht hat.

Die Erwärmung der Erde ist kein selbstverstärkender Prozess, die Erde heizt sich nicht von alleine unbegrenzt immer weiter auf. Aber unsere Wachstumsprozesse sorgen dafür, dass sich die Temperatur bei jeder Verdopplung des CO_2 in der Atmosphäre um etwa drei Grad erhöht. Wenn wir alles Öl, alles Gas und vor allem alle Kohle verbrennen, die wir bisher im Boden gefunden haben, dann würden wir die Erde um 15 Grad heißer machen.[22] Das hat Folgen, nicht für unser Überleben und schon gar nicht für das der Natur, aber für unsere Lebensweise. Auf der Grundlage der Tausende von Seiten umfassenden Berichte des Weltklimarats (IPCC-WG1, 2021, IPCC-WG2, 2022, IPCC-WG3, 2022), die auf Zigtausenden von wissenschaftlichen Arbeiten beruhen, hat sich die Staatengemeinschaft darauf geeinigt, dass schon drei Grad mehr zu viel sind – nicht für die Erde, sondern für uns Menschen.

Aus der Beschreibung der Kippprozesse in Grönland, der Westantarktis und des Golf- und Nordatlantikstroms ist schon deutlich geworden, dass diese Folgen drastisch sein werden. Wir leben in einer hochkomplexen, global vernetzten Welt, in der sich über Jahrtausende gesellschaftliche Verhältnisse mit ihren kulturellen Traditionen ausgeprägt haben. Für unseren Teil der Welt sind dabei Demokratie, Rechtsstaatlichkeit und die Anerkennung der Gleichberechtigung von Menschen Errungenschaften, auf die wir stolz sein können – auf dem Weg dorthin wurden viele Kriege geführt und enormes menschliches Leid ertragen. Die große Frage, vor die uns der Klimawandel stellt, ist nicht die nach dem Überleben unserer

---

22 Es geht hierbei vor allem um die Kohle, die Kohlevorkommen sind um ein Vielfaches größer als die von Öl und Gas. Die Kohlevorkommen liegen bei etwa 2600 Gigatonnen Kohlenstoff, Öl bei etwa 450 Gigatonnen und Gas bei etwa 350 Gigatonnen, und hierin sind auch die sogenannten unkonventionellen Öl- und Gasressourcen enthalten (IPCC-WG3, 2022).

Spezies, sondern die danach, ob unsere Gesellschaften stabil bleiben, wir ihre essenziellen Errungenschaften erhalten und vielleicht sogar ausbauen können.

Das Hauptproblem des Klimawandels mit Folgen für die politischen Verhältnisse auf der ganzen Welt besteht in der Intensivierung von Wetterextremen. Seit zwanzig Jahren werde ich in jedem Interview anlässlich einer Überschwemmung, eines Sturms oder von Hitzewellen gefragt, ob diese »vom Klimawandel kommen«. Es ist zweifelsohne eine relevante Frage, denn es ist die *Schuldfrage*. Sie wird derzeit für rechtliche Schadensersatzansprüche immer wichtiger, genauso wie für die Kompensationsforderungen des globalen Südens bei internationalen Klimaverhandlungen. Für diese sogenannte Attribution von Wetterereignissen auf den Klimawandel, also eine wissenschaftliche Antwort auf die Frage, wie stark der Klimawandel für das Auftreten und die Stärke eines Ereignisses verantwortlich gemacht werden kann, gibt es mittlerweile ausgefeilte statistische Methoden. Wobei die unterschiedlichen Arten von Ereignissen unterschiedlichen physikalischen Gesetzen folgen.

Viel wichtiger aber für die Zukunft ist, wie stark Wetterextreme an Häufigkeit und Heftigkeit zunehmen werden. Diese Frage lässt sich statistisch nicht so gut beantworten, auch wenn man versucht ist, das so anzugehen. Der Grund liegt darin, dass die Mathematik klare und harte Vorgaben darüber macht, wann ein statistischer Trend signifikant und damit wissenschaftlich belegbar ist. Das hat zur Folge, dass die Wissenschaft erst dann eindeutig sagen kann, dass eine Klasse von Wetterextremen häufiger vorkommt, wenn die Öffentlichkeit das schon lange selbst erkannt hat. Erst wenn etwas so oft aufgetreten ist, dass jeder Beobachter sagt: »Klar, das passiert jetzt immer öfter«, schlagen auch die statistischen Berechnungen Alarm.

Eine bessere Methode, sich der Frage zu nähern, ist das Verständnis der physikalischen Kausalitäten. Damit können wir mittlerweile sehr starke und belastbare Aussagen über die zukünftige Entwicklung von Wetterextremen machen. Nehmen wir als Beispiel tropische Wirbelstürme. Wenn sie eine gewisse Stärke überschreiten, heißen sie in Asien Taifune und in Amerika Hurrikane. Wie viele dieser tropischen Stürme in einer Saison auftreten, ist schwer vorherzusagen, denn ihre Entstehung ist ein komplexer physikalischer Prozess. Der Pfad, den die Stürme zurücklegen, wird von den lokalen Wasser- und Atmosphäreneigenschaften bestimmt. Auch wenn die Computersimulationen rasant besser werden, gibt es hier noch sehr große Unsicherheiten. Wir können also nicht vorhersagen, wie viele Hurrikane welcher Stärke im nächsten Jahr auftreten und wo sie langziehen werden. Das ist genauso unmöglich, wie vorherzusagen, welche Temperatur nächstes Jahr am amerikanischen Unabhängigkeitstag oder am Tag der Deutschen Einheit herrschen und ob und wie stark es regnen wird.

Es gibt aber etwas, das wir genau sagen können: Wir wissen, woher die Hurrikane und Taifune ihre Energie beziehen. Die ungeheure Energie, die die Zerstörungskraft der Wirbelstürme ausmacht, kommt aus den oberen Schichten des Meeres. Diese Schicht hat nicht nur eine wesentlich höhere Wärmekapazität als zum Beispiel Luft oder Erde. Anders als über Land kann man sie auch noch aus einer Tiefe von einigen 100 Metern ziehen, ganz einfach, weil das Meer flüssig ist. Das hat eine absolut simple

Folge. Wenn wir die Temperatur der Erde erhöhen, dann erhöhen wir die Temperatur der Meere und stellen damit mehr Energie für Wirbelstürme zur Verfügung. An diesem Beispiel lässt sich sehr schön illustrieren, warum es manchmal leichter ist, eine relevante und robuste Aussage über die Zukunft zu treffen als eine vermeintlich naheliegendere über die Vergangenheit oder Gegenwart. Die häufig gestellte Frage danach, ob der Klimawandel diesen oder jenen konkreten Sturm verursacht hat, informiert unser Bedürfnis nach Schuldzuweisung. Die wichtigere Frage danach, ob sich solche Stürme in der Zukunft häufen werden, informiert über die Notwendigkeit, sich zu schützen, an die neue Situation anzupassen und vor allem Schlimmeres zu verhindern. Dabei ist die Zukunftsfrage in vielen Fällen leichter zu beantworten als die Zuordnungs- oder Attributionsfrage.

Ähnliches gilt für die Zunahme von Starkniederschlagsereignissen und Überschwemmungen. Zunächst einmal verdunstet auf einem wärmeren Planeten mehr Wasser aus den Meeren, Flüssen und Seen. Dieses Wasser muss wieder abregnen, deshalb gibt es im globalen Mittel auf einer wärmeren Erde mehr Regen. Energetische Berechnungen zeigen, dass pro Grad Erderwärmung etwa zwei Prozent mehr Regen fallen. Das gilt für den mittleren Niederschlag. Entscheidend für die Starkniederschlagsereignisse und damit für die Überschwemmungen ist aber nicht, wie viel Wasser verdunstet, sondern wie viel Wasser die Atmosphäre aufnehmen und transportieren kann. Denn die maximale Menge an Wasserdampf in der Atmosphäre bestimmt die extremen Niederschläge. Auch diese Menge steigt mit der Temperatur an. Sie folgt dem bereits erwähnten Gesetz der Dampfdruckkurve von

Clausius und Clapeyron von 1834 und steigt damit exponentiell mit jedem Grad Erwärmung um sieben Prozent an. Und ziemlich genau um diese sieben Prozent steigen auch die beobachteten Starkniederschlagsereignisse an. Diese einfache Argumentationskette ist der Grund, warum wir in einer sich erwärmenden Welt mehr extreme Regenfälle erwarten müssen und damit mehr Überschwemmungen.

Zusätzlich verschiebt die globale Erwärmung die Temperaturverteilung und erhöht damit die Wahrscheinlichkeit für Hitzewellen und Dürren. Diese Aussage steht selbstverständlich nicht im Widerspruch zur Zunahme von Starkniederschlagsereignissen, denn es kann an einem Ort zu einer Zeit eine Überschwemmung geben, während es an einem anderen Ort zu einer anderen Zeit eine Hitzewelle gibt. Es können sich sogar beide am selben Ort abwechseln.

3.6 Die Jetstream-Sorge

Eine der bedrohlichsten Ursachen für Extremwetterereignisse in Europa, Nordamerika und -asien ist der Jetstream. Dabei handelt es sich um einen Windgürtel, der sich in mittleren Breiten einmal um den Erdball zieht. Sie kennen ihn von der Wettervorhersage, denn er bringt uns in Mitteleuropa regelmäßig die Wettersysteme. Wenn uns also im Sommer ein Hochdruckgebiet für ein paar Tage einen sonnigen und wolkenfreien Himmel beschert, dann wurde es wahrscheinlich vom Jetstream vom Atlantik zu uns her geblasen. Das Gleiche gilt für ein Tiefdruckgebiet, das den darauffolgenden Regen bringt. Der

Jetstream existiert, weil die Erde sich dreht. Er gehört zum globalen Windmuster.

Seit mehr als 150 Jahren beobachten wir die Position des Jetstreams, um unsere Wetterlagen vorherzusagen. Lange bevor Computersimulationen bei der Wettervorhersage geholfen haben, wurde bereits der Druckunterschied zwischen dem Azorenhoch und dem Islandtief mit Messstationen bestimmt, um aus diesem vorherzusagen, ob der Jetstream eher nach Norden in Richtung Skandinavien strömt oder nach Süden bis in die Türkei. Normalerweise bläst der Jetstream stabil von Westen nach Osten, während sich nördlich von ihm kalte und trockene arktische Luft, südlich hingegen warme und feuchte tropische Luft[23] befindet. Die Abweichungen von der normalen Position waren wichtig für die Wettervorhersage, aber sie waren meistens relativ klein.

In letzter Zeit machen uns aber immer häufiger enorme Schwankungen im Windband zu schaffen. Ein Beispiel von einer ganzen Reihe von dramatischen Ereignissen, die alle auf das Mäandern des Jetstreams zurückzuführen sind: Im Dezember 2017 zog das Windband in Nordamerika plötzlich nach Süden. Der bis dahin überdurchschnittlich warme Winter im Norden der Vereinigten Staaten wurde von einer Kaltfront durchstoßen. Der

---

23 Der Grund, warum kalte Luft meist trocken und warme Luft meist feuchter ist, hängt natürlich wieder mit dem schon oft erwähnten thermodynamischen Gesetz von Clausius und Clapeyron zusammen. Wärmere und damit sich schneller bewegende Luftmoleküle sind in der Lage, mehr Wasser mit genügend Energie zu versorgen, sodass sie Wasserdampf bleiben und nicht zu Wassertropfen kondensieren – beschrieben durch die Boltzmann-Statistik.

Strom kalter Luft führte zur Kondensation des Wasserdampfs in der Atmosphäre und bedeckte den Norden der USA unter einer gigantischen Schneemenge. Das gesellschaftliche und wirtschaftliche Leben von Chicago bis New York kam für zwei Wochen praktisch zum Erliegen. Ein Ereignis, das sich fast genau ein Jahr später in sehr ähnlicher Weise wiederholte. Millionen von Menschen waren betroffen, die wirtschaftlichen Folgen immens und das Medienecho global.

Einen Monat später, im Januar 2018, geschah etwas, das praktisch niemand mitbekommen hat, aber in seiner physikalischen Dimension kaum weniger dramatisch war. In fast menschenleeren Gegenden Sibiriens auf der anderen Seite des Globus schnellte die Temperatur innerhalb von nur fünf Tagen um 55 Grad Celsius nach oben. Hier war der Jetstream plötzlich nach Norden gewandert und hatte tropische Luft in vorher klirrende Kältegebiete gebracht. Wenn sich etwas Ähnliches in Moskau ereignet hätte, wären die Krankenhäuer voll mit Herz-Kreislauf-Patienten gewesen, vermute ich. So aber verlief dieses fantastisch anmutende Ereignis relativ ereignislos.

Wieder einen Monat später, im Februar 2018 traf es Europa. Der Jetstream wanderte nach Süden und brachte Berlin minus zehn Grad. Das ist für Februar zwar kalt, aber nicht ungewöhnlich. Ungewöhnlich war, dass es in Berlin damit zehn Grad kälter war als am Nordpol. Die Arktis hatte seit praktisch drei Monaten kein Sonnenlicht gesehen und sollte in klirrender Kälte verharren. Stattdessen aber hatte sich der Jetstream an anderer Stelle so weit nach Norden ausgebeult, dass diese Beule vom Rest des Stroms abriss und als eigenständiger Wirbel gefüllt mit warmer Luft in der Arktis umherwanderte. Das brachte den Nordpol, der eigentlich um die minus 20 bis 30 Grad haben sollte, an den Schmelzpunkt.

Diese Folge von Ereignissen reiht sich in eine ganze Serie von dramatischen Wetterextremen, die durch das Mäandern des Jetstreams verursacht wurden. Manche erinnern sich noch an den russischen Sommer von 2010. Eine wochenlange Hitzewelle zerstörte die Weizenernte und hielt die Hauptstadt in Bann. Die dadurch entstandenen Torfbrände konnten über Wochen nicht gelöscht werden, Moskau wurde teilweise evakuiert. Gleichzeitig entstand durch Überschwemmungen in Pakistan der größte Süßwassersee der Welt mit zig Millionen Flüchtlingen. Anfang September 2020 zog der Jetstream so weit südlich durch die USA, dass der Mittlere Westen einen zuvor nie aufgezeichneten Temperatursturz erfuhr. In Denver im Bundesstaat Colorado sank die Temperatur innerhalb von 24 Stunden um 34 Grad Celsius.

Die Elbefluten in Deutschland 2002 und 2013, die Hitzesommer in Europa 2002 und 2019 und in Indien 2022 standen alle im Zusammenhang mit Ausbuchtungen des Jetstreams. Mittlerweile gibt es praktisch jedes Jahr wenigstens eine Naturkatastrophe, die Folge des sich ungewöhnlich verhaltenden Jetstreams ist.[24] Bis

---

24 Es gibt zwei unterschiedliche Effekte, die mit dem Jetstream verbunden sind, die ich aber hier nur kurz andeuten kann. Ein schnelles Schlackern des Windbandes führt zu plötzlichen Wetteränderungen. Wenn das Windband aber fünf, sechs oder sieben Ausbuchtungen auf seinem Weg um den Globus hat, dann kann es zu einer sogenannten Quasi-Resonanz kommen. Dann bleibt das Wettermuster stehen, und es kommt zu lang anhaltender Hitze (wie in Russland 2010) oder lang anhaltendem Regen (wie in Pakistan 2010).

wir genug Statistik haben, um eindeutig sagen zu können, dass das Mäandern des Jetstreams durch den Klimawandel verstärkt wird, werden solche Ereignisse schon so häufig passiert sein, dass die Erkenntnis kaum noch jemanden überraschen wird. Gleichzeitig ist die Physik der Strömung komplex und die wissenschaftliche Diskussion hierüber noch nicht abgeschlossen. Der Fakt, dass die Arktis sich doppelt so schnell erwärmt wie der Rest des Planeten, und mathematische Herleitungen, dass dies zu einer Destabilisierung des Stroms führt, sind zwar da (Petoukhov et al., 2013), aber eine abschließende Analyse gibt es nicht. Wir müssen noch warten, bis wir vollkommene Sicherheit haben.

Klar ist, Wetterextreme hat es schon immer gegeben. Aber klar ist auch, der Klimawandel macht sie stärker und häufiger. Insgesamt ist die Einschätzung des sehr vorsichtigen[25] Weltklimarats mit zunehmender Vehemenz und Sicherheit, dass die Gefahr durch Wetterextreme mit der globalen Erwärmung stark zunimmt, und das ist meiner Auffassung nach sehr milde und vorsichtig

---

25 Das Intergovernmental Panel on Climate Change, das in Deutschland gelegentlich Weltklimarat genannt wird, gibt den Konsens der Klimawissenschaft wieder. Das bedeutet, dass vor allem das berichtet wird, worüber sich alle Wissenschaftler einig sind. Wissenschaftler sind sich nicht gerne einig. Die Wissenschaft lebt vom Dissens, sie lebt davon, dass man etwas herausbekommt, das noch niemand weiß. Umso bemerkenswerter ist es, dass sich alle fünf bis sieben Jahre die gesamte Klimawissenschaft auf mehr als 2000 Seiten mit wissenschaftlichen Aussagen einigen kann. So klar ist mittlerweile der Erkenntnisstand.

formuliert (IPCC et al., 2012). Die wissenschaftlichen Vorhersagen haben bisher das Problem noch nie überschätzt. Praktisch immer hat die Wirklichkeit die Vorhersagen übertroffen.

Die große Frage ist, was passiert, wenn die Katastrophen so schnell und heftig aufeinanderfolgen, dass wir dazwischen nicht mehr aufräumen können. Was wäre passiert, wenn Hurricane Sandy im gleichen Sommer New York zerstört hätte, in dem Hurricane Katrina New Orleans heimgesucht hat? Was wäre gewesen, wenn die große Dürre der landwirtschaftlichen Gebiete im Mittleren Westen der USA im gleichen Jahr geschehen wäre und im vorangegangenen und darauffolgenden Winter Schneekatastrophen den Norden getroffen hätten, wie sie es 2018 und 2019 getan haben? Wo wären die Hilfslieferungen zuerst hingegangen? Hätten sich die Republikaner und Demokraten auf einen Wiederaufbauplan einigen können, oder wäre die älteste Demokratie der Welt daran zerbrochen?

An diesem imaginären Beispiel möchte ich die tatsächliche Gefahr des Klimawandels verdeutlichen. Die beschriebenen Katastrophen haben sich in den USA alle zwischen 2005 und 2019 ereignet, aber es gibt keinen physikalischen Grund, warum sie nicht alle im gleichen Jahr geschehen hätten können. Wetterextreme nehmen in einem Maße zu, das selbst die meisten Klimaforscher überrascht. Und sie treffen auf Gesellschaften, die fragiler zu sein scheinen, als man das fast achtzig Jahre nach dem Zweiten Weltkrieg vielleicht erwarten würde.

3.7 Die Freiheit unserer Kinder

Ich habe in diesem Kapitel zuerst erklärt, wie die Temperatur auf der Erde durch die Neigung der Erdachse als Wechsel von Eis- und Warmzeiten und als Ergebnis der Strahlungsbilanz zustande kommt und warum wir sie vor allem durch das Verbrennen fossiler Energieträger erwärmen, indem wir CO_2 in die Atmosphäre emittieren. Dann habe ich an den Beispielen der Eisschilde in Grönland und der Antarktis anhand von Golf- und Nordatlantikstrom und dem Jetstream einige wesentliche Systeme beschrieben, die auf die menschengemachte Temperaturerhöhung reagieren und das Klima aus seiner 10 000 Jahre währenden holozänen Stabilität bringen.

An den Extremwetterereignissen habe ich beschrieben, wie die schon jetzt spürbaren Folgen zunehmen werden. Wenn wir unseren Planeten immer weiter aufheizen, werden wir zwar vermutlich nicht als Spezies aussterben, aber die Lebensbedingungen auf der Erde werden sich so stark verändern, dass uns der politische und gesellschaftliche Kollaps droht. Migrationsbewegungen, die schon jetzt eine große Herausforderung darstellen, werden als Folge von Extremwetterereignissen stark zunehmen. Allein die Überschwemmung, die 2010 in Pakistan zur zeitweiligen Entstehung des größten Süßwassersees geführt hat, zwang zehn Millionen Menschen zur Flucht. Wir werden auch bei uns mit solchen Ereignissen konfrontiert, wie die Überschwemmungen an Ahr und Erft gezeigt haben. Wir fangen in Europa, auch in Deutschland, bereits an, die Wasserversorgung neu zu organisieren, die angesichts von Dürren und sinkenden Grundwasserspiegeln nicht mehr überall selbstverständlich gegeben ist. Das alles sind Gründe dafür, warum die Weltgemeinschaft sich heute weitgehend einig darüber ist, dass wir schon die Erwärmung der globalen Mitteltemperatur um drei Grad nicht erreichen dürfen.

Das Klimaproblem ist kein »Ökoproblem« und nicht die Sorge idealistisch umweltbewegter Spinner, und es ist nicht vornehmlich ein Umweltproblem, auch wenn wir in den Ökosystemen der Welt dramatische Veränderungen erleben, die teilweise auf den Klimawandel zurückzuführen sind. Vielmehr geht es um die Freiheit und Selbstbestimmtheit unserer Kinder, um ihre handfesten materiellen Interessen, die nicht zuletzt deshalb absolut legitim sind, weil es zugleich auch um essenzielle Errungenschaften wie Rechtsstaatlichkeit und Demokratie geht. Es geht um die ungeheuerliche Ungerechtigkeit gegen die nächsten Generationen, die der Klimawandel darstellt. Wenn die Extremwetterereignisse wie ein Feuerwerk auf unsere Gesellschaft und unsere Wirtschaft einprasseln, werden wir irgendwann keine Zeit mehr haben, zwischen den Einschlägen aufzuräumen. Dann geraten unser Rechtsstaat und unsere Demokratie immer stärker unter Druck.

Das konnte und kann man lokal bereits beobachten. So waren die drei Jahre, die dem Ausbruch des Bürgerkriegs in Syrien vorangingen, außergewöhnliche Dürrejahre in der Region. Dieser Umstand verdeutlicht sehr schön, wie der Klimawandel indirekt auf unsere Gesellschaft wirken kann. Eine bereits spannungsgeladene Situation wird durch Wetterextreme verschärft und führt zum Bürgerkrieg. Durch die darauffolgende Fluchtbewegung destabilisieren sich angrenzende Gebiete.

Dabei kann es uns auch in globalem Ausmaß treffen: Kollegen von der Columbia University in New York und dem Potsdam-Institut haben in einer Studie 2019 gezeigt (Kornhuber et al., 2019), dass die extremen Wetterereignisse im Sommer 2018 durch ein Wellenphänomen des Jetstreams miteinander verknüpft waren. In einer Folgestudie in der Fachzeitschrift *Nature Climate Change* 2020 konnten sie zeigen, dass dieses Phänomen alle drei Hauptweizenanbaugebiete der Erde in den USA, Europa und Russland gleichzeitig mit einer synchronisierten Dürre treffen könnte (Kornhuber et al., 2020). Dabei würde sich eine sogenannte stehende atmosphärische Welle ausbilden, die durch die Rocky Mountains so stabilisiert wird, dass sie gleichzeitig alle Brotkörbe der Welt trifft. Das gleiche Phänomen, das bereits im Sommer 2018 in milderer Form geschehen ist, muss nur etwas intensiver auftreten, und die Nahrungsmittelversorgung der Erde wäre in Gefahr. Wie bereits im Sommer 2010 geschehen, bleibt in einer solchen physikalischen Konstellation das Wetter einfach stehen, und die synchronisierten Dürren können viele Wochen andauern.

Das Klimaproblem ist zerstörerisch und unglaublich ernst. Es ist eine der größten Herausforderungen unserer Zeit. Es geht dabei nicht um das Überleben der Menschheit, aber um den Erhalt unserer Art, zu leben. Der Klimawandel wird den Druck auf unsere Gesellschaft in einer Weise verstärken, der wir irgendwann nicht mehr gewachsen sind. Wenn wir dieses Problem nicht lösen, werden die demokratischen Rechtsstaaten in Europa und Amerika irgendwann kollabieren und der Hunger und die Armut in der Welt sich immer weiter ausbreiten. Das sind die Gefahren des Klimawandels, und sie sind massiv.

Abbildung 4 – Antwort des Klimasystems auf den Ausstoß von Kohlendioxid mit fossilem Kohlenstoff. Exemplarisch sind hier drei Szenarien dargestellt. In dem einen werden die Emissionen so schnell reduziert, dass wir das Pariser Klimaabkommen noch einhalten und unter 1,5 Grad globaler Erwärmung bleiben (gepunktet). Das zweite repräsentiert eine Welt, in der wir in diesem Jahrhundert keinen Klimaschutz betreiben, erst im nächsten Jahrhundert zur Vernunft kommen und entsprechend fünf Grad Erwärmung verursachen (gestrichelt). Im dritten Szenario verbrennen wir sämtliche gefundenen Kohle-, Öl- und Gasreserven und erwärmen damit unseren Planeten um 15 Grad. Für alle Szenarien gilt: Selbst nachdem die Emissionen schon lange vorüber sind (oben), sinkt die Kohlendioxidkonzentration nur langsam ab (Mitte). Die Temperatur fällt sogar noch langsamer und ist selbst in 2000 Jahren noch etwa auf dem Niveau, das sich am Ende der Emissionen eingestellt hatte (unten). Die Erwärmung nimmt so lange zu, wie wir fossile Brennstoffe verbrennen, und bleibt danach praktisch konstant. Die Konsequenz aus diesem Fakt ist, dass wir vollständig aufhören müssen, Öl, Gas und Kohle zu verbrennen, wenn wir die Temperatur unseres Planeten stabilisieren wollen (Winkelmann et al., 2015).

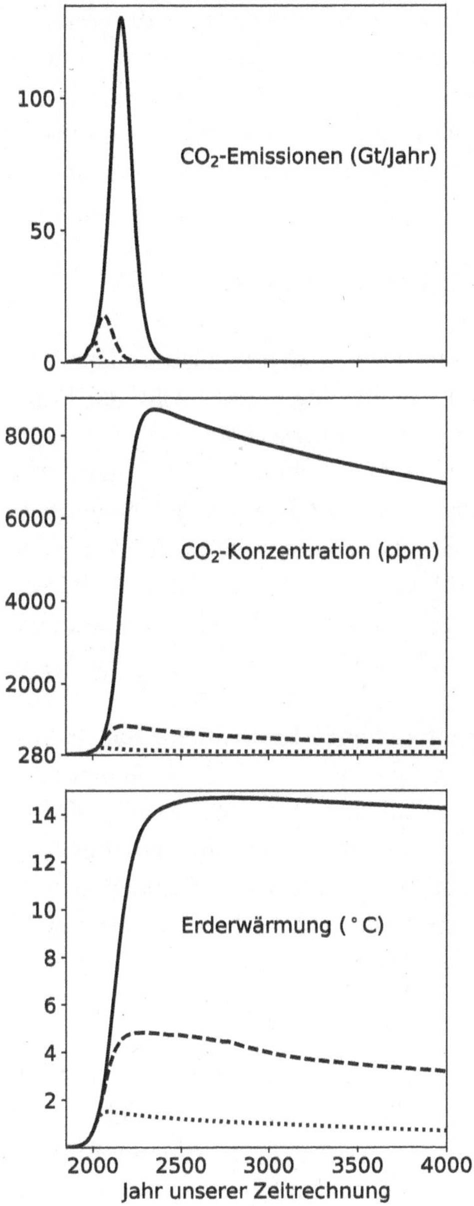

100
50
0
CO2-Emissionen (Gt/Jahr)
8000
6000
4000
2000
280
CO2-Konzentration (ppm)
14
12
10
8
6
4
2
Erderwärmung (°C)
2000
2500
3000
3500
4000
Jahr unserer Zeitrechnung

Die Vegetation und auch die Fauna werden unseren Eingriff in das Klima der Erde überdauern. Die Frage ist, ob das auch für unsere Kultur und unsere Freiheit gilt. Wir verspielen die zukünftige Lebensperspektive unserer Kinder auf Selbstbestimmtheit und Lebensqualität.

3.8 Die Klimagrenze ist null

Ich habe in der bisherigen Beschreibung der menschengemachten Klimaveränderung einen wichtigen Punkt außer Acht gelassen: die Frage, was mit dem CO_2 passiert, wenn es einmal in der Atmosphäre ist. Wie lange halten die beschriebenen Effekte an? Die Antwort lautet: sehr, sehr viel länger als unsere gesellschaftlichen Entscheidungsprozesse (Abbildung 4). Die Verschmutzung überdauert Generationen. Für alle praktischen Erwägungen kann man sagen: CO_2 bleibt *für immer* in der Atmosphäre.

Das hat eine weitreichende Konsequenz: Solange wir Kohle, Öl oder Gas verbrennen, wird die Temperatur unseres Planeten ansteigen. Wenn wir keinen Klimaschutz betreiben, dann würden wir am Ende des Jahrhunderts die fünf Grad reißen, im Jahrhundert danach wären es dann zehn Grad und im Jahrhundert danach würden wir 15 Grad Erwärmung bekommen, wenn wir alles an Kohle verbrannt hätten, was wir bisher im Boden gefunden haben.

Aus dieser Tatsache müssen wir eine Grenze ableiten, die in der öffentlichen Diskussion meiner Beobachtung nach noch nicht in aller Klarheit angekommen ist: Egal, bei welcher Temperatur wir unseren Planeten stabilisieren wollen, ob bei 1,5 Grad, wie es *Fridays for Future* fordern und wie es im Pariser Klimaabkommen vereinbart wurde, oder bei 2 Grad, der absoluten Obergrenze des Pariser Abkommens, oder selbst wenn wir sie erst bei 3, 4 oder 5 Grad stabilisieren wollen – in jedem Fall müssen wir weltweit auf Nullemissionen. Die harte Grenze, die uns das Klimasystem vorschreibt, ist die Null. Denn nur bei Netto-Nullemissionen hört die Temperatur irgendwann auf zu steigen.

Das fundamentale und umfassende Verständnis des Treibhauseffekts macht die Grundaussagen der Klimaforschung so kraftvoll und gleichzeitig beunruhigend. Wir können mit der Physik nicht verhandeln. Sie bestand, bevor wir da waren, und wird bestehen, wenn wir nicht mehr da sind. Von drei Kohlendioxidmolekülen, die wir in die Atmosphäre bringen, wird eines in den Weltmeeren gelöst und versauert die Ozeane.[26] Es entsteht Kohlensäure, die das marine Ökosystem an seiner Basis angreift und ein weiteres großes Problem für sich darstellt. Die anderen beiden Moleküle bleiben für Jahrhunderte als Treibhausgas in der Atmosphäre und erhöhen die Temperatur des Planeten (Abbildung 4, siehe S. 89). Die unumstößliche Tatsache, die sich daraus ableitet, lautet: Nur wenn wir vollständig aufhören, fossile Energieträger zu verbrennen, können wir die Temperatur unseres Heimatplaneten stabilisieren. Das bedeutet, die Lösung ist nicht, weniger zu machen. Die Lösung ist, etwas fundamental anders zu machen.

---

26 Der Anteil des anthropogenen Kohlendioxids, das im Ozean gelöst wird, hat sich über die letzten Jahrzehnte von 42 Prozent auf 37 Prozent verringert. Ein Drittel ist also eine Untergrenze.

4 Die Richtung des Fortschritts

You turn kings into beggars –
and beggars into kings.

TOM WAITS, ALL THE WORLD IS GREEN

Nur, wenn wir aufhören, fossile Energieträger zu verbrennen, wird die Erwärmung des Klimas angehalten. Jede weitere Emission von CO_2 bewirkt eine weitere Verstärkung des Treibhauseffekts und damit einen weiteren Temperaturanstieg. Die bloße Reduktion von Emissionen löst das Problem nicht, sie verlangsamt allenfalls den Prozess. Es trifft dann nicht die Generation der heutigen *Fridays for Future*, sondern eine, zwei oder drei Generationen nach ihnen. Das ist die erste harte Grenze, auf die wir stoßen: die Null. Wir müssen runter auf Nullemissionen, und zwar so schnell wie irgend möglich.

Wir haben bereits genug Erfahrung mit alternativen Energieträgern, um sagen zu können, dass Nullemissionen eine machbare Aufgabe sind. Der Verzicht auf Kohle, Öl und Gas ist technisch und wirtschaftlich möglich; es ist der Umstieg auf erneuerbare Energien, und wir sind auf einem guten Weg, nur viel zu langsam. Doch der Klimawandel ist nicht die einzige Folge unserer industrialisierten, globalisierten Lebensweise. Sie führt zu einer ganzen Reihe weiterer, in Ausmaß und Wirkung nicht weniger schwerwiegender Veränderungen der Umweltbedingungen. Die meisten von ihnen habe ich im Zuge der planetaren Grenzen bereits erwähnt, wie die Versauerung der Meere, das Artensterben, den Verbrauch von Ressourcen. Und weil auch diese Probleme bekannt sind, dreht sich vieles in der öffentlichen Diskussion von Umweltproblemen um die Frage nach dem Wohl und Wehe unseres Wirtschaftsmodells, das im Kern auf dem Paradigma des fortwährenden Wachstums basiert. Fortwährendes Wachstum war und ist sowohl an einen stetig wachsenden Energiehunger als auch an den zunehmenden Verbrauch von Ressourcen gekoppelt: Sand, Wasser, Flächen, seltene Erden. Diese Ressourcen werden knapper, worauf die Weltgemeinschaft unter anderem jährlich aufmerksam macht, indem sie für jedes Land errechnet, an welchem Tag im Jahr es die eigentlich zur Verfügung stehenden Ressourcen bereits aufgebraucht hat. In Deutschland fiel der Erdüberlastungstag 2022 und 2023 auf den 4. Mai – fast acht Monate vor Jahresende. Die Spitzenreiter Katar und Luxemburg hatten ihre Ressourcen in den vergangenen Jahren bereits im Februar aufgebraucht. Weltweit liegt der Erdüberlastungstag derzeit im Juli, was an den deutlich niedrigeren Verbrauchswerten in vielen Ländern des globalen Südens liegt.

In den Überlastungstagen steckt die Aussage, es gebe beim Ressourcenverbrauch so etwas wie ein akzeptables, umweltverträgliches Maß (so wie viele immer noch glauben, es werde nicht so schlimm mit dem Klimawandel, wenn wir nur nicht ganz so viel CO_2 emittieren). Das gilt aber nur für Ressourcen, die nachwachsen und nicht endlich sind. Für Ressourcen, die nicht nachwachsen, stoßen wir auch hier auf eine harte Grenze.

Hinter Konzepten wie dem Erdüberlastungstag steckt damit ein grundsätzliches Problem, eine Haltung, die viele Debatten über die Umweltproblematik dominiert und die meines Erachtens falsch ist: Der dominante Gedanke ist der des »Weniger«, der Einschränkung unseres bisherigen Lebensstils, des Verzichts oder gar einer Art materieller Askese. Ein kleinerer ökologischer Fußabdruck ist gut, nur der zu große ist schlecht. Möglichst wenig konsumieren ist in Ordnung. Wer wenig Auto fährt und mit dem Zug reist statt mit dem Flugzeug, begeht lässliche Sünden. Das stimmt alles und hilft uns auf gesamtgesellschaftlicher Ebene dennoch nicht weiter. Denn da, wo die harten Grenzen auftauchen, wo wir früher oder später zwingend auf null kommen müssen, hilft uns das Reduzieren nicht – es verlangsamt allenfalls das Tempo, in dem wir uns auf bestimmte Klippen zubewegen. Es ist ein bisschen wie mit dem Rauchen: Natürlich ist es besser, fünf Zigaretten am Tag zu rauchen als 25. Aber trotzdem ist jede einzelne Zigarette giftig. Es gibt kein »gesundes« Rauchverhalten.

Vor allem aber glaube ich, dass der Gedanke von Reduktion und Verzicht die Sicht auf die eigentliche Aufgabe verstellt. In Bezug auf eine Reihe von Dingen müssen wir vollständig umdenken; vieles müssen wir nicht nur graduell, sondern strukturell verändern. Das gilt für die Energieträger, aber eben auch für die Nutzung nicht nachwachsender Ressourcen.

Anstatt über Verzichtsideologien zu streiten oder über

die Forderung, wir müssten irgendwie zurück zur Natur, müssen wir innovativ nach vorne denken, im Sinne einer »dritten« industriellen Revolution, wie der frühere Direktor und Gründer des Potsdam-Instituts Hans Joachim Schellnhuber sie vorschlägt (Schellnhuber, 2015). Das scheint mir zugleich auch viel attraktiver zu sein. Wenn wir wirklich umdenken und neue Wege finden, unseren Wohlstand zu leben, öffnet das auch wieder einen Raum für Innovation und Vielfalt.

Es ist schwerer, sich diese Art von Innovation vorzustellen – mit der ich keineswegs nur technische Innovationen meine. Das Verzichten scheint einfacher zu denken, liegt intellektuell irgendwie näher, weil es auf etwas Bekanntes zurückgreift; das »Zurück zur Natur« hat seit Rousseau und der deutschen Romantik lange Tradition. Und natürlich ist Verzicht nicht falsch und sogar wichtig, solange wir noch dabei sind, effektive systemische Lösungen zu suchen und auszuhandeln. Aber die Idee einer dritten industriellen Revolution, eine Gesellschaft, die auf dem Fundament der erneuerbaren Energien Wachstum und Wohlstand anders definiert und generiert – eine solche Revolution wäre eine wirkliche Transformation in eine nachhaltige Zukunft, von der viel gesprochen, die aber in dieser Konsequenz nur von wenigen ausbuchstabiert wird. Ich werde in den folgenden Kapiteln näher darauf eingehen, wie diese strukturellen Veränderungen aussehen könnten.

Unbegrenzter Verbrauch von Materie ist auf einem begrenzten Planeten mit begrenzten natürlichen Ressourcen nicht möglich. Dieser Sachverhalt ist schon so oft hervorgehoben und wiederholt worden, dass er beinahe seine Schlagkraft verloren hat, daran ändert auch die gut gemeinte Marketingkampagne des Erdüberlastungstags nichts.[27]

Wir scheinen mehr oder weniger starr und unbeweglich auf die harte Grenze zuzurasen – den Tag, an dem bestimmte endliche Ressourcen aufgebraucht sein werden. Deshalb sind zunehmend Stimmen zu hören, die auf Degrowth setzen, darauf, das Wachstum anzuhalten. Angesichts der Tatsache, dass das derzeitige Wirtschaftswachstum untrennbar an steigende Material- und Energieverbräuche gekoppelt scheint, stellt sich die Frage: Warum geben wir das Wirtschaftswachstum nicht auf? Warum versuchen wir nicht, in einen Zustand mit in gewisser Weise stabilen, unveränderlichen Verhältnissen zu kommen?

4.1 Das Gute am Wirtschaftswachstum

Der Wachstumsgedanke bestimmt nicht nur unsere Wirtschaft, sondern auch unser Leben und unser gesellschaftliches Narrativ schon sehr lange. Wachstum impliziert ein Versprechen – ein Versprechen auf eine bessere Zukunft. Dieses Versprechen steckt nicht nur in den Wohlstandsindizes von Bruttosozialprodukten, sondern auch im viel umfassenderen Sinn in unserer

27 Das häufige Aussprechen solcher Wahrheiten, ohne dass die Lösung angegangen wird, kann dazu führen, dass die Erkenntnis immer weniger Aufmerksamkeit bekommt. Man richtet sich mit der Erkenntnis ein, ohne entsprechend zu handeln. Dieser Effekt wird durch die Geschwindigkeit des Informationsflusses in der heutigen Medienwelt enorm verstärkt.

Vorstellung von der Geschichte der Menschheit als der eines ständigen Fortschritts. Wachstum bedeutet Bewegung, in der Gesellschaft und für den Einzelnen. Unsere Wirtschaft wächst nicht, weil irgendjemand das Bruttosozialprodukt errechnet und uns dazu anhält, dessen Wert möglichst hoch zu treiben. Wachstum entsteht aus dem Antrieb und Handeln der Menschen selbst, denn Wachstum birgt die Hoffnung, dass sich das Leben einer Person mit der Zeit entwickelt, Leistungen erbracht und Ziele erreicht werden und damit Wohlstand und Zufriedenheit zunehmen. Es impliziert das Versprechen, dass es der nächsten Generation, den eigenen Kindern besser gehen wird als einem selbst. Ein Blick zurück in die 1960er-Jahre genügt, um zu sehen, wie stark sich unsere Gesellschaft verändert hat. Frauen sind selbstverständlicher gleichberechtigt, in den Familien nehmen Männer stärker an der Erziehung der Kinder teil, in der religiösen, politischen und vor allem sexuellen Selbstbestimmung sind wir heute freier denn je. Diese Fortschritte sind nicht zwingend mit Geld verbunden und hängen dennoch auch mit der Steigerung unseres materiellen Wohlstands zusammen. Wir können es uns jetzt leisten, Elternzeit zu nehmen, Pflege zu bezahlen und uns Sachen nach Hause liefern zu lassen.

Das Wachstumsnarrativ war für lange Zeit einer der fundamentalen Antriebe der Gesellschaft und ist es in vielen Teilen der Welt noch immer. Es ist für viele Menschen der Grund, warum sie morgens aufstehen, zur Arbeit gehen und etwas zu erschaffen versuchen – für sich selbst, ihre Angehörigen und die nächste Generation.

Dieser Ansporn lässt sich von der makroökonomischen Perspektive der Weltwirtschaft bis hinunter zur Motivation der einzelnen Arbeiterin und des einzelnen Arbeiters ziehen. Wenn ich Geld von der Bank bekomme, um ein kleines Geschäft zu eröffnen, dann schafft das den Antrieb, dass ich mit meinem Laden mehr verdiene, als ich an Zinsen an die Bank zahlen muss.

Das ist einer der Gründe, warum viele kapitalistisch denkende Menschen besorgt darüber waren, dass in Europa und den Vereinigten Staaten von Amerika über fast zwei Jahrzehnte eine Niedrigzinspolitik herrschte. Zwar bedeuten niedrige Zinsen kurzfristig, dass man billig Darlehen von der Bank bekommt, mit denen man etwas aufbauen kann. Wenn die Zinsen aber langfristig niedrig sind, dann bedeutet das einen Verlust des Wachstumsanreizes.

Dieser Aspekt bekommt einen beinahe absurden Beigeschmack, wenn man ihn aus der Perspektive der Inflation betrachtet. Denn auch ein Preisverfall generiert einen Ansporn. Wenn Geld weniger wert wird, muss mehr gearbeitet werden, um den Lebensstandard zu erhalten. Volkswirtschaftlich sind die Inflation und das Zinsniveau stark gekoppelt und ein Preisverfall von zwei Prozent wird von vielen Ökonomen und Wirtschaftspolitikern als positiv gesehen. Übersetzt man das in die Sprache der Lyapunov-Exponenten, dann entspricht das einer Halbierungszeitskala von etwa fünfzig Jahren – nach fünfzig Jahren ist mein Geld nur noch etwa die Hälfte wert. Hier ist es tatsächlich, wie oben erwähnt, der Verlust, der sich selbst verstärkt. Gegen diese negative Selbstverstärkung muss ich kraftvoll entgegenwirken. Wenn ich meinen Kindern das Gleiche vererben möchte, was ich von meinen Eltern bekommen habe, dann muss ich etwas erarbeiten, entgegen der Inflation.

Diese Gedanken sind nicht neu. Aber es ist wichtig, sich gelegentlich klarzumachen, dass Wachstum diese wichtige, nicht von der Hand zu weisende Bedeutung hat, dass es Anreize schafft. Selbst ohne Inflation: Wachstum ist ein Versprechen auf ein besseres Leben.

Das Besondere am Versprechen des Wachstums ist, dass es in allen Bereichen der Gesellschaft und über alle Skalen hinweg seine Wirkung zeigt. Es funktioniert auf dem Niveau des Staatshaushalts der Bundesrepublik und der Vereinigten Staaten bis hinein in die kleinsten Ecken der Welt. Der Wachstumsgedanke ist nicht nur so simpel, dass er über alle Sprachbarrieren und viele Kulturgrenzen hinweg verständlich ist. Er ist auch auf sehr geradlinige Art mit einem Belohnungs- und Bestrafungssystem verknüpft, das auf beinahe grausame Weise für jeden zu funktionieren scheint: von den Brokern der New Yorker Börse, die mit Nanosekundenhandel Millionen machen, über die Arbeitnehmerin, die ihr Haus abbezahlt und auf ihr Sparkonto einzahlt, bis hin zum indischen Kleinbauern, der das Essen für seine Familie jeden Tag von Neuem verdienen muss.

Das Wachstum und der damit verbundene Anreiz versorgen unsere Gesellschaften mit notwendigen Gütern, von der Nahrung bis zur Kleidung. Ich weiß von keinem vergleichbaren Mechanismus, der mit so wenig Struktur auskommt und so weitgehend einsetzbar ist, denn er basiert auf einem Selbstverstärkungsprozess, damit ist das Wachstum robust und dominiert seine Umgebung. Das alles trägt sicherlich dazu bei, dass das existierende Anreizsystem bewiesenermaßen ebenso in Demokratien wie in Diktaturen funktionieren kann, und es scheint auch dann noch lange Bestand zu haben, wenn, zum Beispiel in Bürgerkriegszeiten, große Teile des Gesellschaftssystems zusammengebrochen sind.

Dieses Prinzip aufzugeben, bräuchte nicht nur ziemlichen Wagemut. Es wäre auch nur dann moralisch vertretbar, wenn es auf der festen Überzeugung beruhte, dass man an seine Stelle etwas Vergleichbares setzen kann. Etwas, das ebenso universell funktioniert. Etwas, das ebenso einfach einsetzbar ist und in gleicher Weise nur minimale gesellschaftliche Strukturen braucht, um es zu implementieren.

Es gibt noch einen anderen Aspekt. Der Wunsch nach Weiterentwicklung ist nicht nur als Motor eines Wirtschaftssystems von Bedeutung und nicht nur hier eine gesellschaftliche Notwendigkeit. Ich bin überzeugt, dass der Gedanke des Fortschritts einem fundamentalen menschlichen Streben entspringt. Unsere gesamte Geschichte zeigt, dass Menschen einen starken Drang nach Entwicklung haben oder zumindest nach dem Gefühl von Entwicklung. Die Möglichkeiten, diese Bewegung zu empfinden, sind vielfältig, und Bewegung in Form von Entwicklung beschäftigt uns auf langen ebenso wie kurzen Zeitskalen.

Auf langen Zeitskalen bedeutet Entwicklung oft, dass wir uns Ziele setzen, auf die wir hinarbeiten und die wir irgendwann erreichen, wie das Bestehen von Prüfungen und das Aufsteigen im Beruf, genauso wie die Gründung einer Familie oder der Aufbau materiellen Wohlstands. Das Bedürfnis nach Entwicklung kann durch den steten Erwerb von materiellen Gütern befriedigt werden, durch das Aufstreben in einer gesellschaftlichen Gruppe, durch das Aufziehen der eigenen Kinder oder durch das Erlangen von Wissen und Fähigkeiten.

Auf kürzeren Zeitskalen zeigt sich dieser Entwicklungsdrang in anderen Formen, aber ich glaube, dass er dem gleichen Streben entspringt. Das Fehlen dieser kurzfristigen Entwicklung kann man auch Langeweile nennen. Das Bedürfnis nach kurzfristiger Entwicklung decken wir oft durch das, was wir Unterhaltung nennen. Menschen haben sich mit Musik und Geschichten unterhalten, lange bevor die elektronische Medienwelt diesem Aspekt unseres Daseins eine ganz andere Dimension verliehen hat, und auch das Motto der römischen Kaiser, dass man dem Volk »Brot und Spiele« geben müsse, deutet auf eine sehr grundlegende Bedeutung der Unterhaltung in der Gesellschaft hin. Unterhaltung gibt uns das Gefühl, dass etwas geschieht, ohne dass wir selbst etwas tun müssen. Sie befriedigt ein Grundbedürfnis unseres Gehirns nach einem stetigen Informationsfluss. Ohne äußere Stimulation fühlen wir uns nicht wohl, das macht die Einzelhaft so grausam und schon nach wenigen Tagen zur Folter. Die Unterhaltung befriedigt damit das Bedürfnis nach Entwicklung auf kurzen Zeitskalen, so wie das Wirtschaftswachstum und gesellschaftlicher Fortschritt dieses Bedürfnis auf langen Zeitskalen bedienen.

Wir haben also auf der einen Seite die gesellschaftliche Notwendigkeit von unaufhörlicher Entwicklung, die möglicherweise als eine Art Entwicklungsdrang tief in uns verankert ist, und auf der anderen Seite einen endlichen Planeten, einen endlichen Raum mit endlichen Ressourcen. In weiten Bereichen der Gesellschaft wird Entwicklung nicht nur als Wachstum identifiziert, sondern als Wirtschaftswachstum, das wir wiederum mit dem Verbrauch von Ressourcen gleichsetzen. Das führt in ein scheinbar unauflösbares Dilemma. Die Auflösung dieses Problems beginnt deshalb mit der Frage, was da eigentlich wächst, wenn man von Wirtschaftswachstum spricht.

Das Bruttosozialprodukt ist zunächst einmal eine Zahl. Sie reflektiert den Wert der Güter und Dienstleistungen, die in einem Land oder auf der gesamten Welt umgesetzt werden. Dieser Wert ist eine virtuelle Größe. Sie entsteht schlussendlich aus einer Art Verhandlungsprozess innerhalb der Gesellschaft. Menschen, die dem Markt, auf dem dieser Verhandlungsprozess stattfindet, tief vertrauen, sind im Allgemeinen davon überzeugt, dass er den in irgendeiner Form objektiv richtigen Preis hervorbringt, und zwar einerseits für Güter – also Materie – und andererseits für Dienstleistungen – also die Arbeitszeit, Innovationskraft und Energie, die jemand aufbringt. Eine große Zahl von Studien hat gezeigt, dass es viele Bereiche gibt, in denen der Markt nicht funktioniert – also nicht zu einem Preis führt, der Angebot und Nachfrage reflektiert. Dieses sogenannte Marktversagen entsteht immer dann, wenn der Wert von etwas nicht richtig durch den Markt, also den virtuellen Verhandlungsprozess zwischen Angebot und Nachfrage, abgebildet wird. So bekommen Pflegerinnen und Pfleger im Krankenhaus ein wesentlich geringeres Gehalt als Immobilienmakler, obwohl ihre Dienste existenziell für die Gesellschaft sind und es zu wenige von ihnen gibt. Das ist ein Beispiel für Marktversagen. Aber es gibt unzählige mehr. In Fällen von Marktversagen muss die Gesellschaft eingreifen.

Essenziell für die Entscheidung, ob wir an der Marktwirtschaft festhalten und Wachstum auf einem endlichen Planeten erlauben, ist das Verständnis der Bedeutung des Ausdrucks »Wert« in unserer Gesellschaft. Die Frage danach, wie Werte entstehen, ist keine akademische, sondern sie bestimmt unser Leben und Überleben auf diesem Planeten. Trotz aller Beispiele von Marktversagen ist klar, dass der Wert aller Güter und Dienstleistungen das Ergebnis eines Verhandlungsprozesses ist. Er ist damit gleichzeitig etwas Virtuelles, aber auch sehr Handfestes. Viele Menschen sind davon überzeugt, dass zum Beispiel materielle Dinge in irgendeiner Form einen »realen Wert« haben und dass auf dieser Grundfeste des Realen dann möglicherweise noch etwas hinzukommt, was aus dem Zusammenspiel von Angebot und Nachfrage entsteht. Diesen zusätzlichen Wert betrachten viele als irreal. Oft wird so etwas wie Spekulation damit assoziiert, dass Dinge einen höheren Wert bekommen, als sie eigentlich hätten.

Tatsächlich existiert aber diese Grundfeste nicht, der materielle Wert, der scheinbar selbstverständlich ist. Diese Erkenntnis ist für viele überraschend, aber sie ist wichtig für die Diskussion um Wachstum. Und vielleicht hilft es, das Ganze an einigen Beispielen zu verdeutlichen. Wenn ich einen ungeformten Klumpen Stahl habe, dann hat dieser einen gewissen Wert auf dem Weltmarkt. Wir würden gerne glauben, dass er auch ohne diesen Markt einen gewissen Wert hätte. Aber wenn ein Stück Stahl irgendwo in der Landschaft läge[28], ohne dass es jemanden stören würde und ohne dass jemand die Werkzeuge und Möglichkeiten hätte, den Stahl zu verwenden, dann hätte er auch keinen Wert. Wenn jetzt aber jemand dieses Stück Stahl in die Form eines Containerschiffs presst, dann erhöht sich der Wert des Stahls um das Vielfache, selbst wenn kein weiteres Material hinzugekommen ist. Der neue Wert hat im weitesten Sinne etwas mit der Arbeitskraft und dem Energieaufwand zu tun, der in die Umformung geflossen ist, aber er berechnet sich nicht einfach aus dem Wert dieser Zusatzkosten, die bei der Verarbeitung entstanden sind. Er ergibt sich daraus, was man mit dem neuen Objekt anfangen kann, wie viel es der Gesellschaft wert ist. Das sieht man schnell, wenn man mit zusätzlicher Arbeitskraft und Energie noch Löcher in den Schiffsrumpf schneidet und damit den Wert nicht etwa erhöht, sondern mindert. Sie können dann noch so lange argumentieren, wie viel Zeit und Arbeitskraft in dem Schiff stecken – solange es Löcher im Schiffsrumpf hat, ist es deutlich weniger wert.

Noch offensichtlicher wird das Ganze bei Gold. Gold ist seit Jahrzehnten, wenn nicht Jahrhunderten, das Maß für den Reichtum von Menschen und Ländern. In Fort Knox lagern die Goldreserven der Vereinigten Staaten von Amerika – gut verschlossen und gesichert. Der Fakt, dass sie dort lagern, zeigt bereits, dass man sie für nichts braucht. Kaum etwas Brauchbares wird aus Gold gebaut. Es ist schwer und weich. Es ist weder magnetisch, noch

28 Es ist schon klar, dass Stahl prozessiert werden muss, um Stahl zu werden, und nicht einfach in der Landschaft rumliegt. Aber dieser Umstand ist für das Argument hier nicht wichtig.

hat es andere bestechende Eigenschaften, die es notwendig für die Massenproduktion machen. Erst seit relativ kurzer Zeit wird es in der Produktion von Computern und Mobiltelefonen verwendet. In den Jahrhunderten zuvor hatte Gold vor allem eine Eigenschaft: Es glänzt schön und ist selten. Und deshalb haben wir es zu unserer Währung gemacht. Es hat einen beinahe vollständig virtuellen Wert.

Der Wert einer Sache wird ausschließlich von einem komplexen und nicht rationalen Verhandlungsprozess bestimmt. Dadurch ist die Wertverteilung auf der Welt und zwischen den Menschen häufig ungerecht und irrational. Das bedeutet aber nicht, dass dieser Wert beliebig ist, oder gar, dass wir ihn negieren können. Wir benötigen weiterhin ein Anreizsystem, das uns antreibt, Werte zu erschaffen. Derzeit führt dieses Anreizsystem zur Zerstörung unseres Planeten und zu einem unkontrollierbaren Klimawandel. Aber wir bestimmen durch unser Wertesystem, was wertvoll ist und was nicht. Wenn die westliche Welt sich geschlossen entscheidet, dass das iPhone von Apple cooler ist als das Smartphone von Samsung, dann werden mehr iPhones nachgefragt und teurer verkauft. Wenn diese in einem anderen Land produziert werden als die von Samsung, dann fließt mehr Geld in dieses Land, und die Arbeiter können ihr Leben und ihre Familien ernähren[29]. Die Erschaffung von subjektiven Werten verbessert oder verschlechtert objektiv das Leben von Menschen.

29 Solange die Löhne das erlauben. Es geht hier um das Prinzip, dass subjektive Wertentscheidungen zu sehr praktischen und handfesten Lebensveränderungen führen.

Da Leid und Armut in der Welt bei Weitem noch nicht überwunden sind, müssen wir weiter Werte schaffen. Wir brauchen weiterhin Entwicklung und werden diese auch immer brauchen; zum einen, weil wir vor immer neuen Herausforderungen stehen, und zum anderen, um das Bedürfnis der Menschen nach Entwicklung zu befriedigen: unendliche Bewegung nach vorne auf einem endlichen Planeten mit endlichen Ressourcen. Wie soll das gehen?

Wir stehen global vor zwei großen Herausforderungen. Wir brauchen die Kraft, die die Selbstverstärkung des Wirtschaftswachstums entfacht, aber sie muss von der Zerstörung unseres Planeten entkoppelt werden. Ein zweites, damit einhergehendes Thema ist die Tatsache, dass die Selbstverstärkung des Wirtschaftswachstums derzeit zu unüberwindbaren Unterschieden in den Startbedingungen von Menschen führt. Beides müssen wir begrenzen.

4.2 Die Wege, Selbstverstärkung zu begrenzen

Ich habe argumentiert, dass Selbstverstärkung die Dynamik von Systemen dominieren kann und dass sie über den Ressourcenverbrauch eine zerstörerische Rolle für unseren Planeten spielt. Damit stellt sich die Frage, wie man sie begrenzen kann. Diese Frage stellt sich so laut, weil die Begrenzungsversuche, die wir gerade erleben, so fulminant scheitern, dass es unsere Lebensgrundlage bedroht. Denn eines ist klar, die Explosionskraft von Selbstverstärkungsprozessen kann man nicht mit vorsichtigen und sanften Maßnahmen zähmen. Man muss ihr ähnlich kraftvolle Prozesse entgegensetzen.

Es gibt verschiedene naheliegende Mechanismen, die das Wachstum ins Unendliche verhindern. Alle haben ihre Tücken. Die radikalste Möglichkeit besteht darin, das Wachstum zu beenden und damit den Prozess als solches zu eliminieren. Das ist der Gedanke, der im Allgemeinen hinter Degrowth steht; mit ihm wäre ein Wechsel des Systems verbunden. Angesichts der fundamentalen Bedeutung des Wachstums für unsere Gesellschaft halte ich diesen Weg für gefährlich, da wir mit dem Wachstum gleichzeitig das Anreizsystem eliminieren. Und ich bin überzeugt davon, dass es andere Wege gibt, um die planetare Zerstörung, Ungerechtigkeit und ein Auseinanderbrechen unserer Gesellschaft zu verhindern.

Bei der Bevölkerungsentwicklung allerdings ist dieser Ansatz, die Dynamik grundlegend zu verändern, meiner Meinung nach die Lösung. Sie kann nicht in einer staatlichen Begrenzung der Kinderzahl bestehen, wie die chinesische Ein-Kind-Politik, denn es ist widersinnig, die Erhaltung unserer Grundrechte damit zu verteidigen, dass wir sie aufgeben.

Der einzige moralisch vertretbare demokratische Weg aus einer Bevölkerungsspirale, der derzeit diskutiert und auch bereits beschritten wird, hängt direkt mit dem Bildungs- und Wohlstandsniveau von Gesellschaften zusammen. Eine Reihe von Studien deutet darauf hin, dass eine Gesellschaft, in der Frauen freien Zugang zu Bildung haben, weniger stark wächst, und tatsächlich gibt es in den Ländern mit dem höchsten Bildungsstand von Frauen und dem höchsten Wohlstand kein Bevölkerungswachstum. Die Gründe hierfür sind sicher vielschichtig und möglicherweise auch nicht universell. Wichtig scheint mir aber, dass es sich hierbei um einen Weg handelt, der weder auf Bevormundung setzt noch im Widerspruch mit unseren über lange Zeit erarbeiteten Menschen-, Bürger- und Freiheitsrechten steht. Wer Bildung und Wohlstand erhöht, eliminiert den Wachstumsprozess von innen heraus.

Eine zweite Möglichkeit, selbstverstärkendes Wachstum zu begrenzen, besteht in der Endlichkeit der Wachstumsressourcen. Wenn es nicht genug Nahrung für einen Wachstumsprozess gibt, dann endet das Wachstum und damit die Selbstverstärkung. Wenn Hasen nicht genug Futter finden, dann wird ihre Vermehrung auf grausame Weise gestoppt. Die Dynamik erstickt sich selbst. So funktionieren ja die Kippprozesse: Irgendwann ist der Grönländische Eisschild einfach weg, der Selbstverstärkungsprozess ist zu Ende.

Eine dritte Möglichkeit besteht in der Konkurrenz mehrerer Selbstverstärkungsprozesse, die sich gegenseitig in Schach halten. Berühmte Beispiele sind hier die sogenannten Jäger-Beute-Systeme. Die Beutetiere, nehmen wir wieder Hasen, vermehren sich, solange sie genug Nahrung haben. Gibt es Jäger, die die Beutetiere fressen, dann kann deren Ausbreitung begrenzt werden, solange die Jäger genug Beutetiere finden und sich ebenfalls vermehren. Im Idealfall stellt sich ein Gleichgewicht zwischen Jäger und Beute ein. In der Wirklichkeit ist diese Situation natürlich wesentlich komplizierter, nicht zuletzt, weil es mehr als zwei Spezies gibt, zum Beispiel das nachwachsende Futter der Hasen. Der Amazonas-Regenwald wird sich ohne menschlichen Einfluss vermutlich in einen solchen dynamischen, aber stabilen Zustand begeben, mit Abertausenden von Spezies, die sich gegenseitig stabilisieren. Ob simpel oder komplex – das Prinzip bleibt dasselbe, gegenseitige Konkurrenz kann stabilisierend wirken. Ein Prinzip, das Ökologen und Ökonomen gleichermaßen bekannt ist. Nur sind diese Systeme leider nicht immer stabil, und vor allem kann man sich das Gleichgewicht, das erreicht wird, nicht aussuchen. So führt es selbstverständlich zu einer natürlichen Auslese von Spezies, und sowohl in der Ökologie als auch in der Ökonomie stellt sich dabei für uns die Frage, ob wir das wollen.

Was, wenn man dem Prinzip des *survival of the fittest* nicht vollständig das Feld überlassen möchte? Dann wird es kompliziert. Schon aus dem einfachen Beispiel von Hasen und Jägern kann man hierfür bereits eine Reihe wichtiger Erkenntnisse ziehen. Zunächst kann die Begrenzung der Beutetiere nur gelingen, wenn die Jäger sich vermehren können. Wenn also nicht nur die Hasen sich durch einen selbstverstärkenden Prozess vermehren, sondern, ähnlich kraftvoll, auch die Jäger mehr werden können, bis man genug Jäger hat, die die vielen Hasen fressen. Lässt man jedoch zum Beispiel lediglich zwei männliche oder zwei weibliche Wölfe in einen Wald, in dem Hasen praktisch unbegrenzt Nahrung finden, dann werden die Wölfe die Hasenplage nicht verhindern können. Das liegt daran, dass zwei Wölfe nur eine bestimmte Menge an Hasen fressen werden. Selbst wenn man jedes Jahr einen zusätzlichen Wolf gleichen Geschlechts reinlässt, wird man das exponentielle Wachstum der Hasen nicht mit einem linearen Wachstum der Wölfe begrenzen können – es sei denn, man bringt eine extrem hohe Zahl von Wölfen rein – so viele, dass man die Hasen ausrottet.

Diese Analogie ist enorm wichtig für das Verständnis von Wachstumsprozessen. Unter anderem ist sie der Grund, warum unser Steuersystem an der Aufgabe scheitert, die finanziellen Unterschiede in unserer Gesellschaft zu begrenzen.

Solange man nicht genau die richtige Menge an Wölfen in den Wald lässt, die der Menge an Hasen entspricht, wird es entweder eine Hasenplage geben, oder die Hasen werden aussterben. Das bedeutet: Versucht man, eine Selbstverstärkung, das heißt, ein exponentiell wachsendes System mit einem linearen Instrument zu zähmen, dann braucht man dazu absolute Kontrolle (also die haargenau richtige Anzahl von Wölfen, sofern diese sich nicht auch selbst exponentiell vermehren und man die »überschüssigen« Wölfe dann auch sterben lässt). Dieser Weg der Regelung von explosionsartigem Wachstum verlangt eine Reihe von Voraussetzungen, die in praktischen Situationen schwer zu erreichen sind. Die Minimalvoraussetzungen sind ein sehr genaues Verständnis des Systems und ein kompromissloses Eingreifen, das weder von persönlichen Gefühlen (»Ach, die armen Hasen!«) noch von Korruption (»Mein Sohn sagt, er will nicht, dass ich all diese bösen Wölfe reinlasse.«) gestört wird. Setzt man einem selbstverstärkenden Prozess nur lineare Maßnahmen entgegen, betreibt man Mikromanagement, anstatt zwei Prozesse sich selbst ausgleichen zu lassen. Unsere imaginären Förster müssen dauernd wachsam sein und jeden Winkel des Waldes kennen, um in jedem Moment die richtige Zahl der Wölfe im Wald halten zu können, damit das System nicht in die eine oder andere Richtung kippt. Diese Art von Mikromanagement ist kompliziert, und sie legt die gesamte Verantwortung in die Hände des Managers.

Das Bild ist natürlich sehr einfach – Ökosysteme sind immer komplex, was sich unter anderem dann zeigt, wenn Menschen versuchen, die natürliche Balance zwischen Jägern und Beute künstlich herzustellen. Dabei kann es passieren, dass selbstverstärkende Prozesse sich nicht gegenseitig balancieren, sondern zu chaotischen und instabilen Verhältnissen führen. Tatsächlich gehören die Beute-Jäger-Modelle zu den ersten Beispielen für das berühmte deterministische Chaos, mit dem sich die Chaostheorie beschäftigt: Obwohl das System deterministischen, also vorhersagbaren Regeln folgt – und es damit theoretisch vorhersagbar wäre –, zeigt es chaotisches, praktisch unvorhersagbares Verhalten. Das liegt daran, dass kleine Unsicherheiten in den Startbedingungen des Systems durch eine Selbstverstärkung explosionsartig größer werden und damit die Vorhersage unmöglich machen. Zwei Systeme, die fast gleich starten, sind nach kurzer Zeit völlig unterschiedlich. Das macht sie unkontrollierbar.[30]

Trotz seiner Einfachheit lässt sich das Bild vom Jäger-Beute-Ökosystem gut auf wirtschaftliche Mechanismen übertragen. So hoffen Marktwirtschaftler, dass die unterschiedlichen Firmen genau diese Rolle von Jägern und Beute füreinander spielen, dass sich zwischen ihnen also eine marktwirtschaftliche Balance einstellt, ein ökonomi-

30 Für die Profis: Ja, es gibt die sogenannte Chaos-Kontrolle (ich habe darüber meine Physik-Diplomarbeit geschrieben), aber diese benötigt eine Reihe von Bedingungen, die in der Praxis eines Öko- oder Wirtschaftssystems nicht gegeben sind.

sches Ökosystem, das sich selbst reguliert. Dagegen wird der Politik vorgeworfen, dass sie mit ihren Instrumenten immer nur Mikromanagement betreiben kann, Vorformen von Planwirtschaft, die das Wachstum ersticken, das »natürliche« Gleichgewicht stören und damit nichts erreichen.

Tatsächlich ist das, was ich Mikromanagement nenne, in der Politik häufig ein Problem, und zwar deshalb, weil die meisten politischen Maßnahmen wenig wirksam sind, wenn sie auf einen selbstverstärkenden Prozess zu reagieren versuchen. Um ein Beispiel zu nennen: Natürlich scheint es sinnvoll, wie der französische Präsident Macron es fordert, ein europäisches Google aufzubauen. Denn die großen Techfirmen in den USA bestimmen unser Leben in vielen Bereichen grundlegend, können aber von einzelnen Staaten oder sogar der EU aus nur schwer politisch reguliert werden. Googles Kapital und Marktmacht sind jedoch exponentiell so gewachsen, dass es unmöglich ist, etwas aufzubauen, das Google Konkurrenz machen könnte. Selbst wenn gigantische Mittel zur Verfügung stünden. Google und Amazon sind in Räumen entstanden, in denen sie keine Konkurrenz hatten und sich unbegrenzt entfalten konnten. Die Marktmacht der Techfirmen basiert vor allem auf riesigen Datenmengen, die sie über Jahrzehnte angesammelt haben und die ihnen nun beispielsweise im Bereich der Entwicklung künstlicher Intelligenz erneut einen Vorsprung verschaffen, der nicht mehr einzuholen ist.

Das grundlegende Problem bei der dritten Art, Selbstverstärkung zu bändigen, nämlich der Konkurrenz verschiedener Selbstverstärkungsprozesse, ist, dass man das Ergebnis nicht gestalten kann – anstelle eines Gleichgewichts entsteht deterministisches Chaos oder explosionsartiges Wachstum einzelner Firmen – Folgen, die man nicht erwartet und die nicht gewünscht sind. Man kann einem solchen Selbstverstärkungsprozess zum Beispiel nicht einfach eine »Gerechtigkeitskomponente« hinzufügen, ohne den Mechanismus grundsätzlich zu verändern.

Alle drei genannten Möglichkeiten, selbstverstärkendes Wachstum zu kontrollieren – die Eliminierung des Prozesses selbst (also z.B. Degrowth), das rabiate Ende eines Wachstumsprozesses, der nichts mehr zum Wachsen hat (etwa, wenn es keine Ressourcen mehr gibt) und die Konkurrenz von selbstverstärkenden Prozessen, die sich gegenseitig in Schach halten –, erscheinen aus den genannten und vielen weiteren Gründen nicht besonders attraktiv. Es stellt sich also die Frage, ob man Selbstverstärkungen in ihren negativen, von uns nicht gewollten Folgen tatsächlich wirksam begrenzen kann, ohne den Prozess selbst auszuhebeln; ohne also stehen zu bleiben oder sogar Rückschritte zu machen. Um es anders zu formulieren: Ist es möglich, unser Wachstum, das eng an Zerstörung gekoppelt ist, in nachhaltigen Fortschritt umzuwandeln? Diese Frage lässt sich in verschiedene Richtungen beantworten.

Wir können weiterhin auf Wachstum setzen und dabei neu definieren, was da wachsen soll. Um zum Tischtennisball aus dem Prolog zurückzukehren: Der Ball definiert ausschließlich die Flugrichtung nach vorne als Glück, deshalb prallt er irgendwann glücklich gegen ein Hindernis und zerschellt daran. Die Frage ist, ob es uns gelingt, neu zu definieren, wo für uns »vorne« ist.

Auch können wir weiterhin Wachstum generieren, indem wir materielle Werte erzeugen, ohne dabei fossile

Energien zu verbrennen und ohne neue Ressourcen zu verbrauchen.

Beide Richtungen sind jedoch nur Teilaspekte einer Lösung, die in der Dynamik selbst liegen muss. Gibt man dem unbegrenzten Wachstum lediglich neue Vorzeichen (andere Werte, weniger Ressourcenverbrauch), ist das grundsätzliche Problem des selbstverstärkenden Wachstums damit noch nicht gelöst. Deshalb schlage ich als Lösung eine Veränderung vor, die in der Wachstumsdynamik selbst liegt: die Faltung.

5 Das Konzept der Faltung

> I could be bounded in a nutshell and
> count myself a king of infinite space.
>
> SHAKESPEARE, HAMLET

Ein anpassungsfähiges Wesen, das sich auf eine Gefahr zubewegt, wird dieser ausweichen. Wenn es eine Wand ist, wird es eine Kurve einschlagen, um nicht gegen sie zu prallen. Es »faltet« den Pfad, auf dem es sich befindet, seine Trajektorie – so der Begriff dafür in der Physik –, um sich weiter fortbewegen zu können. Das ist die Faltung. Sie entsteht immer dann, wenn ein System in einem begrenzten Raum nach freier Bewegung strebt. Die Anpassung der Bewegungsrichtung ermöglicht unendliche Entwicklung im begrenzten Raum; sie generiert dabei Vielfalt in der Bewegung, die ohne die Grenzen nicht entstünde, und schließlich bringt die Faltung Lösungen hervor, die ohne die Grenzen nicht gefunden würden. Drei Eigenschaften, die wir uns als Gesellschaft zunutze machen sollten.

5.1 Die mathematische Idee der Faltung

Die Faltung kommt aus der Theorie dynamischer Systeme, einem Bereich der theoretischen Physik. Um sie Ihnen nahezubringen, habe ich im Prolog dieses Buches einen Tischtennisball auf die Reise durch das Universum geschickt. Diesen Ball habe ich mit Gefühlen und Wünschen ausgestattet und dann zunächst erklärt, für den Ball liege das Glück in genau einer Flugrichtung: vorne. Der Ball, habe ich erklärt, würde am liebsten immer geradeaus fliegen, denn sein Wertesystem definiert vorne als gut und weiter vorne als besser. Dass das Bild, bis hierhin zumindest in Ansätzen, unser Fortschrittsdenken beschreibt, bedarf kaum der Erklärung. Gerade in der westlichen Welt sind wir es seit Jahrhunderten gewohnt, uns »vorne« zu sehen, an der Spitze des Fortschritts; und der Geist des »immer weiter« und der grenzenlosen Eroberungen ist nicht nur in den weltweit bewunderten Pionieren des Silicon Valley nach wie vor lebendig, allen voran Jeff Bezos und Elon Musk, die sich mit ihren Raketenmissionen einen Wettlauf ins All liefern.

Für den Tischtennisball wird seine Eigenschaft, ausschließlich »vorne« als Glück zu definieren, zum Verhängnis. Denn es kann ja nicht anders sein, irgendwann wird der stets geradeaus fliegende Ball auf eine Grenze stoßen. Er wird an Planeten vorbeikommen, deren Anziehungskraft ihn ablenkt, oder er wird irgendwann einfach an die Grenze des Universums stoßen. Der Tischtennisball wird seine Richtung ändern müssen, und da das Glück für ihn vorne liegt, wird er traurig werden.

Um die Faltung zu erklären, habe ich den Tischtennisball dann in einen goldenen Schnatz verwandelt, einen aktiven Ball, der frei entscheiden kann, wohin er fliegt. Dieser Schnatz wird, da sein Wertesystem fest ist, immer wieder auf die Richtung zurückkehren, die er ursprünglich eingeschlagen hat. Komme, was da wolle. Prallt der frei fliegende Ball gegen einen Planeten, dann dreht er danach wieder zurück auf Kurs und strebt weiter in die Richtung seines Glücks. Das Gleiche wird er tun, wenn er mit einem anderen Ball zusammengestoßen ist. Das wirkt, habe ich im Prolog erklärt, ein wenig fanatisch, aber der Ball wird immer glücklicher. Doch wieder wird sein Beharren auf einer einzigen Richtung zur Gefahr, spätestens wenn er einer Sonne zu nah kommt und verbrennt.

Der letzte, entscheidende Zusatz – nachdem ich den Ball erst mit Gefühlen und Wünschen ausgestattet habe und dann mit der Freiheit, selbst zu bestimmen, in welche Richtung er fliegt – könnte darin bestehen, ihm auch noch die geistige Flexibilität zu geben, darüber zu entscheiden, in welcher Richtung das Glück liegt. Das hätte dann vermutlich zur Folge, dass der Tischtennisball nicht einfach nur immer geradeaus fliegen würde. Wenn er zum Beispiel Luft zum Überleben bräuchte, dann würde er die Atmosphäre sicher nicht verlassen. Er würde die Grenze, die durch seine Natur und die seiner Umwelt gegeben ist, respektieren und in der Nähe der Erde bleiben. Mit anderen Worten: Anstatt stur und starr auf einer Richtung zu beharren, würde der Ball sich anpassen. Er würde nicht mehr buchstäblich mit dem Kopf gegen die Wand fliegen, sondern auf die äußeren Umstände reagieren, die sich seiner Kontrolle entziehen. Und dabei würde er es trotzdem schaffen, glücklich zu bleiben. Das nämlich ist in meiner Geschichte der Dreh- und Angelpunkt. Betrachten wir den Ball jetzt, da er die Atmosphäre nicht verlässt, als unfrei? Ich glaube, er ist genauso wenig unfrei wie ein Vogelschwarm, der sich frei im Himmel bewegen kann.

Dieser darf nicht in den Ozean stürzen und nicht ins luftleere Weltall fliegen, aber zwischen diesen natürlichen Grenzen besteht unendliche Freiheit.

Das ist die Faltung. Ein System, das nach immer Neuem strebt und dadurch wachsen will, aber bestimmte Grenzen erkennt und akzeptiert, wird weit vor dem Erreichen der Grenzen seine Richtung ändern und einen neuen Weg einschlagen. Dadurch erkundet das System den gesamten Raum innerhalb der gesetzten Grenzen. Es faltet seine Pfade immer wieder, um nicht gegen die Grenzen zu stoßen.

Faltung entsteht durch Selbstverstärkung im endlichen Raum.

Die Faltung ist der Kern der mathematischen Chaosforschung und wurde in der Physik bereits vor dreißig Jahren intensiv untersucht. Die Erkenntnisse der Chaostheorie oder besser Prinzipien, die der Theorie dynamischer Systeme zugrunde liegen, und die daraus gewonnenen Erkenntnisse haben schon lange still und leise Eingang in unsere Denkweise gehalten. Das trifft auch auf die Quantenphysik und die Relativitätstheorie zu, auch wenn das nicht unbedingt jedem bewusst ist. Unser Weltbild ist von unserem Verständnis der Physik stark geprägt. Der Einfluss der Chaostheorie ist, glaube ich, vielleicht sogar am bedeutendsten, seitdem die alten Astronomen und Gelehrten die Menschen und die Erde aus dem Zentrum des Universums verbannt haben. Ein Beispiel für diesen gesellschaftlichen Einfluss ist die »Sicherheit durch Chaos«, auf die wir in unserem modernen Alltag zunehmend vertrauen.

5.2 Sicherheit durch Chaos

Auf eine sehr spannende Weise ist die Chaostheorie nicht nur die Basis der Faltung, sondern praktisch die mathematische Idee unserer Zeit. Als ich vor mehr als 25 Jahren begonnen habe, sie zu studieren, hätte ich das nie erwartet. Es liegt an einer Veränderung in unserer Gesellschaft, die uns exzellent darauf vorbereitet hat, die Faltung als gesellschaftliches Prinzip anzunehmen.

In meiner Jugend war das anders. Damals war die Gedankenwelt der Erwachsenen von der Überzeugung geprägt, dass man Dinge und Geschehnisse kontrollieren kann, wenn man sie möglichst präzise und perfekt konzipiert und ausführt. Die Technik- und Informationswelt waren von dem Streben nach Kontrolle und Genauigkeit geprägt. Ein recht illustratives Beispiel für dieses Denken war das sogenannte Rote Telefon. Es war eine ständige Telefonverbindung zwischen den beiden mächtigsten Männern der Welt, dem Präsidenten der USA in Washington und dem Generalsekretär der UdSSR in Moskau. Auch wenn die Details dieser Verbindung streng geheim waren, so ist der grundsätzliche Gedanke doch offensichtlich: Man erschafft eine Verbindungslinie, die klar und einfach ist und so gut geschützt, dass niemand sie stören oder gar zerstören kann. Die begründete Hoffnung war, dass damit die beiden Menschen, die durch ein pures Missverständnis die gesamte Menschheit hätten ausrotten können, sich möglichst nicht missverstehen.

Heute erscheint eine einzige Telefonverbindung, an der das Überleben der Menschheit hängt, absurd, so wie einem die Situation des Kalten Krieges insgesamt absurd erscheint. Wir denken, dass es wenigstens noch eine zweite Verbindung gegeben haben müsste, falls die andere einmal kaputt ist. Und das war bestimmt auch der Fall. Und dann denken wir, vielleicht doch lieber noch eine dritte für den unwahrscheinlichen Fall, dass die erste und die zweite kaputt sind oder eine Terrororganisation sie angreift. Der Gedanke, dass man mit jeder zusätzlichen Verbindung, die tatsächlich unabhängig von den anderen ist, zusätzliche Sicherheit schafft, führt zu dem Konzept des Internets.

Lassen Sie uns diesen Gedankengang noch etwas weiter ausführen. Eine Telefonverbindung birgt viele mögliche Fehlerquellen. Zunächst ist es relativ einfach, mögliche Störungsquellen zu vermeiden. Sie können die technischen Voraussetzungen so gut machen, dass es nach menschlichem Ermessen eigentlich keine Ausfälle geben kann. Aber dann gibt es immer die Aspekte, an die niemand gedacht hat, oder die, die einfach nicht im menschlichen Ermessen liegen. Das kann die unglückliche Verkettung von Unfällen sein oder einfach ein Materialschaden, den man nicht detektieren kann. Fakt ist, dass die Sicherheit einer einzelnen Telefonverbindung, die einmal um den Erdball reicht, höchstens linear mit dem Aufwand ansteigt, den Sie betreiben. Sehr wahrscheinlich ist es sogar, dass Sie immer größeren Aufwand betreiben müssen, je näher Sie an die vollständige Eliminierung des Risikos kommen wollen, und dass Sie nie völlige Sicherheit garantieren können.

Was passiert nun, wenn man das Risiko für eine Katastrophe ausrechnet? Man multipliziert die Wahrscheinlichkeit für einen Schaden mit der Größe des Schadens, der entsteht. Das funktioniert ganz gut, wenn Versicherungen ausrechnen wollen, wie viel Geld sie für ihre Policen nehmen müssen. Sie multiplizieren die Wahrscheinlichkeit für einen Schaden in einem Jahr[31] mit der Schadenshöhe und bekommen so die Untergrenze des Wertes, für den Sie die Police verkaufen müssen. Was passiert aber, wenn der Schaden der Tod aller Menschen auf der Erde ist? Wie wollen Sie diesem Ereignis einen Wert geben, der nicht unendlich ist? Und womit muss man Unendlich multiplizieren, um ein endliches und damit vertretbares Risiko zu erhalten? Die Antwort ist: Es muss eine mächtige Null sein.[32] Eine Null, die wenigstens so mächtig ist wie die Unendlichkeit des Schadens. Leider ist es so, dass wir für praktisch alle Dinge, die wir bauen und die funktionieren sollen, keine Null auf die Wahrscheinlichkeitsseite bekommen. Wenn ein Versagen nicht den Grundgesetzen der Physik widerspricht, dann bleibt immer eine Restwahrscheinlichkeit. Viele argumentieren deshalb, dass man Ereignisse, die einen praktisch unendlichen Schaden nach sich ziehen würden, nicht möglich machen sollte. Aber das ist eine andere Diskussion für einen späteren Zeitpunkt.

31 Es ist tatsächlich die Rate des Eintretens, also Wahrscheinlichkeit pro Zeit.

32 In der Mathematik ist nicht jedes »Unendlich« gleich dem anderen. Die Zahl der ganzen Zahlen 1, 2, 3, 4 … ist zum Beispiel unendlich groß. Sie ist aber weniger »mächtig« (ja, genau so nennt man das) als die Zahl aller reeller Zahlen. Bei diesen sind nicht nur alle ganzen Zahlen enthalten und alle Brüche, sondern auch noch alle irrationalen Zahlen, also so etwas wie Pi. Entsprechend kann auch eine Null verschiedene Mächtigkeit haben, denn der Kehrwert von unendlich ist null. Mathematik ist schon toll, oder?

Gehen wir jetzt den anderen Weg der Risikovermeidung. Anstatt eine Verbindung immer besser zu machen, verlassen wir uns einfach auf mehr Verbindungen. Wenn die Wahrscheinlichkeit, dass eine Telefonverbindung ausfällt, bei einem Zehntel eines Prozents (0,001) liegt, dann verringert die zweite Verbindung, sofern sie wirklich eine unabhängige Verbindung darstellt, diese Wahrscheinlichkeit auf ein Zehntausendstel eines Prozents (0,000001). Noch eine weitere Verbindung reduziert die Wahrscheinlichkeit sogar auf Zehnmillionstel (0,000000001) eines Prozents. Das sind sehr kleine Wahrscheinlichkeiten. Das wirklich Großartige ist aber, dass sich die Wahrscheinlichkeit für eine Katastrophe exponentiell mit der Anzahl der Verbindungen verringert. Der Gedanke, dass man mit einer großen Anzahl von Verbindungen die Wahrscheinlichkeit für ein Versagen auf praktisch null bringt, ist also ein sehr guter, und weil die Wahrscheinlichkeit mit jeder weiteren Verbindung exponentiell abfällt, ist es eine sehr mächtige Null. Das Internet geht diesen Weg. Ein weitverzweigtes Netz von Verbindungen im World Wide Web stabilisiert die Verbindungslinien zwischen zwei Punkten. Sie haben damit das Risiko auf einen Verbindungsabbruch auf Ihren eigenen Internetzugang und den, den Sie erreichen wollen, reduziert.

Was diese Art von Lösung aber verlangt, ist Vertrauen in das Chaos. Ein Vertrauen auf die Millionen verschiedenen, aber undurchsichtigen Wege zwischen den beiden Punkten im Netz. Nicht allen fällt das leicht. Während wir früher eine Zeitung gelesen oder die *Tagesschau* gesehen haben, um uns zu informieren, verlassen sich viele heute auf einen fast erratischen Strom von Informationen, der ihnen durch die sozialen Medien angetragen wird. Man stützt sich nicht mehr auf die eine Redaktion, die durch alle Nachrichten stöbert und die wichtigsten für einen heraussucht. Man vertraut auf einen undurchsichtigen Filterungsprozess durch die Menschen, denen man »folgt«, und Algorithmen, deren Programm man nicht kennt.

Ich möchte hier gar nicht bewerten, was besser ist, insbesondere, weil ich oben argumentiert habe, dass es einen großen Wert für die Gesellschaft hat, wenn man über eine gemeinsame Informationsgrundlage verfügt. Stattdessen möchte ich nur darauf hinweisen, dass wir langsam beginnen, dem Chaos mehr zu vertrauen als der Ordnung. Denn die Ordnung kann leicht durcheinandergebracht werden. Das Chaos bleibt immer gleich. In diesem Sinne ist Chaos stabiler als Ordnung.

Wollen wir aber auf Chaos als zentrales Prinzip unserer Gesellschaft vertrauen, dann brauchen wir Grenzen. Wir brauchen Grenzen, die uns da schützen, wo es gefährlich wird. Ich bin überzeugt, dass wir auch als freiheitsliebende Menschen keine Angst vor solchen Grenzen haben müssen – im Gegenteil: Sie erhalten Freiheit. Wenn man die Grenzen richtig setzt.

5.3 Faltungsgrenzen

Die Faltung ermöglicht unendliches Wachstum im endlichen Raum. Deshalb halte ich sie für die Lösung unseres Dilemmas, das ja darin besteht, dass unbegrenztes Wachstum derzeit Probleme erzeugt, die unsere Weiterentwicklung selbst infrage stellen. Entscheidend und zentral sind bei der Faltung nicht nur die Grenzen, entscheidend ist vor allem die Freiheit innerhalb dieser Grenzen. Denn innerhalb des begrenzten Raums ist unendliche Bewegung möglich.

Die Faltung erlaubt damit etwas, das für uns wesentlich ist und auch in Zukunft sein wird: Wir müssen uns als Menschen weiterentwickeln. Wir sind in der Ausgestaltung von Demokratie, Rechtsstaat, Vielfalt nicht am Ende, sondern auf einem Weg, und dieser Weg muss durch Herausforderungen wie die Klimakrise und andere Umweltprobleme nicht bedroht sein, im Gegenteil. Wenn wir die Grenzen richtig setzen, können dadurch neue Impulse und kreative Lösungen entstehen.

Wenn man beim Bild der Bewegung bleibt, könnte man sagen: Anstatt zwischen den beiden häufig diskutierten Alternativen, der Bewegung nach oben (Fortschritt, Wachstum) und der Bewegung in Zyklen (»zurück« zur Natur, Degrowth), zu entscheiden, ziehen wir eine dritte in Betracht: gefaltete Bewegung »nach vorne«, als Wachstum und Entwicklung, die die Richtung wechseln, wo sie an Grenzen stoßen, und die sich dabei umso vielfacher entfalten. In der Mathematik wird so ein System beschrieben, das sich in einem endlichen Raum frei entwickelt und sich dabei an die Grenzen des Raums anpasst, indem es die Explosion vermeidet. Es begrenzt Wachstum also da, wo es explodiert, um vor der Kollision mit den Grenzen des Raums abzubiegen und sich zurück in den Raum zu falten. Je mehr Richtungen die Bewegung nimmt, umso mehr Raum kann sie sich erobern. Anstelle eines unbegrenzten Wachstums in eine Richtung entsteht so ein Wachstum in die Vielfalt, in die Diversität.

Entscheidend ist aber: Faltung entsteht nicht durch Planung der Trajektorie. Sie ist keine Bewegung, die durch Mikromanagement Schritt für Schritt gesteuert wird, sondern entwickelt sich von selbst durch das Setzen unverrückbarer Grenzen. Der Unterschied lässt sich an einem einfachen konkreten Beispiel erklären. Unter Mikromanagement verstehe ich politische Entscheidungen, mit denen das Ziel, beispielsweise die Reduktion von Emissionen, erreicht werden soll, indem man den Weg genau vorgibt. Zum Beispiel, wenn das Wirtschaftsministerium ein Gesetz beschlossen hätte, nachdem nur noch bestimmte Heizungen gebaut werden dürften und andere nicht. Stattdessen wurde eine Grenze im Sinne der Faltung vorgeschlagen: Im Jahr x dürfen keine Heizungen mehr eingebaut werden, die CO_2 emittieren. Mit welcher Art von Heiztechnologie wir dorthin kommen, überlässt man der Kreativität und Innovationskraft von Ingenieurinnen und Unternehmern und den Vorstellungen der Nutzer. Man setzt eine Grenze und vertraut die Lösung der Gesellschaft an. Das funktioniert natürlich nur dann, wenn die Grenze selbst absolut gilt und nicht aufgeweicht wird.

Es gibt in der Geschichte der demokratisch verfassten Gesellschaften eine ganze Reihe solcher fundamentalen Grenzen, nennen wir sie »Faltungsgrenzen«, die seit erstaunlich langer Zeit funktionieren.

Das Recht des Individuums auf Privateigentum ist eine dieser Grenzen – auch wenn es als »Recht« nicht auf den ersten Blick nach einer Grenze aussieht. Als das Recht auf Privateigentum entstand, wurde damit erklärt: Egal, wie mächtig ein Herrscher ist, egal, wie sehr der Staat die Menschen, die in ihm leben, einschränkt – auf das private Eigentum, und sei es eines in der Hierarchie noch so gering Stehenden, hat er keinen Zugriff.

Meins ist meins, auch wenn ich nur ein armer Knecht bin mit einer Ziege und ein paar Quadratmetern Land. Der König hat nicht das Recht, es zu betreten oder mir gar wegzunehmen. Damit war die Macht von Herrscher und Staat gegenüber einfachen Menschen nicht mehr grenzenlos.

Die Erklärung der Menschenrechte ist eine weitere fundamentale Grenze. Sie beschränkte Macht und Willkür der Herrschenden noch deutlich stärker. Die allgemeinen Menschenrechte, die 1776 in der Verfassung der Vereinigten Staaten von Amerika und 1789 während der Französischen Revolution zum ersten Mal proklamiert wurden, schränkten die unbegrenzte Reichweite dieser Macht ein, richteten sich gegen Machtmissbrauch und exzessive Gewalt. Mit weitreichenden Konsequenzen in allen Lebensbereichen. Am sichtbarsten wird dies, um nur ein Beispiel zu nennen, daran, dass der Präsident der USA, (einst) der mächtigste Mann der Welt, ein Gerichtsurteil, das in irgendeinem seiner Bundesstaaten gefällt wird, weder beeinflussen noch revidieren kann – er ist als Präsident nicht befugt, da einzugreifen, wo das demokratische System die Macht auf andere verteilt (das würde Xi Jinping oder Putin nicht passieren – weil sie derlei humanistisch motivierte Einschränkungen ihrer Macht nicht akzeptieren).

Oder, um ein weiteres Beispiel für die Folgen zu nennen: Im Zuge der Entstehung der Menschenrechte und dem damit verbundenen Recht auf Wahrung der Menschenwürde wurde das Strafsystem zunehmend von Grausamkeiten befreit. Hinrichtungen verschwanden aus der Öffentlichkeit, die Todesstrafe wurde abgeschafft und der Justizvollzug immer stärker darauf ausgerichtet, zu strafen, ohne dabei auf staatliche Einschüchterung zu setzen – wie das in Autokratien üblich ist – und ohne Demütigungen oder gar »Rache« in Form übertriebener Grausamkeit zuzulassen. Wenn man sich anschaut, wie Strafgefangene bei uns – selbst Mörder und Vergewaltiger – im Vergleich zu politischen Gefangenen in Russland oder Belarus heute behandelt werden, versteht man, was für eine bedeutende Grenze mit der Erklärung der Menschenrechte entstanden ist. In ihrem Kern bedeuten sie: Es gibt im Umgang von Menschen miteinander Grenzen dessen, was erlaubt ist, es gibt eine Würde, die nie verletzt werden darf.

Als die Menschenrechte zur Grundlage demokratischer Verfassungen wurden, waren die Gesellschaften de facto jedoch noch weit von politischen Verhältnissen entfernt, in denen tatsächlich allen Mitgliedern gleiche Rechte zukamen. So bedeutete die berühmte Formulierung in der Präambel der amerikanischen Unabhängigkeitserklärung »*All men are created equal*« – alle Menschen wurden gleich erschaffen – zunächst eben nicht einmal annähernd für alle Menschen gleiche Rechte, sondern nur für privilegierte weiße Männer. Frauen und Sklaven waren davon ausgeschlossen. Aber die Setzung dieser Grenze hat zu einem immer noch andauernden Prozess geführt, in dem die Gesellschaft sich im Sinne dieser Faltungsgrenze entfaltet hat. In den USA wurde zunächst die Sklaverei abgeschafft, dann das Frauenwahlrecht eingeführt, irgendwann die Segregation überwunden. Und immer noch dauert der Kampf um wirklich gleiche Chancen und Rechte an. Die Erklärung der Menschenrechte hat damit einen Raum mit klaren oder manchmal noch zu präzisierenden Grenzen definiert:

keine Sklaverei, keine Kinderarbeit, keine Benachteiligung von Minderheiten und Ähnliches. Und immer noch differenzieren sich unsere westlichen Gesellschaften innerhalb dieses Raumes aus.

Faltungsgrenzen können visionär sein, auf eine entfernte Zukunft ausgerichtet, wie sich am Beispiel der amerikanischen Unabhängigkeitserklärung zeigt, die seit 1776 bereits gut 250 Jahre lang wirkt. Das gilt auch für die deutsche Verfassung. Auch hier sind die Menschenrechte im Grundgesetz festgeschrieben, und doch dauerte es bis in die 1970er-Jahre, bis eine Frau ohne Erlaubnis ihres Ehemanns ein Bankkonto eröffnen konnte, und noch länger, bis homosexuelle Beziehungen nicht mehr unter Strafe standen.

Die Existenz solcher Grenzen ist dabei nur eine notwendige Voraussetzung für die Faltung. Eine weitere ist das stetige Voranschreiten der Gesellschaft, ihre unaufhörliche Entwicklung. Im endlichen Raum ist diese nur dadurch möglich, dass sich auch die Richtung, in die sich das System entwickeln will, stetig ändert. Dazu bedarf es einer ständigen Anpassung des Wertesystems.

5.4 Faltung als Anpassung des Wertesystems

Die Mathematik beschreibt Wirklichkeiten, und so finden wir umgekehrt mühelos Beispiele in unserer Lebenswirklichkeit, auf die sich die Beschreibungen aus der Mathematik anwenden lassen. Ein Beispiel für eine »gefaltete Welt« ist die Kunst. In der (westlich-abendländischen) Kunst emanzipiert sich jede Generation von der vorherigen dadurch, dass sie sich von ihr abgrenzt und Neues entwickelt. Das geht fast immer mit einer Anpassung der Werte einher; die Regeln und Normen, die sich für die Kunst einer bestimmten Zeit herausgebildet haben, werden infrage gestellt, verändert oder gar verworfen und an ihre Stelle neue gesetzt. Was als »gute Kunst« gilt, wird neu ausgehandelt. Oft halten Vertreter der älteren Generation die neu entstehenden Ausdrucksformen für minderwertig, den alten Werken unterlegen. Besonders anschaulich wird das anhand der Entstehung der sogenannten »leichten«, der Unterhaltungskunst. So galten Comics in ihren Anfängen nicht als Kunst, genauso wie der Jazz abgelehnt wurde und gerade in Deutschland die Unterscheidung zwischen E- und U-Musik, zwischen der qualitativ anspruchsvollen »ernsten« und der »seichteren« Unterhaltungsmusik, entstand. Aber die Geschichte zeigt, dass das ebenso unsinnig ist wie anzunehmen, dass wir eine stetige Steigerung der Qualität von Musik erleben, nur weil das Neue auf dem Alten aufbaut. Mozart ist nicht besser als Bach und Miles Davis nicht besser als Mozart, weil sie jeweils später in der Geschichte kamen. Sie sind anders. Und wer würde heute schon Elvis Presley, den Beatles und den Rolling Stones oder Metallica, Iron Maiden oder Bob Marley ihre Bedeutung für die Kultur absprechen – selbst, wenn sie in ihrer Zeit von der alten Generation als minderwertige Subkultur, ja teilweise als Degeneration klassifiziert wurden?

Das Bild am Anfang dieses Buches (siehe Abbildung 1, Seite 16) ist durch eine mathematische Formulierung dieses Gedankens entstanden. Die Linie entsteht durch das Voranschreiten eines Punktes im Raum der Möglichkeiten. Der Punkt kann zum Beispiel eine aktuell vorherrschende Musikrichtung der jungen Generation im Raum der musikalischen Möglichkeiten repräsentieren. Dabei geht es nicht darum zu behaupten, dass der Raum der musikalischen Möglichkeiten nur dreidimensional sei. Drei Dimensionen sind einfach gut zu illustrieren. Das Entscheidende ist die Dynamik. Der Punkt kennt seine eigene Geschichte und sucht zu jedem Zeitpunkt nach einem neuen Ort, der noch nicht besetzt ist. Bei diesem Versuch, sich von seiner eigenen Geschichte abzugrenzen, ändert der Punkt stetig seine Richtung. Die Richtungsänderungen sind in diesem Fall zwar einerseits durch die Vermeidung der eigenen Geschichte gegeben, entstehen aber nur dadurch, dass die Dynamik in einem endlichen Raum beschränkt ist – in diesem Fall eine Kugel.

Manch einer wird sich vielleicht fragen, warum der Raum der musikalischen Möglichkeiten begrenzt sein soll. Dabei hilft es, sich klarzumachen, dass Begrenztheit nicht bedeutet, dass die Möglichkeiten endlich sind. Die Begrenzung kann durch das Intervall der Frequenzen entstehen, die wir überhaupt hören können. Innerhalb dieser Grenzen aber gibt es unendlich viele Möglichkeiten, Töne und Klänge zu kombinieren. Wäre der Raum nicht begrenzt, dann würde die Trajektorie einfach im Unendlichen verschwinden. Damit könnte sie ihrem Drang nach Abgrenzung gerecht werden, sie würde sich stets von der eigenen Geschichte entfernen, ohne eingeschränkt zu sein, sich dabei aber nur in eine einzige Richtung bewegen. Nur durch die Begrenzung aber ergibt sich die Vielfalt in der Bewegung.

5.5 Faltungsgrenzen als Vision

Die Faltungsgrenze verhindert Freiheit nicht, sondern erhöht den Anreiz, Neues zu erschaffen. Insofern handelt es sich um eine visionäre Grenze. Als solche wird sie Teil eines positiven Narrativs, das zu einer ständigen »Korrektur« bestehender Verhältnisse führt. Darin besteht der Fortschritt, für den sich die Faltungsgrenze gleichermaßen als Motor und Horizont erweist. Das alte Wertesystem enthält Regeln, die der neuen, visionären Grenze – zum Beispiel den Menschenrechten – widersprechen. So hat die Erklärung der Menschenrechte in einem langen Aushandlungsprozess dazu geführt, dass die Gesellschaft all jene Werte und die damit verbundenen Gesetze, Konventionen und Regelungen neu formuliert hat (und noch formuliert), die nicht im Einklang mit ihnen standen.

Deshalb empfinden wir es heute als selbstverständlich, dass körperliche Gewalt und Mord verboten sind – ebenso wie Versklavung. Aber diese Selbstverständlichkeiten sind Teil und Ergebnis einer Entwicklung. Vor dreißig Jahren wurde in Deutschland noch über die »Vergewaltigung in der Ehe« diskutiert. In meiner Jugend gab es eine große Bevölkerungsgruppe, die der Auffassung war, dass es keine Vergewaltigung innerhalb einer Ehe geben könne, weil der Mann ein Recht auf sexuelle Befriedigung durch seine Ehefrau habe und diese mit der Eheschließung ihre Einwilligung gebe. Ein Gedanke, der uns heute absurd erscheint – weil er absurd ist. Andere Gesetze und Konventionen sind weggefallen. Die diskriminierenden Gesetze gegen gleichgeschlechtliche Liebe haben sich abstrus lange in den Gesetzbüchern gehalten, hier hat sich das alte, von der jahrhundertelangen Tradition geprägte Wertesystem als besonders hartnäckig erwiesen. Und obwohl die gesetzlichen Regelungen inzwischen angepasst wurden, ist die gesellschaftliche Diskriminierung von Homosexuellen noch immer nicht überwunden. Wir haben uns an der Faltungsgrenze orientiert und orientieren uns immer noch daran: den Menschenrechten, dem Recht auf Unversehrtheit und Selbstbestimmung. Dabei ist unsere Welt besser geworden.

Während alte, nicht mehr passende Wertesysteme korrigiert und erneuert werden, können sich gleichzeitig völlig neue entwickeln. Besonders einschneidende Veränderungen gehen von der Entstehung des Umweltbewusstseins aus. Rachel Carsons Buch *Der stumme Frühling*, 1962 erschienen, gilt als Ausgangspunkt weltweiter Umweltbewegungen. Auf einmal verstand eine breitere Öffentlichkeit, dass der wissenschaftlich-technische Fortschritt nicht nur Segnungen und unbegrenzte Möglichkeiten brachte, sondern auch eine dunkle, zerstörerische Seite hatte. Das Buch und die Debatte, die es auslöste, markierten den Beginn gesellschaftlicher Diskurse, im Zuge derer das Wissen um die Endlichkeit unseres Planeten zum Common Sense, zum festen Bestandteil des öffentlichen Bewusstseins, wurde.

Als die Menschenrechte zum ersten Mal in demokratischen Verfassungen festgeschrieben wurden, bestimmten diese als Faltungsgrenzen die weitere gesellschaftliche Entwicklung – von der Antisklavereibewegung über den Kampf für Arbeiterrechte bis hin zu heute noch anhaltenden Auseinandersetzungen um Gleichberechtigung und gesellschaftliche Teilhabe. Das Setzen dieser Grenze geschah natürlich nicht plötzlich, sondern war selbst das Ergebnis einer langen Entwicklung, zu deren Stationen die Philosophie der Aufklärung gehört. Über Jahrhunderte haben sich diese Ideen herausgebildet, wurden schließlich zum Gegenstand politischer Theorien (Locke, Hobbes), bis sie Eingang in die Verfassungen vieler Staaten fanden. Ich glaube, seit dem Aufkommen der ersten Umweltbewegungen befinden wir uns in einem ähnlichen Prozess. Auf die Bücher von Rachel Carson und den Bericht des Club of Rome folgte die Entstehung »grüner« Parteien, auf die Proteste von Greenpeace folgten die Mega-Demonstrationen von *Fridays for Future*, in deren Kontext die Entscheidung des Bundesverfassungsgerichtes vom Frühjahr 2021 fiel, mit der zum ersten Mal in der Geschichte der Bundesrepublik ein Gesetz wegen mangelnder Wirksamkeit gegen den Klimawandel zurückgewiesen wurde – knapp sechzig Jahre nach Carsons Buch.

Schon längst wirken diese Bemühungen um eine nachhaltigere Lebensweise auf unser Wertesystem, das lässt sich in vielen Bereichen der Gesellschaft beobachten. Zum Beispiel ist es vielen jungen Leuten heute nicht mehr wichtig, das schnellste Auto zu haben, sondern möglichst zügig und bequem von einem Ort zum anderen zu kommen.[33] Diese Veränderung kann zunächst wenig relevant erscheinen, aber sie hat eine Reihe von tiefgehenden Konsequenzen. Das eine Bedürfnis ist mit

---

33 Mir ist bewusst, dass man nicht von der neuen Generation als homogener Gruppe sprechen kann, und selbstverständlich gibt es auch weiterhin Menschen, die gerne ein immer größeres Auto haben würden. Ich überspitze hier in der Hoffnung, dass die Leserin und der Leser meiner Einschätzung folgen.

»Haben« gekoppelt, das andere mit »Sein«. Wenn einem eine angenehme und zügige Reise wichtig ist, dann wird man früher oder später aufhören, den täglichen Stau auf dem Weg zur Arbeit als Individualverkehr zu bezeichnen, und stattdessen für ein großzügiges und hochfrequentes Bahnsystem plädieren. Oder aber es ändert sich unser Blick auf Autos: Was, wenn es auf einmal Prestige hätte, ein Auto besonders lange zu fahren? Wie auch immer sie im Einzelnen konkret aussehen mag: Die Anpassung von Werten erlaubt eine stetige Verbesserung der Gesellschaft im Rahmen des jeweils aktuellen Wertesystems, weil der Begriff »besser« selbst einer Entwicklung unterzogen ist.

Heute können sich immer mehr Menschen, Gesellschaften, Staaten in Bezug auf die Umweltfolgen unseres Handelns auf bestimmte Grundüberzeugungen einigen. Das kommt nicht zuletzt in den von den Vereinten Nationen formulierten 17 Zielen für nachhaltige Entwicklung zum Ausdruck, die seit 2016 in Kraft sind. Gleichzeit sind wir derzeit noch weit von Lösungen entfernt, die in Bezug auf das Tempo der globalen Erwärmung und andere Probleme wie das Artensterben oder die Versauerung der Meere befriedigend sind. Deshalb, glaube ich, ist es sinnvoll und unbedingt notwendig, neue Faltungsgrenzen zu setzen. Das gilt nicht allein für das Thema Umwelt. Wir können derzeit innerhalb unseres Politik- und Wirtschaftssystems verschiedene selbstverstärkende Prozesse beobachten, deren Explosion von den bestehenden Faltungsgrenzen nicht verhindert wird und die deshalb unsere Lebensweise bedrohen. Die in den Verfassungen vieler Staaten festgeschriebenen Menschenrechte und unsere demokratischen Staats- und Rechtssysteme funktionieren nach wie vor, und sie sind nicht obsolet. Aber sie allein reichen nicht mehr aus, um das System zu halten; um einen klar bemessenen Raum für Wohlstand, Frieden und Wachstum zu begrenzen. Das zeigt sich nicht zuletzt gerade darin, dass weltweite Krisen ebendiese Errungenschaften in Gefahr bringen. Deshalb ist es notwendig, bestimmte selbstverstärkende Prozesse, die unsere Gegenwart prägen, durch einige wenige neue Faltungsgrenzen einzuhegen. Hier schlage ich sogar nur fünf Grenzen vor, die meines Erachtens ausreichen würden, um unser System neu aufzusetzen und Fehlentwicklungen zu korrigieren.[34]

5.6 Die beste Suchmaschine der Welt

Während des Zweiten Weltkriegs versammelten die Vereinigten Staaten von Amerika für ihr geheimes *Manhattan Project* die klügsten Physiker der Welt in der Wüste von New Mexico, um eine Atombombe zu bauen und damit das NS-Regime und Deutschlands Verbündete zu besiegen. Die Liste der genialen Köpfe, die dort zusammengearbeitet haben, ist atemberaubend. Diese Herangehensweise scheint gleichzeitig naheliegend und effektiv. Man hat ein Problem, das es zu lösen gibt. Also versammelt man Menschen, die es lösen können. Das Konzept funktioniert aber nur, wenn man schon weiß, was das Problem ist.

Normalerweise läuft Forschung anders ab. Ebenso wie eine freie Gesellschaft sucht sich freie Forschung die Auf-

34 Ohne dabei auszuschließen, dass weitere notwendig sind.

gaben, die sie zu lösen hat, meistens selbst. Natürlich gibt es auch von der Gesellschaft beauftragte Wissensfindung, die von Wissenschaftlern durchgeführt wird. So bekommt etwa die Klimaforschung Forschungsgelder, um die verschiedenen Zukunftspfade der Klimadynamik zu errechnen oder zu untersuchen, bei welcher Erwärmung die Westantarktis kippt. Aber der erste Schritt, zum Beispiel zu erkennen, dass die Westantarktis eine mögliche Instabilität birgt, geschieht durch den wissenschaftlichen Suchprozess,[35] nicht durch staatlich finanzierte »Auftragsforschung«.

Dieser Suchprozess entsteht durch Freiheit gepaart mit der Neugier der Forschenden. Wissenschaftlerinnen haben einen inhärenten Antrieb, Neues zu finden. Dass sie dabei Wissen schaffen, ist ein netter Nebenaspekt. Deshalb forschen viele auch noch, wenn sie in Rente sind oder schlecht bezahlt. Dieser Antrieb braucht nichts mehr als die Freiheit, ihm nachzugehen. Die Grenzen sind hierbei durch die Gesetze der Natur gegeben. Damit folgt die freie Forschung einer Faltungsdynamik.

Es ist in der Tat ein wundervoller Prozess und einer, der von allein entsteht und die Menschheit seit Tausenden von Jahren mit extremer Effizienz voranbringt.

---

35 Die Möglichkeit einer Instabilität der Westantarktis wurde zum Beispiel von Glaziologen vor fünfzig Jahren erkannt (Mercer, 1978; Weertman, 1974). Damals war der Auftrag der Gesellschaft nicht, die größten Risiken durch globale Erwärmung zu finden, sondern einfach unsere Welt zu verstehen. Wirklich Neues entsteht im Allgemeinen nicht durch Auftragsforschung, sondern durch freie Forschung. Denn nicht der Geldgeber weiß, wo die aufregenden Erkenntnisse zu suchen sind, sondern die Wissenschaftlerinnen und Wissenschaftler.

Die Gesellschaft macht das Gleiche, wenn man sie lässt. Je härter die Bedingungen, desto innovativer die Lösungsfindung. Man kann das auch daran ablesen, in welch unwirtliche Regionen der Erde die Menschheit vorgedrungen ist. Menschen leben in der Arktis in Gebieten, die viel zu kalt für ihre Körpertemperatur sind und die wenig vitaminreiche Nahrung bereitstellen. Die von der menschlichen Physiologie vorgegebenen harten Grenzen haben kreative und innovative Kräfte in Gang gesetzt, die etwa die Inuit demonstrieren ebenso wie die Wüstenkulturen rund um die Erde. Es sind Beispiele für Lösungsfindungen, die sich auf langen Zeitskalen entwickelt haben. Aber das Gleiche gilt natürlich auch für den Erfindungsreichtum während Katastrophen wie Krieg oder Naturereignisse. Die Rettung der britischen Soldaten aus Dünkirchen während des Zweiten Weltkriegs ist ein solcher Weg, der außerhalb der normalen Lösungsstrategien des Militärs lag.[36]

Dass wir nicht gerne an einem Ort verharren, sondern den Drang verspüren, uns stetig weiterzuentwickeln, macht uns als Gesellschaft zu einer permanenten Quelle von Innovation und Erneuerung. Wenn dieser Findungsprozess nicht beschränkt wird, wenn sich also in einer – innerhalb bestimmter Grenzen – frei agierenden Gesellschaft ständig neue Lösungen herausbilden können,

36 In Dünkirchen waren etwa 500 000 britische Soldaten von der Wehrmacht eingekesselt. Die britische Flotte wurde von der deutschen Luftwaffe in Schach gehalten und konnte nicht zur Rettung kommen. Schlussendlich wurden die Soldaten mit einer improvisierten Flotte aus Privatbooten aus ihrer prekären Lage befreit.

wird der Bewegungs- und Innovationsdrang der Gesellschaft zu einer kraftvollen Suchmaschine.

In diesem Sinne ist die Faltung das Gegenteil einer geplanten Strategie. Genauso ist sie in der Wirtschaft das Gegenteil von Planwirtschaft. Die geplante Lösungsfindung mag beruhigender erscheinen, weil neben dem Ziel auch große Teile des Weges vorgegeben sind. Die geplante Lösung kann hierbei aber nur so klug sein wie der Planende. Die Lösungsfindung durch Faltung kann viel klüger sein als eine einzelne Person. Die freie, ungeplante, chaotische Forschung nach Lösungen funktioniert aber auch deshalb so gut, weil sie ergodisch ist.

Der Begriff der Ergodizität kommt aus der Physik, und er erklärt, warum die Faltung als ein System größtmöglicher Freiheit und minimal nötiger Kontrolle innerhalb weniger harter Grenzen eine so starke Suchmaschine ist. Ein System ist ergodisch, wenn es jeden möglichen Zustand, den es innerhalb der von den physikalischen Gesetzen gesetzten Grenzen annehmen kann, auch irgendwann annimmt. Stellen Sie sich einen Hund vor, der in seiner Hundehütte sitzt und sein Herrchen oder Frauchen um die Ecke kommen sieht. Sofort springt er auf und rennt in gerader Linie auf die geliebte Bezugsperson zu. Er könnte auch die Welt explorieren und neue Leute kennenlernen oder gar andere Hunde treffen, aber das tut er nicht, weil er ein Planwirtschaftshund ist. Er hat ein Ziel und strebt geradlinig darauf zu.

Nun stellen Sie sich eine Ameise vor. Sie wandelt durch die Welt und sucht nach Nahrung für den Stamm. Sie weiß nicht, wo es Nahrung gibt, und läuft scheinbar ziellos umher. Tatsächlich hat sie aber ein Ziel, und sobald sie etwas Nahrungsähnliches spürt, läuft sie in diese

Richtung. Diese Suche ist nicht völlig zufällig. Sie wird von verschiedenen Aspekten der Umgebung beeinflusst, aber auch durch die Suche der anderen Ameisen. Dadurch exploriert das Ameisenvolk die gesamte Umgebung und findet auch immer wieder neu entstehende Nahrungsquellen wie das Käsebrot, das mein Kind in der Sonne hat liegen lassen. Die Suche der Ameisen ist ergodisch. Sie ist nur vom Radius der Laufweite einer Ameise begrenzt.

5.7 Lösung des Dilemmas

Die Faltung bietet die Möglichkeit, Konflikte mit den uns natürlicherweise gegebenen Grenzen zu vermeiden, uns ethisch-moralische Grenzen zu setzen und uns innerhalb dieser frei zu entfalten. Darüber hinaus ist sie auch das Prinzip der Wahl, wenn es darum geht, neue Probleme zu erkennen und wirklich neue Lösungen dafür zu finden.

Natürlich bedeutet das nicht, die Art der »geplanten Lösungsfindung« vollständig aufzugeben. Sie ist das Mittel der Wahl, wenn man das Problem kennt und den Lösungsweg bereits erahnen kann; und natürlich ist das Planen überhaupt ein notwendiger Bestandteil unseres Alltags. Tatsächlich hat uns aber unser täglicher Gebrauch des Internets die ergodische Lösungsfindung emotional nähergebracht. Sie ist weniger planbar, aber wesentlich stabiler und genauer, wenn man die Nerven dafür hat. Die Suche der Gesellschaft nach neuen Wegen innerhalb neu entstehender physischer oder moralischer Grenzen sollte nach dem Prinzip der Faltung, also ergodisch, vonstattengehen. Es ist der freiheitlich-demokratische Weg, nach Neuem zu suchen.

Dabei sind nur die Faltungsgrenzen fest – in dem Sinne, dass sie nicht einfach umgangen werden können. Innerhalb ihrer Abmessungen können alle anderen Grenzen und Regeln in einem gesellschaftlichen Prozess der Veränderung ständig angepasst werden. Das muss offen und transparent geschehen und darf nicht durch Korruption oder Absprachen in Hinterzimmern torpediert werden. Die Begrenzung des Kohlendioxidausstoßes ist ein gutes Beispiel dafür. Selbst in der Mitte des letzten Jahrhunderts war noch nicht eindeutig klar, dass zusätzliches Kohlendioxid in der Atmosphäre ein Problem darstellen würde, obwohl die physikalische Theorie bereits existierte.[37] In der Zwischenzeit haben wir gelernt, die Theorie ist schon vor Jahrzehnten zur Gewissheit geworden, und ein gesellschaftlicher Prozess, der sich für viele von uns viel zu langsam und schmerzhaft vollzieht, ist in Gang gekommen. Jetzt sind wir dabei, eine neue Grenze einzuführen, und diese neue Grenze hat bereits Innovationen generiert, und sie wird sie weiterhin generieren – das werde ich im nächsten Kapitel darstellen.

Entscheidend hierbei ist, dass neue Grenzen zu einer Anpassung unseres Wertesystems führen. Wie in der Theorie dynamischer Systeme richtet das System das Ko-

37 Der physikalische Zusammenhang von Kohlendioxid und Erderwärmung ist schon wesentlich länger bekannt. So publizierte der skandinavische Nobelpreisträger Svante Arrhenius bereits am Ende des 19. Jahrhunderts über die Rolle von Treibhausgasen, insbesondere des Kohlendioxids. Er war auch der Erste, der die sogenannte Klimasensitivität abschätzte.

ordinatensystem neu aus und sucht neue Wege, ohne diese als Freiheitsbeschränkung zu empfinden. Der Grund ist, dass es immer unendlich viel Platz für Veränderung und Entwicklung gibt.

Dabei kann es passieren, dass man dynamisch mehrfach an ähnlichen Orten vorbeikommt – selbst ohne neue Grenzen eingeführt zu haben. Diese Orte sind nie exakt gleich, und genau darin besteht die Entwicklung. Es war einmal in vielen Teilen der Erde akzeptabel, Hausarbeiten von Menschen durchführen zu lassen, die keinerlei Rechte hatten und als Leibeigene betrachtet wurden. Zu unterschiedlichen Zeitpunkten in unterschiedlichen Ländern haben wir uns auf die Grenze geeinigt, dass kein Mensch einem anderen gehören kann, obwohl dabei zunächst in einigen Regionen – insbesondere in den Südstaaten der USA – dramatische wirtschaftliche Folgen befürchtet wurden. Wohlhabende Leute sind dann in vielen Orten der Erde auf ein Hausangestelltensystem übergegangen, in dem die Angestellten theoretisch frei, aber praktisch doch weiter an »ihre Herrschaften« gebunden waren. Wieder wurden Grenzen eingezogen, die das Abhängigkeitsverhältnis auflösen sollten, was mehr oder weniger gut und mehr oder weniger schnell funktioniert hat. Es bleibt aber dabei, dass wir heute in den meisten westlichen Demokratien zumindest den Anspruch haben, keine sklavenähnlichen Angestelltenbeziehungen mehr zu dulden.

In der Folge haben in vielen westlichen Gesellschaften (und selbstverständlich nicht nur dort) Frauen die Rolle der Hausangestellten übernommen. Diese Veränderung wurde durch ein sehr altes Narrativ erleichtert und befördert, das besagt, die Arbeit im Haus sei die natürliche

Aufgabe der Frau. Dabei erlaubte und erlaubt es der Fortschritt in der Technologie, dass Hausfrauen Arbeiten übernehmen konnten, für die früher mehrere Hausangestellte nötig waren. Langsam wird dieses Narrativ, das die Frau an den Herd verbannt, abgelöst, und die Frage ist: Was kommt dann? Die Aufgaben im Haushalt sind durch den technologischen Fortschritt ja nicht verschwunden; Hausarbeit ist eine notwendige und sinnvolle Tätigkeit. Möglicherweise erleben wir also den Übergang in ein neues System, bei dem Haus-, Pflege- und zu einem gewissen Grade Erziehungsarbeit (noch stärker) bezahlt und ausgelagert werden.

Die Beispiele zeigen, dass wir unser Wertesystem ständig verändern und anpassen. Das ist eine absolut notwendige Dynamik, um Fehler und Ungerechtigkeiten zu identifizieren und aufzuheben. In vielen Fällen dauert es unerträglich lange, und wir erleben dabei ständig Rückschritte, oder der Fortschritt geht noch nicht weit genug. Das ändert nichts daran, dass diese gesellschaftliche Dynamik ein kraftvoller Motor für Entwicklung und Fortschritt ist, und zwar nicht *trotz* bestimmter Grenzen, sondern gerade, *weil* es diese Grenzen gibt, als Rahmen, der innerhalb dieser Grenzen größtmögliche Freiheit erlaubt.

Es zeigt sich immer deutlicher, dass wir bestimmte explodierende Prozesse der Gegenwart neu begrenzen müssen, um ein Zerreißen unserer Gesellschaften und der Erde, auf der wir leben, zu verhindern. Diese neuen Grenzen dürfen unsere Freiheit nicht im Übermaß einschränken, und wir müssen dafür sorgen, dass wir dabei ohne händische Regelungen wie in der Planwirtschaft auskommen. Wir brauchen bestimmte neue Grenzen, die gefährliche selbstverstärkende Prozesse aushebeln, um damit unsere Gesellschaften auch in Zukunft zusammenzuhalten. Die genaue Umsetzung des Prinzips der Faltung ist natürlich zu diskutieren. Entscheidend sind die Verlässlichkeit der Grenzen und die Einfachheit und Transparenz der Regeln, damit sie von der Gesellschaft getragen werden können.

Ebenso wie die Gleichheit der Menschen vor dem Gesetz und bei der Wahl müssen wir die Endlichkeit unserer Erde und ihrer Ressourcen akzeptieren und mit unserem Grundbedürfnis nach Entwicklung vereinen. Die Faltung ist die Lösung dieses vermeintlichen Dilemmas. Wir brauchen ein Wirtschaftssystem, das durch Grenzen wächst, denn nur dadurch generieren wir die Kreativität, die wir zur Lösung zukünftiger Herausforderungen brauchen.

5.8 Faltung als Wirtschaftsprinzip und Staatsräson

Das Wachstum in die Vielfalt ist ein sehr hartes Prinzip. Es stabilisiert das Internet und die Ökosysteme. Biodiversität ist ein Grundpfeiler der natürlichen Anpassungsfähigkeit der Ökosysteme gegenüber Veränderungen. Das Internet wurde erfunden, um möglichst stabile Kommunikationsverbindungen zwischen zwei Punkten zu erschaffen. Durch die Vielfalt der Verbindungen ist es, wie gesagt, wesentlich stabiler als eine Einzelverbindung. Und auch in der Wirtschaft ist die Vielfalt die allgegenwärtige Lösung. Es werden ständig neue Dinge kreiert, um die Nachfrage hochzuhalten und die Wirtschaftswelt in Bewegung. Es ist also ein wahrhaft allgegenwärtiges Prinzip. Es entfaltet Wettbewerb und Innovationsgeist.

Allerdings ist eine Komponente in unserem Wirtschaftssystem derzeit noch falsch und behindert sowohl den Wettbewerb als auch die Nachhaltigkeit, und das ist die fehlende Begrenztheit. Wir müssen auch in der Zukunft Marktwirtschaft erlauben und mit ihr die gesamte Palette der Errungenschaften einer freiheitlich-demokratischen Gesellschaft. Was verhindert werden muss, ist das Wachstum in die faktische Unendlichkeit, das Sprengen unserer planetaren Grenzen, das Erschöpfen unserer globalen Gemeinschaftsgüter. Schon heute setzen wir, wie bereits beschrieben, unserem Handeln Grenzen, nämlich dort, wo wir sie für ethisch notwendig halten: etwa bei Sklaverei, bei Kinderarbeit, bei dem Handel mit radioaktivem Material.

Inzwischen aber zeigt sich, dass unsere bestehenden Grenzen nicht mehr genügen. Denn das ursprüngliche Versprechen des Wirtschaftswachstums, dass es der zukünftigen Generation besser gehen soll als der jetzigen, wird derzeit durch genau dieses Wirtschaftswachstum in sein Gegenteil verkehrt – weil das unbegrenzte Wachstum mit Umweltzerstörung einhergeht und unter anderem den Klimawandel bewirkt, wodurch unsere Lebensweise fundamental bedroht ist.

Die Frage ist nun, ob wir die Endlichkeit unseres Planeten als zusätzliche Grenze akzeptieren wollen. Plastik ist ein menschengemachtes Produkt, das jeden Menschen überlebt. Mittlerweile finden wir Mikroplastik in den entlegensten Gebieten der Erde. An jedem Strand der Welt, ob er je von einem Menschen betreten wurde oder nicht, ist Mikroplastik in den Sand gemischt. Der Schneefall auf Grönland und selbst auf der Antarktis beinhaltet Mikroplastik.[38] Ein Plastikverbot, das langsam in verschiedenen Ländern und Wirtschaftssektoren eingeführt wird, generiert alternative Verpackungen und alternative Wege des Konsums. Das Entscheidende ist, dass die Lösungswege nicht vorgegeben werden, sondern nur die Grenzen gesetzt werden, die das System nicht überschreiten darf. Das ist das Gegenteil von Planwirtschaft.

Etwas vereinfacht könnte man sagen: Wir brauchen jetzt eine neue Art der Politik. In einer großen Mehrheit der Gesellschaft besteht schon heute Einigkeit über die Ziele, vor allem natürlich das einer Nachhaltigkeit, die der Zerstörung des Planeten ein Ende setzt. Bei der Lösungsfindung allerdings kommen wir nur weiter, wenn wir wieder den Mut haben, sie zu einem erheblichen Teil der Gesellschaft anzuvertrauen, anstatt kleinteilige politische Vorgaben zu machen und damit Mikromanagement zu betreiben. Kurz, wir brauchen bestimmte Grenzen – die Faltungsgrenzen. Sie sind unbedingt notwendig, um gefährliche Entwicklungen zu stoppen. Aber wir brauchen dann auch den Mut, bei der Suche nach neuen, gefalteten Wegen auf die Kreativität und Innovationskraft

---

38 Die Antarktis ist der einzige Kontinent der Erde, der nur von Forschern betreten werden darf. Sie ist riesig – so groß wie Nordamerika von Mexiko bis Kanada –, und nach dem Antarktisabkommen von 1959 darf niemand dorthin, außer die betreffende Person erforscht die Region zum Wohl der Menschheit. Gleichzeitig wird die Antarktis durch die größte Meeresströmung der Erde und den mächtigsten atmosphärischen Wirbel des Planeten vom Rest der Welt abgeschirmt. Und an den Küsten dieses entlegenen Kontinents fällt Mikroplastik im Neuschnee.

der Gesellschaft zu setzen anstatt auf kleinteilige, manchmal kurzsichtige Vorgaben »von oben«. Die Frage ist, ob wir politisch und gesellschaftlich dazu bereit sind, wenige neue, harte Faltungsgrenzen zu setzen. Und hinter dieser steckt die Frage: Verstehen wir Anpassung in Zukunft ausschließlich als unvermeidbare Reaktion auf immer schmerzhaftere Katastrophen – wie wir sie bei den Überschwemmungen an der Ahr und Erft selbst zuletzt erlebt haben –, oder schaffen wir eine kreative, vorausschauende Anpassung, die wir selbst steuern und gestalten, indem wir die dafür notwendigen Grenzen setzen?

Wenn wir davon ausgehen, dass sich das Fortschritts- oder zumindest das Paradigma der ständigen Bewegung und Veränderung nicht auflösen lässt, dass also die Gesellschaft permanent nach Bewegung und Verbesserung strebt, dann ist die Frage, wie wir diese Kräfte konstruktiv lenken. Die neoklassische ökonomische Antwort auf diese Frage ist Wirtschaftswachstum. Ich habe das Wirtschaftswachstum bereits als Anreizsystem beschrieben. In Verbindung mit Demokratie und Rechtsstaat gehört es zu den Vorteilen dieses Systems, dass es jedes einzelne Mitglied der Gesellschaft in die Pflicht nimmt. Das Fortschrittsversprechen impliziert, dass es sich lohnt, konstruktiv zur Gestaltung des Zusammenlebens aller beizutragen. So werden große Teile der Gesellschaft dazu veranlasst, aktiv an der Gestaltung aller Lebensbereiche teilzunehmen. Auf diesen Motor zu verzichten, erscheint mir gefährlich und abwegig; ich glaube auch nicht, dass wir überhaupt ermessen könnten, welche Folgen das hätte.

Als Treiber für Entwicklung hat das Wirtschaftswachstum jahrhundertelang über alle Skalen und Systeme hinweg funktioniert und zu einem weltweit ständig steigenden Wohlstand geführt. Dabei hat es seine unbestrittenen Schattenseiten. Ein Problem des Wirtschaftswachstums ist, dass es eine eindimensionale Metrik hat. Es gibt nur »mehr« oder »weniger«. Diese Metrik ist zu simpel für die Komplexität unserer Gesellschaft. Wir verwenden ein System, in dem wir alles, was wir wollen, auf diese eindimensionale Metrik abbilden. Viele Menschen, die das Konzept von Geld kritisieren, meinen damit im Wesentlichen diesen Umstand.

Mit dem auf Geld basierenden Handel erhalten wir eine wichtige Motivation in der Gesellschaft für konstruktive und gerichtete Arbeit. Aber wir sollten gleichzeitig dafür sorgen, dass Geld nicht unser gesamtes Wertesystem dominiert. Der Grund ist ganz einfach: Wir können nicht all unsere Bedürfnisse auf einer eindimensionalen Metrik abbilden. Es ist schwer zu entscheiden, ob Weihnachten mit der Familie 100 Euro wert ist oder 1000 oder unbezahlbar. Selbst bei absolut notwendigen Tätigkeiten ist es schon im heutigen System nicht so, dass wir immer nur aufgrund finanzieller Anreize handeln. Eine Krankenschwester oder eine Ärztin arbeitet an Heiligabend nicht, weil es mehr Geld gibt, sondern weil es ihr Beruf ist und zu dieser Aufgabe auch die Wochenend- und Feiertagsdienste gehören. Die Motivation nährt sich aus einem Narrativ, das sie dazu veranlasst hat, diesen Beruf zu wählen.

Wenn wir bei einem ständig voranschreitenden System Grenzen einführen und die Betroffenen von den Grenzen wissen, dann werden sie ihr Streben danach ausrichten, solange sie die Grenzen als fest akzeptieren. Mit anderen Worten, wenn ein Unternehmen sicher davon ausgehen kann, dass in zwanzig Jahren bei der Produktion kein Kohlendioxid ausgestoßen werden darf, dann wird es bis dahin einen Weg finden, ohne Kohlendioxid Profit zu machen. Es wird kreativ und ändert die Richtung beziehungsweise sein Wertesystem, nämlich die Definition dessen, was gut und schlecht für das Unternehmen ist.

Für Einzelpersonen gilt das Gleiche. Die Mehrheit der Menschen in der Generation meiner Eltern hat Erfolg darüber definiert, wie groß das Auto war, das sie fahren konnte. In Deutschland vollzieht sich gerade in breiten Teilen der Gesellschaft die unglaubliche Wendung, dass massige Autos etwas sind, wofür man sich schämen muss. In diesem Fall ist die Veränderung nicht vollkommen eindeutig über eine gesetzte Grenze geschehen, aber das wäre eine Möglichkeit gewesen. Diese Autorevolution ist stattdessen aufgrund der Kombination mehrerer Faktoren entstanden. Zum einen hat sich langsam eine Überzeugung breitgemacht, dass Autofahren schlecht für die Umwelt und das Klima ist. Die *Fridays for Future*-Bewegung hat im Namen der jungen Generation den Konflikt klar angesprochen und Autofahrern zu verstehen gegeben: Ihr fahrt gegen die Zukunft eurer Kinder an. Aber lange Zeit gab es für viele keine gangbare Alternative. Dann hat Tesla gezeigt, dass Elektroautos eine solche darstellen könnten, und innerhalb kürzester Zeit haben alle anderen Autofirmen, die sich jahrzehntelang gegen diese Technologie mit entsprechender Lobbyarbeit gesträubt haben, Elektroautos auf den Markt gebracht. Des Weiteren hat dann die Europäische Union das Verbot der Neuzulassung von Verbrennungsmotoren ab 2035 als Ziel ausgesprochen. Die Tatsache, dass so viele Unternehmen innerhalb kürzester Zeit Elektroautos auf den Markt gebracht haben, zeigt, dass Technologie nicht das Problem war. Sicherlich wäre diese Revolution noch wesentlich früher möglich gewesen, wenn wir entschieden hätten, dass ab einem gewissen Zeitpunkt keine Verbrennungsmotoren mehr verkauft werden dürfen.

Wenn wir das Narrativ der Faltung als Wirtschaftsprinzip und Staatsräson akzeptieren, dann sollte es möglich sein, politisch solche Grenzen zu ziehen und damit die Innovationskraft der Wirtschaft in die von uns als Gesellschaft gewünschte Zukunft zu richten. Wenn uns das gelingt, erobern wir uns einen wesentlich größeren Raum gesellschaftlicher und politischer Gestaltung zurück, anstatt uns von Wirtschaft und Technologie die Richtung vorgeben zu lassen. Das können wir mit den bereits existierenden demokratischen Institutionen erreichen. Wir müssen sie nur in ihren Funktionen reformieren: keine Angst vor Verboten, aber gleichzeitig kein Mikromanagement. Und ich sage es noch einmal, weil es so wichtig ist: Wir brauchen die kreative Freiheit der Wirtschaft. Es darf nur das verboten werden, was wir nicht wollen. Innerhalb dieser Grenzen muss maximale Freiheit erlaubt werden.

Die Verbote, die wir setzen, müssen absolut gelten, sie müssen Faltungsgrenzen sein. Das bedeutet, dass sie keiner Abwägung mehr bedürfen, sobald wir in einem politischen Prozess entschieden haben, sie zu setzen. Dieses Nicht-Abwägen einer politischen Entscheidung klingt erst mal nicht vorstellbar, denn im Moment passieren alle politischen Prozesse als Abwägungsprozesse. Die Grenzen, die ich meine, sind aber so absolut, dass sie keiner Abwägung bedürfen. Das Verbot von Sklaverei bedarf keiner Abwägung. Es ist absolut. Genauso wie das Verbot von Kohlendioxidausstoß. Es gibt einige dieser Grenzen, die wir neu einziehen müssten, aber es sind nicht unendlich viele, und sie sind auch nicht übermäßig komplex.

Nachdem eine neue Grenze etabliert worden ist, beginnt die eigentliche Arbeit. Denn dann wird klar, dass es einer großen Anstrengung und Umstrukturierung bedarf, um diese einzuhalten. Während dieses Prozesses werden viele die Grenze verfluchen und wünschen, sie wäre nie eingeführt worden. Aber nach und nach ändert sich das System, und die Gesellschaft findet neue Wege. Bis uns die Grenze, die wir gesetzt haben, völlig selbstverständlich erscheint, so wie heute zum Beispiel kein vernünftiger Unternehmer in Deutschland jemals darüber nachdenkt, wie gut es für sein Unternehmen wäre, die Sklaverei wieder einzuführen. Die Grenze, einst eine Vision, wurde Teil unseres Wertesystems (dass es Formen moderner Sklaverei gibt, ist kein Einwand, sondern ein Grund, sich immer wieder von Neuem gegen solche Missstände zu bemühen – was in Deutschland und Europa etwa durch Regulierungsvorhaben wie das Lieferkettengesetz auch passiert). Genauso könnten wir mit der Orientierung an neuen Faltungsgrenzen in Zukunft »gute Textilien« nicht mehr nur als »billige Kleidung hoher Qualität«, sondern als »preisgünstige gute Kleidung mit fairen Arbeitsbedingungen und akzeptablen Umweltstandards« definieren. Das muss dahin gehen, dass wir irgendwann gar nicht mehr darüber nachdenken, weil alle Kleidung, die wir kaufen können, dieser Nebenbedingung entspricht, dass sie unter menschenwürdigen Bedingungen produziert wurde.

Die Faltungsgrenzen, die ich vorschlage, wären ein notwendiger erster Schritt in diese Richtung. Ähnlich wie die Entstehung der demokratischen Verfassungen könnten sie einen Anfang darstellen, eine Vision, mit der klar wird, auf welche Ziele sich die Innovationskraft in unserer Gesellschaft in Zukunft richtet.

Zu verlangen, dass jeder Einzelne jeden Tag über lange Zeit neue Grenzen einführt, während die Gesellschaft drum herum das nicht tut, ist zu viel verlangt. Aber wenn wir davon überzeugt sind, dass eine bestimmte Grenze eigentlich notwendig ist, dann können wir diese als Gesellschaft einführen und die Innovationskraft von Individuen und Wirtschaft nutzen, um den bestmöglichen Weg zu finden, mit dieser Grenze zu leben. Die Grenze wird dann nicht als Einschränkung der Freiheit empfunden, sondern ist ein Anreiz für Innovation. So wie die ökologische Vielfalt im Amazonas-Regenwald erst durch dessen Begrenztheit in Raum und Ressourcenverfügbarkeit entsteht. Der Wald kann nicht einfach expandieren. Die Pflanzen und auch die Tiere konkurrieren innerhalb der natürlichen Grenzen und haben sich entsprechend in eine quasi unendliche Biodiversität entwickelt.

Man wächst nicht über die Grenzen hinaus, sondern findet immer neue Wege und wächst so in die Diversität. Der eine ist dann nicht »mehr« als der andere, sondern anders.

6 Die Faltung der Produktion: Grenzen und Innovation

She's a diamond that wants to stay coal.
TOM WAITS, BLACK MARKET BABY

Kann das Prinzip der Faltung tatsächlich mehr sein als nur eine nette mathematische Beschreibung existierender Ideen? Es wird dann interessant, wenn wir es neben unsere anderen gesellschaftlichen Grundprinzipien stellen. Wenn wir Grenzen – wie die Endlichkeit unserer Ressourcen und Gemeinschaftsgüter – als die unumstößliche Wahrheit akzeptieren, die sie sind. Im Falle des Klimawandels ergibt sich diese Unumstößlichkeit aus der Physik unserer Atmosphäre und unserer Meere und aus der Chemie und Biologie des Kohlenstoffkreislaufs unserer Erde. Die Herausforderung, die hierdurch entsteht, ist groß. Aber wir können sie bewältigen.

Die Faltung kann dabei die Antwort nicht nur auf diese, sondern auf eine Reihe großer Herausforderungen unserer Zeit sein, zu denen die Klimakrise und das noch wesentlich umfassendere Nachhaltigkeitsproblem zählen.

6.1 Die Klimagrenze: Kein fossiler Kohlenstoff mehr

Die Lösung des Klimaproblems besteht darin, dass wir keinen fossilen Kohlenstoff mehr verbrennen, also kein Öl, kein Erdgas und keine Kohle. Und das ist auch leider nicht verhandelbar, aus einer Reihe von handfesten Gründen.

Genauso wie es Menschen gibt, die sich davor fürchten, dass wir, wenn wir einen gewissen Punkt der Erwärmung überschreiten, in eine unendliche Spirale der Erderwärmung gelangen und damit die Menschheit in die Ausrottung treiben – eine unbegründete Sorge[39] –, genauso gibt es Menschen, die glauben, dass sich das Klimaproblem von alleine lösen wird. Diese Hoffnung ist leider noch viel weniger begründet. Sie nährt sich häufig aus Unwissenheit und der Überzeugung, die Menschheit sei schlussendlich doch zu unbedeutend und wäre nicht in der Lage, eine wirklich globale Naturkatastrophe herbeizuführen, es sei denn, sie führte einen weltweiten Atomkrieg. Das Klima, so die Hoffnung der Verharmloser, wird sich regulieren und nach einer Anpassungsphase wieder zum alten Zustand zurückkehren. Das ist aber leider nicht der Fall. Das Klima wird sich von unserem Einfluss nicht erholen, zumindest nicht in absehbarer Zukunft, und zwar aus harten physikalischen Gründen.

Auch hier sind wieder die Zeitskalen von entscheidender Bedeutung. Sie bestimmen über qualitative Unter-

39 Die Erklärung, warum wir keine solche Spirale auf der Erde befürchten müssen, wurde in Kapitel 3 gegeben.

schiede, obwohl sie eine Größe, also eine Quantität beschreiben. Es ist nämlich ein fundamentaler und damit qualitativer Unterschied, ob das Kohlendioxid 50 oder 500 Jahre in der Atmosphäre bleibt. Wären es 50, dann wäre das Ganze ein Problem der heute lebenden Generationen – der Eltern und ihrer Kinder. Es wäre greifbar und verhandelbar.

Die Abbildung 4 (siehe S. 89) zeigt, wie langsam einmal in die Atmosphäre entlassenes zusätzliches Kohlendioxid wieder verschwindet. Lange nachdem die Emissionen aufhören, ist der Großteil des CO_2 noch in der Luft. Die Temperatur sinkt sogar noch langsamer wieder ab. Das liegt daran, dass sich der Ozean erwärmt hat und die Wärme langsam an die Atmosphäre zurückgibt. Er wirkt als Energiepuffer.

Der Zeitraum, in dem das geschieht, ist auch hier wieder schwer zu erfassen. Man kann es versuchen, indem man sich vorstellt, wie unsere Gesellschaft um das Jahr 1500 herum aussah. Oder man probiert es, dadurch zu verstehen, dass man niemanden kennt, der jemanden kannte, der diese Zeit erlebt hat. Genauso werden fast alle von uns in 500 Jahren vergessen sein, aber die Erderwärmung und den damit verbundenen Meeresspiegelanstieg, die wir verursacht haben, die wird es weitergeben. Etwas, das wir für 500 Jahre oder länger verändern, das ändern wir auf der menschlichen Zeitskala praktisch für immer, und so ist es mit dem Klima.

Warum bleibt emittiertes CO_2 so furchtbar lang wirksam? Der Grund für diesen langsamen Austrag aus der Atmosphäre liegt in den Prozessen des Kohlenstoffzyklus der Erde. Dieser wird von Tausenden Wissenschaftlern weltweit erforscht und birgt eine Fülle an physikalischen, chemischen und biologischen Prozessen und wundervollen Details. In der Essenz ist der gesellschaftlich relevante Teil aber relativ einfach. Von drei Kohlenstoffatomen mit dem chemischen Symbol C, die wir durch Verbrennung mit Sauerstoff (Symbol O) oxidieren und damit zu CO_2 machen, wird eines im Ozean gelöst und damit zu Kohlensäure.[40] Die anderen beiden bleiben in der Atmosphäre und erhöhen die Temperatur unseres Planeten über den Treibhauseffekt.

Ist das zusätzliche Kohlendioxid erst einmal in der Atmosphäre, dann gibt es nur wenige Mechanismen, die es wieder herausholen. Zwar existieren starke Kohlenstoffflüsse zwischen Atmosphäre und Land und Ozean, aber diese sind im Wesentlichen im Gleichgewicht. Der zusätzlich von uns in Form von Kohle, Öl oder Gas ausgegrabene Kohlenstoff wird nur sehr schlecht von diesem Kreislauf resorbiert.

Es gibt ein paar interessante permanente Senken für zusätzlichen Kohlenstoff. Sie liegen in der Verwitterung an Gesteinen, der Humusbildung und dem Absinken von organischem Material wie Algen in den tiefen Ozean. Diese Prozesse sind aber limitiert und sehr langsam. Kleinere temporäre Effekte spielen eine gewisse Rolle; so scheint es, dass in einer wärmeren, feuchteren Atmosphäre mit mehr CO_2 auch das Pflanzenwachstum in manchen Bereichen zunimmt, und Pflanzen lagern bei

40 Die Versauerung der Meere ist ein wichtiges und großes Problem. Sie greift das Ökosystem der Ozeane an. Ich werde hier nicht darauf eingehen, aber sie ist offensichtlich ein weiterer wichtiger Grund dafür, den Ausstoß von Kohlendioxid zu stoppen.

ihrem Wachstum natürlich CO_2 in Blätter und Stämme ein. Aber diese Prozesse können die enorme Menge an Kohlenstoff, die wir emittieren, nicht permanent aufnehmen.

Das bedeutet nebenbei, dass es das Problem leider auch nicht wirklich löst, sondern nur abmildert, wenn man Veganer wird. Die Landwirtschaft und insbesondere die Tierhaltung verursachen Treibhausgasemissionen, die sehr wichtig für das aktuelle Klimaproblem sind, aber es gibt einen grundsätzlichen Unterschied zum Verbrennen von fossilem Kohlenstoff: Der Klimaeffekt der Landwirtschaft[41] verschwindet innerhalb weniger Jahre, nachdem wir diese emissionsfrei machen, während der aus der Verbrennung von Kohle für viele Jahrhunderte anhält. Der landwirtschaftliche Klimaeffekt ergibt sich hauptsächlich aus der Düngung und dem damit verbundenen Ausstoß von Stickoxiden und der Rodung von Bäumen zusammen mit der Bodendegradation. Anders als viele Leute denken, kommt er nicht hauptsächlich vom Methanausstoß der Kühe.

Dieses Missverständnis würde ich gerne kurz aus dem Weg räumen: Zwar ist es den elektromagnetischen Strahlen der Sonne und der Erde natürlich gleichgültig, wie ein Kohlendioxidmolekül entstanden ist. Aber dennoch gibt es einen fundamentalen Unterschied zwischen dem Kohlenstoff, der durch Verbrennen von fossilen Brennstoffen entsteht, und zum Beispiel dem, den wir und andere Tiere ausatmen oder anderweitig ausstoßen. Den in

41 Also der Beitrag, der nicht aus dem Verbrennen von fossilem Kohlenstoff zum Beispiel von Benzin oder aus dem Roden von Bäumen herrührt.

Form von CO_2 oder Methan (CH_4) ausgestoßenen Kohlenstoff haben wir vor Kurzem durch unsere Nahrung aufgenommen. Diese Nahrung war entweder ein anderes Tier oder eine Pflanze. Wenn es ein anderes Tier war, dann hat es entweder vorher eine Pflanze gefressen oder wiederum ein anderes Tier. In jedem Fall ist das Kohlenstoffatom, das wir ausatmen, vor kurzer Zeit Teil der Vegetation gewesen. Diese ist gewachsen und hat dabei Kohlendioxid aus der Atmosphäre entnommen und über die Fotosynthese in Pflanzenmaterial umgewandelt. Die Atmung der Tiere und Menschen und die Fotosynthese der Vegetation bilden einen wundervoll komplementären Kreislauf. Sauerstoff und Nahrung werden zu Kohlendioxid veratmet. Kohlendioxid und Sonnenlicht werden zu Sauerstoff und Pflanzenwachstum synthetisiert. Genauso wenig, wie unsere Atemluft die Klimakatastrophe verursacht, genauso wenig sind die Ausgasungen der Tiere das Hauptproblem des Klimawandels. Der Methanausstoß der Tiere trägt in ähnlicher Weise wie der beim Reisanbau entstehende zum Klimaeffekt bei, weil Methan (CH_4) ein etwa zwanzigmal potenteres Treibhausgas ist als Kohlendioxid (CO_2). In der Atmosphäre zerfällt es aber innerhalb weniger Jahre in Kohlendioxid und wird damit in demselben Sinne »neutralisiert« wie unsere Atemluft.

Es gibt sehr, sehr viele gute und wichtige Gründe, weniger oder gar kein Fleisch zu essen, und auch der Klimawandel ist ein guter Grund.[42] Aber das Methanproblem der Rinder steht nicht im Zentrum des Klimaproblems,

42 Insbesondere ist die Verringerung des Fleischkonsums absolut notwendig, wenn die Erwärmungsgrenze von 1,5 Grad einge-

weil es sich qualitativ anders verhält als der fossile Kohlenstoff. Der Klimawandel, der durch Rinder verursacht wird, geht sofort zurück, wenn es weniger Rinder auf der Erde gibt. Der durch die fossilen Brennstoffe verursachte bleibt auch lange nach dem Abschalten der Kraftwerke bestehen.

Bildlich könnte man das Pflanzenwachstum, unsere Nahrungsaufnahme und unsere Atemluft als Teil eines *flachen* Kohlenstoffkreislaufs bezeichnen. Das Wort *flach* beschreibt hier die zeitliche Tiefe, wenn man so will. Die Umsatzrate des Kohlenstoffs sind hierbei Wochen bis Jahre. Im Gegensatz hierzu ist das Verbrennen von fossilem Kohlenstoff, also von Kohle, Öl und Gas, ein extrem *tiefer* Kohlenstoffzyklus. Denn diese fossilen Vorkommen sind zig Millionen Jahre alt. Sie sind, plakativ formuliert, die Dinosaurier und deren Futter, die in einem langen Prozess von Millionen von Jahren zu dem Brennstoff verpresst und umgewandelt wurden, den wir heute in unsere Kraftwerke und Fahrzeuge füllen.

Während dieser Zeit wurde das Kohlendioxid aus der Atmosphäre entnommen und bildete über viele Millionen Jahre hinweg die fossilen Brennstoffe. Konsequenterweise ist die Erwärmung, die wir zu erwarten haben, wenn wir alle in der Erde gefundenen Vorkommen verbrennen, vergleichbar mit der Temperatur, die die Erde hatte, als die Dinosaurier vor 100 Millionen Jahren unseren Planeten bewohnten. Ich zeichne hier mit Absicht ein simples Bild, weil es an dieser Stelle nicht um Paläokli-

---

halten werden soll, was erklärtes Ziel aller Bundestagsparteien außer der AfD ist.

matologie gehen soll. Es ist aber wichtig, zu verstehen, dass die verschiedenen Bereiche der Klimaforschung mit ihren verschiedenen Methoden und Ansätzen natürlicherweise zu den gleichen Schlussfolgerungen kommen. Der Fakt, dass der gesamte Planet vor 100 Millionen Jahren, zur Kreide- und Jurazeit, eisfrei war, ist konsistent mit den Funden von Krokodilfossilien in Polnähe und auch konsistent mit den physikalischen Gesetzen und den auf ihnen beruhenden Computersimulationen.

Diese Klimasimulationen zeigen eine Erderwärmung von etwa 15 Grad Celsius über dem vorindustriellen Niveau, wenn wir alle gefundenen Vorkommen fossiler Brennstoffe verfeuern. Die physikalischen Berechnungen der Dynamik und Thermodynamik des Eises der Antarktis zeigen, dass diese Erwärmung den Kontinent tatsächlich eisfrei machen würde (Garbe et al., 2020). Da die Antarktis am Südpol die kälteste Eismasse unseres Planeten beherbergt, bedeutet dies, dass dann auch alles sonstige Eis auf der Erde geschmolzen und der Meeresspiegel weltweit mehr als 70 Meter höher wäre. Die Ergebnisse der Klimaforschung basieren auf den Grundgesetzen der Physik, und über die Jahrzehnte zeichnen sie ein immer klareres und reichhaltigeres Bild.

Eine Vielzahl von Methodiken und Disziplinen beleuchtet das Klimasystem von allen Seiten. Und es passt alles zusammen: Kohlendioxid erhöht die Temperatur unseres Planeten, und es bleibt für sehr lange in der Atmosphäre, nachdem es einmal emittiert wurde. Das bedeutet, dass die Temperatur der Erde so lange ansteigt, wie wir fossilen Kohlenstoff verbrennen. Im Umkehrschluss heißt das, dass wir unser Klima nur stabilisieren, also auf einem konstanten Temperaturniveau halten können, wenn wir die Emissionen praktisch auf null fahren. Dann steigt der CO_2-Gehalt der Atmosphäre nicht mehr, und die Temperatur steigt auch nicht mehr oder nur noch ziemlich kurz. Sie sinkt dann auch nur sehr langsam wieder, aber der Stopp des Anstiegs ist das Beste, was wir erreichen können.

Diesen Umstand beschreibt man häufig auch als »Netto-Nullemissionen«. Das »netto« bedeutet »unterm Strich«. Also dass wir faktisch fast nichts mehr emittieren dürfen – und dass wir das, was wir noch emittieren, wieder aus der Atmosphäre herausholen müssen. Techniken, die Kohlendioxid aus der Atmosphäre holen, existieren. Sie sind aber sehr energieaufwendig und bislang nicht einmal ansatzweise in der richtigen Größenordnung verfügbar. Über dieses Thema wäre viel zu sagen, und es wird auch sehr viel darüber geschrieben. Für dieses Buch ist diese Diskussion nicht entscheidend, denn praktisch ändert sie nichts an der faktischen Nullgrenze für Emissionen.

Bildlich ausgedrückt ist die Atmosphäre also ein Eimer, den wir mit Kohlendioxid füllen. Sie ist kein Waschbecken, in das wir ständig etwas hineinlaufen lassen können, weil es durch den Abfluss wieder abläuft. Das ist ein entscheidender Unterschied. Denn eine von uns festgelegte Erwärmungsgrenze von zum Beispiel 1,5 Grad oder 2 Grad oder auch 3 Grad oder gar 4 Grad ist aus genau diesem Grund – Eimer, nicht Waschbecken – mit einer bestimmten Menge an Kohlendioxid verbunden. Dieses sogenannte Kohlendioxidbudget bestimmt, wie viel wir noch emittieren dürfen, wenn wir eine bestimmte Erwärmungsgrenze nicht überschreiten wollen. Die Einhaltung dieser Grenze führt zu einer Faltung.

Ich möchte an dieser Stelle noch eine kurze Exkursion zu zwei Aspekten des Kohlenstoffzyklus machen, die relevant und vielen nicht klar sind, aber nicht von der Hauptaussage dieses Abschnitts ablenken sollen.

Diese Punkte betreffen zwei Treibhausgasquellen, die eine besondere Stellung einnehmen. Wie gesagt ist der Kohlenstoff, den die Tiere und Menschen ausatmen, vor Wochen beziehungsweise Jahren von Pflanzen für ihre Blätter und Stängel und Stämme als Kohlendioxid aus der Luft geholt worden. Im Gegensatz hierzu ist der Kohlenstoff der Kohle, genauso wie des Erdöls und des Erdgases, seit zig Millionen Jahren nicht in der Atmosphäre gewesen. Zwar ist auch dieser Kohlenstoff einst von Pflanzen aus der Luft geholt worden, aber in einem völlig anderen Zeitalter, und danach war dieser Kohlenstoff sicher eingelagert in den stark verdichteten fossilen Ressourcen unter der Erde.

Zwischen dem Kohlenstoff des Ausatmens und dem der fossilen Brennstoffe gibt es noch etwas Drittes. Und das sind die Bäume. Sie sind oft Jahrhunderte alt und stellen damit sehr langfristige Kohlenstoffsenken dar. Wenn wir Bäume roden, um landwirtschaftliche oder Bauflächen zu schaffen, und wenn wir das gar in Urwäldern tun, dann bringen wir Kohlenstoff in die Atmosphäre, der seit langer Zeit nicht darin war. Wir erwärmen den Planeten auch damit langfristig, ähnlich wie beim Verbrennen von Fossilen.

Eine weitere außergewöhnliche Quelle von Kohlenstoff ist der Permafrost, also der dauerhaft gefrorene

Boden vor allem in Sibirien und Kanada. Wenn dieser auftaut, dann erwacht darin biologische Aktivität, die Treibhausgase produziert. Wenn Sauerstoff zur Verfügung steht, entsteht dabei Kohlendioxid, das CO_2. Wenn der Sauerstoff aber fehlt, weil sich die Prozesse im matschigen Untergrund vollziehen, dann bildet sich stattdessen Methan, also CH_4. In jedem Fall entstehen Treibhausgase, die nicht vor Kurzem aus der Atmosphäre entnommen wurden, sondern deren Ausgangsstoffe lange eingefroren waren. Ebenso wie verbrennende oder verwesende Bäume ist der Permafrost eine Quelle zusätzlicher Erwärmung, wenn er auftaut, und stellt dann eine wichtige und für uns gefährliche Reaktion des Erdsystems auf den menschengemachten Klimawandel dar. Er ist ein verstärkender Effekt, aber natürlich nicht die Ursache.

Am Anfang und im Kern des Klimaproblems steht das Verbrennen von fossilen Brennstoffen durch den Menschen. Die hierbei entstehenden Treibhausgase verändern die Energiebilanz unseres Planeten und induzieren verstärkende Rückkopplungen, die die Temperatur der Erde erhöhen. Nur wenn wir aufhören, Kohlendioxid auszustoßen, können wir das Klima unseres Planeten stabilisieren. Sollten wir das nicht tun, so droht mit der Destabilisierung des Klimas, dem damit einhergehenden Feuerwerk von Wetterextremen und den Folgen für Ernten und Wirtschaft eine Destabilisierung unserer Gesellschaft. Dieses Problem braucht eine Lösung. Es kann nicht so weitergehen wie bisher. So einfach ist es. Aber wie machen wir das?

6.2 Kohlendioxid braucht eine Grenze und einen Preis

Wir müssen vollständig aufhören, fossilen Kohlenstoff zu verbrennen. Um zu verstehen, warum das so schwierig ist, hilft es, sich klarzumachen, dass die Wohlstandsentwicklung seit der industriellen Revolution untrennbar mit der fossilen Energiegewinnung verknüpft war. Der damit verbundene technische Fortschritt wiederum ist eng mit gesellschaftlichen Errungenschaften wie humanen Arbeitsbedingungen, der rechtlichen Abschaffung der Diskriminierung nach Hautfarbe oder sexueller Orientierung und der Emanzipation von Frauen verknüpft. Auch wenn es manchen Menschen aus der derzeitigen Position des Wohlstands heraus leichtfällt, Wirtschaftswachstum zu verdammen, weil es mit zerstörerischem Konsum verknüpft ist, so ist das für große Teile der Erde und auch große Teile unserer eigenen Geschichte zu einfach gedacht.

Die Entwicklung und Verbreitung technischer Errungenschaften hat es uns erlaubt, unsere Bedürfnisse mit stark verringerter Arbeitskraft zu befriedigen, und das hat insgesamt unsere gesellschaftliche Entwicklung ermöglicht. In Bezug auf die ärmeren Regionen der Erde bringt uns das in ein Dilemma. Denn natürlich haben Menschen überall auf der Welt den Anspruch, die Entwicklung zu mehr Wohlstand nachzuholen, dort, wo sie hinter dem Lebensstandard hoch entwickelter Länder zurückliegen. In der heutigen Wirtschaftsweise bedeutet das, dass in vielen ärmeren Ländern der Verbrauch von fossilen Brennstoffen weiter zunimmt. Gerade von diesen Energieträgern aber, die bisher scheinbar untrennbar mit

Wohlstandssteigerung verknüpft waren, müssen wir uns weltweit innerhalb der nächsten zwanzig bis dreißig Jahren verabschieden.

Wie können wir das also hinkriegen: weltweiten Wohlstand ausbauen und uns zugleich von der Nutzung der fossilen Brennstoffe lösen, die in der Vergangenheit viel von der Entwicklung des Wohlstands ermöglicht haben?

Es gibt verschiedene, aber nicht unendlich viele Möglichkeiten, das zu erreichen. Der für viele, die sich Sorgen um den Klimawandel machen, naheliegendste Ansatz ist es, den Kohlendioxidausstoß einfach zu verbieten. Dabei muss uns aber klar sein, dass unser gesamtes Leben derart eng mit dieser Energieversorgung verknüpft ist, dass ein Verbot nicht über Nacht geschehen kann.

Das ist das erste Dilemma, das wir auflösen müssen. Unser CO_2-Budget ist extrem knapp, und unsere Art zu leben ist derzeit abhängig von der Menge, die wir noch ausstoßen. Lassen Sie mich das kurz illustrieren: Das verbleibende Kohlenstoffbudget für die Einhaltung der 1,5-Grad-Grenze, die von vielen Wissenschaftlern und weiten Teilen der Gesellschaft als notwendig angesehen wird, um gefährlichen Klimawandel zu vermeiden, ist sehr klein. Wenn man dieses Budget zu gleichen Teilen auf die Bevölkerung der Erde aufteilen würde[43], dann hätten die Vereinigten Staaten bei ihrem derzeitigen Verbrauch ihr Restbudget innerhalb von etwa fünf Jahren (also 2029) aufgebraucht.

Versuchen wir uns diese Skala einmal wirklich klarzumachen: Ein Land, in dem bei der letzten Präsidentschaftswahl 2020 etwa 70 Millionen Menschen für

43 Also jedem Erdenbürger die gleiche Menge zuteilen würde.

Donald Trump gestimmt haben – Menschen, die wie ihr Idol den Klimawandel leugnen und jede Maßnahme gegen den Klimawandel für eine Art staatlichen Terror halten –, müsste innerhalb von fünf Jahren vollständig aufhören, Kohlenstoff zu verbrennen. Keine Kohlekraftwerke mehr, keine Gaskraftwerke, keine Fahrzeuge mit Verbrennungsmotoren mehr. Menschen in Alaska könnten nicht mehr heizen, den Menschen in New York könnten die Lebensmittel nicht mehr mit dem Lkw gebracht werden, Menschen in Texas müssten ihre Air Condition ausschalten. Die USA wären kaum in der Lage, innerhalb der nächsten fünf Jahre alle fossilen Energieträger durch Alternativen zu ersetzen. Deshalb würden die Stromversorgung, das Internet und die Versorgung mit Lebensmitteln zusammenbrechen. Ich glaube, man darf behaupten, dass das in den USA zu einem Bürgerkrieg führen würde.

Hinzu kommt, dass eine Gleichverteilung des Restbudgets auf die Weltbevölkerung nicht einmal besonders fair wäre. Denn Europa und die USA haben in den letzten hundert Jahren den Großteil der Emissionen verursacht. Entsprechend müssten sie eigentlich schneller auf null sein als der Rest der Welt. Das aber würde die Frist für die USA noch mal verkürzen.

An dieser Illustration lässt sich ablesen, dass ein sofortiges Verbot nicht funktionieren kann. Aber auch, dass wir uns damit abfinden müssen, keine wirklich faire Lösung erreichen zu können. Auch wenn das frustrierend ist, bleibt entscheidend, dass wir das Klimaproblem überhaupt und so schnell und gerecht wie möglich lösen. Gerechtigkeit muss hierbei ein zentraler Leitfaden sein, und doch bleibt sie, so traurig das ist, ein unerreichbares Ideal in einer komplexen Welt. Die praktische Lösung lautet: Alle Länder müssen *so schnell wie möglich* auf null.

Wenn ein sofortiger Ausstieg aus den Fossilen aber nicht realisierbar ist, dann muss man eine Karenzzeit einbauen und ankündigen, dass zum Beispiel in Deutschland im Jahr 2040 jeglicher Verbrauch, jegliche Förderung und jeglicher Import dieser Brennstoffe verboten wird. Dann hätten die Industrie und die Bevölkerung Zeit, sich an dieses neue Gesetz anzupassen. Das könnte funktionieren.

Ein vollständiges Verbot ist zudem klar implementierbar. Es wäre eine Grenzziehung im Sinne der Faltung: Ein Verbot in zwanzig Jahren, das uns Zeit lässt, unsere Wirtschaft umzustellen, das darüber hinaus sogar dazu beitragen würde, Innovation und Arbeitsplätze zu generieren – darin liegt die Stärke einer Grenze im Sinne der Faltung. In gewisser Weise ist das der Weg, den Europa gerade geht.

Es gibt aber noch eine weitere Komplikation. Die Frage ist nämlich, ob solch eine Grenze tatsächlich praktisch durchgesetzt wird, wenn das Datum der Implementierung zunächst in weiter Ferne liegt und dann immer näher rückt. Eine harte Grenze in ferner Zukunft verlangt eine große Bereitschaft zu vernunftgeleitetem, vorausblickendem Handeln und langfristiger Planung, und das nicht nur in Deutschland, sondern weltweit. Es ist fraglich, ob alle Wirtschaftssektoren und Privatpersonen sich in der verbleibenden Zeit bis zum Kohlenstoffverbot vernünftigerweise langsam von diesen Technologien verabschieden. Das bedarf einer strategischen Weitsicht, die man wahrscheinlich nicht jeder Einzelperson und nicht einmal den Unternehmen in einem derart systemrelevanten Bereich wie dem der Energieversorgung überlassen kann. Es ist unwahrscheinlich, dass im Jahr der Implementierung dann alle Haushalte ohne Gas- und Ölheizungen auskommen und dass Konzerne wie Exxon Mobil sich von ihrem derzeitigen Geschäftsmodell verabschiedet haben. Man braucht also eine Möglichkeit, diesen Übergang ökonomisch zu begleiten, um sicherzustellen, dass er auch vollzogen wird.

Der Europäische CO_2-Emissionshandel ist das politische Instrument zur Umsetzung genau solch einer unumstößlichen Grenze, wie sie die Faltung benötigt. Die Lösung, die hier ersonnen wurde, ist eine Kombination aus wirtschaftlicher Marktdynamik und politischem Verbot: der sogenannte *Cap-and-Trade*-Emissionshandel. Dabei steht das »Cap« für ein Begrenzen des Ausstoßes von Treibhausgasen durch Emissionszertifikate, deren Zahl langsam immer weiter verringert wird. Das »Trade« steht für den Handel dieser Zertifikate.

Viele Menschen würden vielleicht eine reine Anreizlösung ohne Verbot bevorzugen und erneuerbare Energien einfach gerne so stark fördern und subventionieren, dass sie Kohle, Öl und Gas vom Markt verdrängen. Das funktioniert leider nicht. Diese Art von ökonomischen Mechanismen wird seit Jahrzehnten von Ökonomen wie Ottmar Edenhofer und seinen Arbeitsgruppen untersucht und ist in weiten Bereichen auch verstanden. Das Problem hier ist, dass bei einer reinen Subventionierung einerseits zwar mehr Erneuerbare verwendet würden, aber gleichzeitig auch die Nachfrage nach fossilen Energien verringert und diese dadurch fatalerweise billiger würden, wodurch die Nachfrage steigt. Durch diesen einfachen Mechanismus – manchmal den Rebound-Effekt genannt – werden zwar weniger fossile Brennstoffe insgesamt verbraucht, aber diese Verringerung wird stark gedämpft. Da fossile Brennstoffe quasi ein Geschenk der Natur an die Kohle-, Gas- und Ölstaaten sind, kann ihr Preis sehr niedrig gehalten werden, und es ist fast unmöglich, auf diese Weise auf null Kohlendioxidemissionen zu kommen.

Es genügt also nicht, Erneuerbare zu fördern, um das gesellschaftlich gewünschte Ziel von Nullemissionen zu erreichen. Dafür braucht es eine gesetzte Grenze. Will man jedoch nicht einfach nur ein Ausstiegsdatum setzen, dann müssen Zwischenziele angegeben werden, und dann wird es kompliziert. Denn alles, was nicht null bedeutet, wirft die Verteilungsfrage auf. Wer darf wann wie viel ausstoßen? Welcher Wirtschaftssektor muss schneller aussteigen und welcher weniger schnell? Welche Firma innerhalb eines Sektors muss wie schnell reduzieren?

Werden diese Fragen vom Staat beantwortet, dann bringt uns das planwirtschaftliche Verhältnisse, und das birgt eine ganze Reihe fundamentaler Probleme. Planwirtschaft entspricht einem hierarchisch organisierten Mikromanagement und hat damit alle Probleme, die solche Strukturen immer haben. Erstens können die Lösungen, die eine Hierarchie generiert, im Allgemeinen nicht klüger und innovativer sein als die Spitze, die alles leitet. Das ist ein grundsätzliches Problem und ist in totalitären Regimen in der Geschichte dokumentiert. Die Wahrscheinlichkeit, dass eine Planwirtschaft die optimalen Lösungen findet, ist nicht sehr hoch. Die Frage, welche in den verschiedenen Wirtschaftssektoren die schnellsten Pfade aus der Abhängigkeit von fossilen Brennstoffen sind, lässt sich aus den Unternehmen heraus besser beantworten als von einer zentral regierenden Politikelite.

Zudem ist Korruption in einer Planwirtschaft attraktiv für alle Beteiligten, sie macht das System träge und langsam. Beides können wir uns bei einem so dringenden Problem wie dem Klimawandel nicht leisten.

Eine Alternative besteht darin, dem Ausstoß von Kohlendioxid einen Preis zu geben und damit den Gebrauch fossiler Energien unattraktiv zu machen. Der Vorteil ist, dass die Verteilung des Ausstoßes auf die verschiedenen Wirtschaftssektoren genauso wie die Verteilung auf die verschiedenen Unternehmen vom Markt geregelt werden kann. Man macht also die Erneuerbaren billiger und die Fossilen teurer, bis man auf null ist.

Derzeit werden vor allem zwei Methoden der CO_2-Bepreisung diskutiert bzw. angewendet. Die eine ist eine Kohlendioxidsteuer und die andere der Emissionshandel.

Die Kohlendioxidsteuer ist sehr einfach zu verstehen. Für jede Tonne an Kohlenstoff, die verbrannt wird, muss eine Steuer an den Staat bezahlt werden – ähnlich wie bei der gesonderten Besteuerung von Tabak und Alkohol. Hierbei wird der Preis meistens nicht für den Kohlenstoff, sondern für das Kohlendioxid angegeben. Da die Übersetzung des einen in das andere von der Physik festgeschrieben ist[44], macht das keinen Unterschied. Eine

---

44 Ein Kohlenstoffatom hat eine Molmasse von etwa 12 Gramm. Sauerstoff hat etwa 16 Gramm. Das bedeutet, dass aus einer Tonne Kohlenstoff etwa 3,67 Tonnen Kohlendioxid werden – genauer 11/3 Tonnen. Entscheidend ist, dass das Verhältnis unveränderlich ist.

Kohlendioxidsteuer führt dazu, dass es wirtschaftlich unattraktiver wird, Kohle, Öl und Gas zu verbrennen, und damit ein Anreiz geschaffen wird, die Nutzung fossiler Energien zu reduzieren. Die Steuer ist für die Bevölkerung leicht zu verstehen und damit transparent. Das ist einerseits gut, birgt aber das Problem der Akzeptanz. Um diese zu erhöhen und niedrigere Einkommensgruppen in der Gesellschaft nicht zu belasten, kann man die Einnahmen direkt und vollständig an die Bevölkerung zurückgeben, in Form eines sogenannten Klimageldes. Wenn für jeden Einwohner das Klimageld gleich wäre, dann würden Menschen mit durchschnittlich weniger Emissionen dabei ein Plus machen und starke Emittenten finanziell belastet.

Eine fundamentale Eigenschaft der Besteuerung ist aber, dass man hiermit den Preis des Kohlenstoffs kontrolliert, nicht jedoch direkt die Größe, die relevant für das Klima ist – nämlich die Menge. Volkswirtschaftlich erreicht man mit diesem Instrument schon eine klare Reduktion des Ausstoßes; wer es sich jedoch leisten kann, wird weiterhin CO_2 emittieren. Um die Menge der Emissionen zu kontrollieren, muss man deshalb die Steuer potenziell verändern. Will man Nullemissionen erreichen, dann muss man sie stetig höher treiben oder von vornherein wissen, ab welchem Preis wirklich kein Wirtschaftssektor mehr Kohlendioxid ausstoßen wird. Dabei ergibt sich noch eine weitere Problematik. Denn selbstverständlich werden die Unternehmen die Kohlenstoffsteuer an die Verbraucher weiterleiten, und das erzeugt in der Bevölkerung das Gefühl, der Staat würde sich an dieser Preiserhöhung direkt bereichern, während das eigentliche Ziel die Kohlendioxidreduktion ist. Auch diesem Aspekt kann mit einem Klimageld begegnet werden, aber es bleibt eine stetige Verhandlung, die die Politik mit der Wirtschaft und der Bevölkerung eingeht. Das wäre möglich, aber politisch vermutlich nicht über viele Legislaturperioden und unterschiedliche Regierungszusammensetzungen zu bewerkstelligen. Ein Gegenbeispiel hierfür ist Schweden, das seit 1991 eine CO_2-Steuer hat. Allerdings sind auch die Skandinavier noch nicht auf Nullemissionen.

Die Alternative ist der sogenannte Emissionshandel, der seit 2005 in Europa implementiert ist. Hierbei werden Emissionsrechte an die verschiedenen Länder und hier die verschiedenen Wirtschaftssektoren verteilt und nach einem transparenten Schema regelmäßig verringert. Durch das reduzierte Angebot steigt der Preis. Diese Methode hat den klaren Vorteil, dass die Gesellschaft die tatsächliche Menge an Emissionen kontrolliert. Die Firmen können ihre Emissionsrechte oder Emissionszertifikate untereinander handeln. Damit wird der Preis des Kohlenstoffausstoßes zur variablen Größe, während die Menge, die insgesamt emittiert wird, sich nicht verändert: Es darf nicht mehr emittiert werden, als durch die vorhandenen Zertifikate erlaubt ist. Hierin liegt ein fundamentaler Unterschied zur Kohlendioxidsteuer, bei der es genau andersherum ist.

Der Emissionshandel hatte vor allem anfänglich große Probleme in der Umsetzung. Um die Akzeptanz des Emissionshandels vor mehr als 15 Jahren zu erhöhen, wurden die Emissionsrechte zunächst kostenlos an die Firmen verteilt. Damit war es einem Unternehmen möglich, dadurch Gewinn zu machen, dass es überschüssige Zertifikate, die es nicht brauchte, auf dem Markt verkaufte.[45] In Zeiten, in denen die Einsicht in die Notwendigkeit von Klimaschutz weniger verbreitet war, war dies ein starkes Argument für die Einführung. Klimaschutz war nicht teuer, sondern konnte Geld einbringen. Der Anreiz zur Kohlendioxidreduktion war positiv, nicht negativ.

Man erkennt aber sofort die Probleme, die damit entstehen. Denn dadurch, dass die Zertifikate verschenkt wurden, musste die EU entscheiden, welches Land wie viele Emissionen erhält, und die Länder mussten entscheiden, welcher Sektor und sogar welche Firma wie viel Verschmutzungsrechte erhält. Die Marktdynamik greift also beim Handel, aber nicht bei der jährlichen Verteilung der Rechte. So entsteht auch hier die Gefahr von Korruptionsanfälligkeit und Ineffizienz bei der Lösungsfindung. Durch das zunehmende Auktionieren der Emissionsrechte wird dieser Aspekt verbessert. Die Zertifikate werden heute nicht mehr kostenlos abgegeben, sondern versteigert.

Der Europäische Emissionshandel war bei seiner Einführung ein weltweites Novum und hatte damit einige »Kinderkrankheiten«, zu denen es mittlerweile eine umfangreiche wissenschaftliche Literatur gibt. Am Anfang war der CO_2-Preis so niedrig – und die Zahl der Zertifikate so hoch –, dass der Emissionshandel mehr in den Marketingabteilungen der Firmen als in der tatsächlichen Strategieplanung behandelt wurde – man schmückte sich

45 Den meisten Gewinn haben die Unternehmen aber tatsächlich damit gemacht, dass sie den CO_2-Preis beim Endprodukt eingepreist haben (zum Beispiel durch höhere Strompreise), obwohl die Zertifikate umsonst waren.

damit als »grünes« Unternehmen, zog aber nicht ernsthaft in Betracht, den für die Reduktion der Emissionen notwendigen Strategiewechsel einzuleiten. Professor Edenhofer und seine Gruppe zeigten damals, dass der Emissionspreis, wie er am Markt gehandelt wurde, direkt widerspiegelte, was die Firmen über die EU-Politik in Brüssel dachten. Er war eine Spekulation auf die Standhaftigkeit der Politiker, etwa wie stark Zertifikate am Ende wirklich verknappt werden oder eben auch nicht, und hatte praktisch keinen Einfluss auf die langfristige Planung in den Firmen. Während der Finanz- und Wirtschaftskrise von 2008 und 2009 wurden kurzfristig weniger Zertifikate gebraucht. Das daraus entstandene erhöhte Angebot verringerte die Preise zusätzlich. Das Problem war, dass diese überschüssigen Zertifikate von Jahr zu Jahr übertragen werden konnten und damit das Angebot permanent über der Nachfrage blieb. Der Preis war damit für lange Zeit so niedrig, dass der Emissionshandel weiterhin mehr zum Greenwashing verwendet wurde und keinen Einfluss auf die Zukunftsplanung der Unternehmen hatte.

Die Politik traute sich nicht, dem entgegenzuwirken und die Anzahl der Zertifikate zu reduzieren, denn das Argument der Industrie war oberflächlich betrachtet stichhaltig: Ihr habt die Menge vorgegeben, die wir emittieren sollen. Wenn wir weniger emittieren, ist doch alles gut, dann ist doch das Ziel erreicht. Wenn ihr die Zertifikate hingegen verringert, dann zeigt ihr damit nur, dass ihr eigentlich nicht den Klimawandel aufhalten, sondern der Wirtschaft schaden wollt. Das wollte sich kein Politiker sagen lassen, und so blieben die Zertifikate im Handel.

Dieses Argument ist kurzsichtig, denn die eigentliche Rolle des Handels besteht ja darin, den Firmen Hilfe beim Strukturwandel hin zu Nullemissionen zu sein; als Bestrafung für Kohlenstoffemissionen kann den Zertifikathandel nur empfinden, wer sich gegen den Wandel stellt. Wie wenig Unternehmen damit geholfen ist, sich dem Wandel zu verweigern, kann man daran sehen, dass VW und die anderen deutschen Autobauer die Umstellung auf E-Mobilität lange Zeit einfach verschlafen haben, sodass ihnen Unternehmen wie Tesla und chinesische E-Auto-Bauer gerade den Rang ablaufen. Seine Lenkwirkung kann der Emissionshandel aber nur entfalten, wenn der CO_2-Preis hoch genug ist.

Auch heute ist es noch so, dass ein kleiner Teil der Emissionsrechte frei vergeben wird. Ein immer größer werdender Teil wird aber per Auktion versteigert. Das macht den Handel weniger attraktiv für die Firmen, weil Kosten entstehen. Außerdem verlieren die Länder hiermit an Einfluss und können weniger auf nationale Partikularinteressen eingehen. Die Auktionierung ist aber entscheidend, damit die Marktdynamik schon bei der Verteilung der Emissionsrechte greift. Der Preis für Kohlendioxid ist mittlerweile auf ein Niveau angestiegen, der ihn zu einem strategieverändernden Aspekt in der Kalkulation von Firmen macht. Genau wie es ursprünglich gedacht war. Im Jahr 2023 stieg der Preis erstmals auf zwischenzeitlich mehr als 100 Euro pro Tonne CO_2 – was wenige Jahre zuvor noch undenkbar erschien. Damit zeigt der Emissionshandel endlich Wirksamkeit.

Entscheidend ist, dass der Staat im Falle des Emissionszertifikathandels die Menge an Emissionen kontrolliert und nicht ihren Preis. Das erfüllt direkt den Auftrag der Bevölkerung an die Politik, der nämlich darin besteht, den Klimawandel zu stoppen, und nicht darin, Kohlendioxidemissionen teurer zu machen. Letzteres ist nur ein Mittel zum Zweck. Auch wenn die beiden Faktoren gekoppelt sind, der CO_2-Preis und die CO_2-Emissionen, so ist es doch, gerade im Gedanken der Faltung, besser, direkt das zu verringern oder zu verbieten, was man nicht mehr möchte.

Die tatsächliche Aufgabe des Emissionshandels besteht darin, die absolute Grenze von Nullemissionen, die in zwei bis drei Jahrzehnten kommt, in die Gegenwart zu transferieren. Der Zertifikathandel soll den Unternehmen schon heute einen Anreiz zum Strategiewechsel geben. Auf diese Weise soll er die Grenzen, die uns das Klimasystem setzt, für die Wirtschaft praktisch spürbar machen. Denn durch die Zeitverzögerung im Klimasystem zeigen sich Folgen, die wir jetzt verursachen, physikalisch erst in einigen Jahrzehnten. Der Emissionshandel soll diese Konsequenzen unseres Handelns in die Wirtschaftsdynamik einfließen lassen, sodass damit die Faltung induziert wird. Die Grenzen werden damit Teil der Dynamik.

Es geht dabei auch nicht um die kurzfristige Reduktion von Emissionen in einem konkreten Jahr, sondern darum, den Unternehmen ein Werkzeug an die Hand zu geben, das deutlich macht: Die bisherige Produktionsweise wird in Zukunft nicht mehr funktionieren, deshalb sollten Unternehmen besser früher als später auf eine andere, CO_2-freie Produktionsart umstellen. Der Emissionshandel gibt hierfür die Zeit, aber er erhöht den Druck von Jahr zu Jahr, sodass der Anreiz für die Veränderung immer stärker wird. Je schneller eine Firma die Umstellung auf die Zukunftstechnologie schafft, desto schneller wird sie belohnt und hat einen Wettbewerbsvorteil gegenüber anderen Firmen.

Wenn der Anreiz entfällt, weil der Preis zu niedrig ist, dann muss man wieder auf die Vernunft der Chefetagen hoffen oder gar auf die der Anteilseigner. Der Emissionshandel erfüllt nur dann seinen Zweck, wenn er diese Vernunft mit direktem Anreiz unterstützt. Mittlerweile klappt das ganz gut. Der Zertifikatspreis liegt seit Mitte 2021 zwischen 50 und 100 Euro pro Tonne Kohlendioxid und muss damit in der Mittel- und Langzeitstrategie der Firmen berücksichtigt werden. Die Europäische Kommission hat damit ein Instrument, die Emissionsreduktionsziele direkt umzusetzen. Lange Zeit war der Emissionshandel auf europäischer Ebene aber im Wesentlichen auf den Energie- und Industriesektor beschränkt.

Im Dezember 2022 hat die EU-Kommission in ihrem »Fit for 55«-Paket die Einführung des Emissionshandels für Gebäude und Verkehr beschlossen.[46] Interessant ist dabei die Frage, ob es bei zwei separaten Handelssystemen bleibt. Dagegen spricht einerseits, dass es dem Klima egal ist, aus welchem Wirtschaftssektor das Kohlendioxid kommt. Für die Atmosphäre spielt es keine Rolle, ob das fossile Kohlendioxid aus einem Lkw-Auspuff oder einem Kohlekraftwerk kommt. Auch wirtschaftlich könnte man denken, dass sich die Marktkraft am besten entfalten kann, wenn dieselben Dinge – in diesem Fall CO_2-Zertifikate – in einem Markt gehandelt werden können.

---

46 ETS-2 = Emission-Trading-Scheme 2 = Emissions-Handelsschema 2.

Ein starkes Argument für getrennte Systeme ist aber der Fakt, dass am Anfang sehr unterschiedliche Investitionen notwendig sind, um die verschiedenen Sektoren auf einen Nullemissionspfad zu bringen. Diese Investitionen pro eingesparter Tonne Kohlendioxid sind im Verkehrs- und Gebäudesektor wesentlich höher als im Energiebereich, entsprechend müsste auch der CO_2-Preis hier höher sein. Würden die Handelssysteme vereint, dann würden sich Gebäude- und Verkehrsbereich erst mal den relativ geringen Preis leisten, ohne selbst schon Übergangsstrategien einzuleiten. Da das Ziel aber der Übergang zu Nullemissionen ist und der Handel nur ein Mittel zum Zweck, indem er den Strukturwandel belohnt, braucht es separate Märkte. Diese Trennung existiert zwar derzeit, aber leider ist die Preisverteilung genau falsch herum. In der Politik macht man sich Sorgen, dass sich ein höherer Preis im Verkehr direkt auf die Verbraucher auswirken würde, deshalb ist dieser im Moment sogar geringer als bei Strom und Heizung. Das muss sich rasch ändern.

Zusammenfassend sind, glaube ich, folgende Gedanken hilfreich bei der Beurteilung des Emissionshandels. Zum einen ist physikalisch entscheidend, wie viel wir noch ausstoßen, bis wir auf null sind. Dabei ist es gleichgültig, aus welchem Wirtschaftssektor das Kohlendioxid kommt, und genauso gleichgültig, wann es ausgestoßen wird. Der Emissionshandel ist vor allem eine Hilfestellung für die Wirtschaft, um die Umstellung auf Nullemissionen zu begleiten. Es ist daher entscheidend, dass er einen Wettbewerbsvorteil generiert, wenn ein Unternehmen sich auf einen Nullemissionspfad begibt.

Die Faltung als Narrativ ist sehr kraftvoll, weil die absolute Grenze, die gesetzt wird, einfach und transparent ist, was ihre Chancen auf Akzeptanz in der Bevölkerung erhöht. Vor ihrem Hintergrund – im Falle klimawirksamer Emissionen vor dem Hintergrund der Grenze null – kann eine Mengengrenze für schädliche Stoffe wie Kohlendioxid eingeführt werden, ohne dass damit gleich das Ende der wirtschaftlichen Freiheit postuliert werden muss. Gleichzeitig zeigt das Beispiel unterschiedlicher Kohlendioxidmärkte für Verkehrs- und Energiesektor, dass im Rahmen der Transformation, die zur Erreichung der Grenze notwendig ist, detailliertere Instrumente angewendet werden können. Die einfache Regel, dass wir gar kein Kohlendioxid mehr ausstoßen dürfen, hat noch einen weiteren Vorteil, wie ich im nächsten Abschnitt zu zeigen versuche.

6.3 Faltung statt Verzicht

Lange Zeit war der Gedanke von Umweltschutz mit Verzicht verbunden. Angesichts der enormen Zerstörung, die Menschen auf unserem Planeten verursachen, ist die Vorstellung, dass wir weniger verbrauchen müssen, naheliegend. Der Weg, der bisher aber häufig zur Erreichung dieser Ziele vorgeschlagen wird, ist der des individuellen Verzichts.

Es ist mir sehr wichtig, klarzustellen, dass individueller Verzicht auf Dinge, die man für falsch und schädlich hält, etwas sehr Gutes ist. Es bedeutet, dass man sich aus Vernunft für etwas so stark engagiert, dass man bereit ist, Opfer zu bringen. Ich bin davon überzeugt, dass diese

Vernunftbegabung etwas ist, das Menschen auszeichnet, und viele Veränderungen in unserer Gesellschaft sind auf diese Opferbereitschaft zurückzuführen. Es ist einfach großartig zu sehen, dass Menschen das tun. Dass Menschen auf Transportmittel verzichten, die sie für schädlich halten. Ihre Ernährung an ihre Überzeugungen anpassen und insgesamt so einkaufen, dass es ihren ethischen Überzeugungen entspricht. Diese individuellen Handlungen haben nicht nur den direkten Nutzen, den sie bezwecken. Sie haben zusätzlich eine Strahlkraft, die andere beeinflussen und überzeugen kann.

Was hat das mit der Faltung zu tun? Die Faltung erlaubt es, moralisch begründete Grenzen für die gesamte Gesellschaft zu setzen. Für Wirtschaft und Industrie ist schon der individuelle Verzicht einzelner Verbraucher nichts, was sie sich wünschen können. Das System ist auf Wachstum ausgerichtet, und Wachstum bedeutet hier in allererster Linie, die Verkaufszahlen zu erhöhen. Dafür fließen irre Summen in die Werbung, und das der Wirtschaft inhärente Wachstum ist der Motor hinter der globalen Öffnung des Handels zur Erschließung neuer Absatzmärkte. Einem Unternehmer oder Industrievertreter zu sagen, wir brauchen Verzicht, wäre in etwa gleichbedeutend mit der Aufforderung, er solle es doch bitte unterlassen, im Wettbewerb mit Konkurrenten zu bestehen und überleben zu wollen. Jede Form von Degrowth wäre deutlich komplizierter als der individuelle Verzicht Einzelner und überhaupt nur dann möglich, wenn damit eine grundsätzliche Transformation hin zu einer Planwirtschaft verbunden wäre – deren Aussichten ich aus vielen bereits genannten Gründen für fraglich halte.

Wenn wir für den Moment einmal akzeptieren, dass wir das Klimaproblem im Rahmen des bestehenden kapitalistischen Systems lösen müssen, auch weil es dringend ist, dann ist es wenig hilfreich, bei Industrievertretern Verzicht anzumahnen und sich zu wundern, warum man damit auf Ablehnung stößt. Wenn ich, wie ich es seit mehr als zehn Jahren bei meinen Vorträgen vor Industrievertretern tue, den Zuhörern aber sage, dass wir die Emissionen so schnell wie möglich reduzieren und in absehbarer Zeit auf null bringen müssen, dann ist das etwas grundsätzlich anderes. Die erste Reaktion ist zwar immer das Gefühl, dass »null« eine extreme Form von »weniger« ist. Aber das ändert sich bei den Menschen sofort, wenn sie realisieren, dass wir für »null« nicht weniger, sondern einfach etwas prinzipiell anderes machen müssen. Alles anders machen, das ist etwas, womit die Wirtschaft arbeiten kann, denn »anders« bedeutet Innovation, bedeutet Fortschritt, nicht Rückschritt.[47]

Das ist genau der Weg der Faltung. Basierend auf der gesellschaftlichen Einsicht der Notwendigkeit wird eine Grenze festgelegt, die nicht überschritten werden darf. Gleichzeitig lässt man der Gesellschaft und der Wirtschaft die Möglichkeit, sich im Rahmen dieser Grenze frei zu bewegen. Dann beginnt eine große Zahl von Akteuren, nach neuen Wegen zu suchen, sie werden kreativ und innovativ. Und das ist genau das, was wir bei der Bewältigung unserer zukünftigen Probleme brauchen.

---

47 Darf ich in diesem Zusammenhang kurz auf meinen Vornamen hinweisen. 😊

6.4 Die Lösung des Nachhaltigkeitsproblems

Die Klimakrise zu vermeiden ist das erklärte Zukunftsziel vieler junger Menschen. Was haben wir Älteren da angerichtet, wenn die Utopie der jungen Generation nur noch die Verhinderung einer schleichenden Katastrophe ist. Eine Utopie, deren Kern im schieren Überleben besteht. Das muss nicht so bleiben.

Denn tatsächlich kann die Überwindung fossiler Brennstoffe viel mehr sein, als das pure Überleben unserer Demokratie und unseres Rechtsstaats zu sichern. Sie kann uns in eine geradezu fantastische Zukunft führen. Wenn wir es richtig anstellen, bedeutet die Lösung des Klimaproblems nicht nur, schreckliche Risiken von Wetterextremen und Meeresspiegelanstieg zu vermeiden, sondern auch, dass wir als Menschheit tatsächlich zunehmend im Einklang mit unserem Planeten leben, ohne dabei auf unsere zivilisatorischen Errungenschaften und unseren Wohlstand zu verzichten. Dafür müssen wir noch ein Stück weitergehen, als nur einen Kohlenstoffpreis einzuführen (IPCC_WG3, 2022).

Wir haben bereits etabliert, dass wir in Zukunft unsere gesamte Energieerzeugung auf erneuerbare Technologien stützen müssen. Möglich ist das. Das haben zahlreiche Studien gezeigt, und es ist erst kürzlich wieder im aktuellen Bericht des Weltklimarats zusammengefasst worden.

Ein häufiges Argument gegen ein Energiesystem, das im Wesentlichen auf Wind- und Sonnenenergie basiert, betrifft die Schwankungen im Wetter. Da ist zum einen die Unvorhersehbarkeit des Windes, der durch die Turbinen weht, und zum anderen die der Sonneneinstrahlung, die die Solarmodule erreicht. Diesen Herausforderungen kann auf verschiedene Weise begegnet werden.

Zunächst mal hilft es, wenn das Stromnetz viel Fläche abdeckt, um Wind- und Sonnenstrom über Ländergrenzen hinweg zu integrieren. In Europa wird es, wegen der bodennahen Version des Jetstreams, immer irgendwo Wind geben. Manchmal weht er hoch im Norden Skandinaviens, und manchmal reicht er bis nach Spanien. Aber er bläst immer, solange sich unsere Erde um ihre Achse dreht und die Erdachse geneigt ist. Auch das ist schlicht Physik. Wettersysteme haben typischerweise die Ausdehnung eines mittelgroßen Landes wie Frankreich oder Deutschland. Wenn also an einem Ort ein Tiefdrucksystem Wolken erzeugt, gibt es in der Nähe ein Hochdrucksystem, das die Wolken wegdrückt und einen klaren Himmel für Solarenergie bietet. Das gilt natürlich nicht immer, aber als Faustregel.

Das heißt, wir brauchen pragmatische Energielösungen für Regionen von der Größe der Europäischen Union. Die Vereinigten Staaten sind groß genug für eine nationale Lösung, aber sie könnten erwägen, Kanada und Mexiko in ihr Netz aufzunehmen. China ist auch groß genug. Wenn sich befreundete Nachbarländer auf Energiepakte einigen würden, würde uns das ein gutes Stück in Richtung Energie- und Klimastabilität bringen, und wahrscheinlich wäre das auch nicht schlecht für die Stabilität eines friedlichen Zusammenlebens.

Die zweite Komponente einer erneuerbaren und stabilen Lösung ist die Energiespeicherung. Das können traditionelle Speicher etwa in Pumpwasserkraftwerken sein oder smarte, aber energieaufwendige Lösungen, bei denen aus dem erneuerbaren Strom zunächst Wasserstoff und anschließend Methan oder flüssige Kohlenwasserstoffe als Brennstoff erzeugt werden. Die Kombination dieser beiden Komponenten reicht bereits und ermöglicht uns den Aufbau einer nachhaltigen Energieproduktion, die stabil und klimaneutral ist.[48] Wir können damit eine Klimakatastrophe vermeiden, und das ist großartig.

Aber was, wenn wir noch mehr tun könnten?

Wenn wir genügend Wind- und Sonnenenergie erzeugen, um eine stabile Stromversorgung zu gewährleisten, wird es häufig auch mal passieren, dass zu viel Strom im Netz ist. In diesen Zeiten – und nur in diesen Zeiten, natürlich nicht immer – wird Strom einen negativen Preis haben. Das passiert schon jetzt gelegentlich für sehr kurze Momente. Das bedeutet, dass der Strom dann weniger als nichts kostet. Es bedeutet, dass Sie in diesen Momenten bezahlt werden, wenn Sie Strom verbrauchen, weil Stromgeneratoren ihn loswerden müssen, um eine Explosion zu verhindern.

Wir können diese überschüssige Energie verwenden, um sie zu speichern und später zu verwenden – wie oben beschrieben –, aber die Umwandlung der Energie hin und her wird mit einigen Verlusten verbunden sein.

Zusätzlich oder sogar alternativ könnten wir damit aber auch Material recyceln. Richtig viel Material.

Denn selbst wenn wir das Klimaproblem lösen, werden wir immer noch ein massives Ressourcenproblem haben. Viele Rohstoffe und Materialien unseres Planeten

---

48 Eine Smart-Technologie für eine flexible Energienachfrage ist ein zusätzlicher Baustein, der sehr hilfreich sein kann. Er ist nicht zwingend notwendig, aber erleichtert die Lösung ungemein.

wie Kupfer, Phosphate, seltene Erden, aber auch Sand und fossiles Wasser sind begrenzt, und das bedeutet, dass wir sie irgendwann in Ruhe lassen müssen. Und selbst bei nicht knappen Materialien ist schon heute der Müll ein großes Problem. Das bedeutet, dass es unser Ziel sein muss, im Prinzip alles, was wir produzieren, aus Materialien zu bauen, die entweder nachwachsen oder die wir zuvor schon einmal verwendet haben. Wir müssen dahin kommen, dass wir im Wesentlichen keine Rohstoffe mehr neu abbauen. Dass wir eine echte Kreislaufwirtschaft haben.

Für eine nachhaltige ökologische Lebensweise schlage ich deshalb neben der Grenze Nullemissionen eine zweite Faltungsgrenze vor: Null-Rohstoffabbau. Natürlich nicht sofort, aber perspektivisch. Irgendwann sollten wir in der Lage sein, keine neuen Rohstoffe mehr zu nutzen.

Es gibt auf dem Weg zu einer Faltungsgrenze unendlich vieles zu bedenken und unendlich viele Lösungen zu finden: technische, wirtschaftliche und politische. Im Bereich des Technischen etwa hätte Plastik eine Sonderstellung, weil es nicht recycelt werden kann; auch entstehen hier besondere Umweltprobleme durch die schwierige Entsorgung (Mikroplastik im Meer, in Böden, Organismen etc.). Wir müssten außerdem, was heute zum Teil schon geschieht, nicht nur bereits genutzte Rohstoffe wiederaufbereiten, unter oft hohem Energieeinsatz, sondern zudem vermehrt nachwachsende Rohstoffe nutzen.

Eine zyklische Produktionsweise erfordert enorme Energiemengen, denn um etwas wieder in seinen ursprünglichen Zustand zu bringen, ist nach dem zweiten Hauptsatz der Thermodynamik ein Energieaufwand erforderlich, und in diesem Fall ein großer. Das gilt allgemein und ist eine fundamentale physikalische Erkenntnis: Ohne Energiezufuhr erhöht sich die Unordnung, die Entropie, in einem System. Nur mithilfe von Energie kann der ursprüngliche Zustand wiederhergestellt werden. Oder anders ausgedrückt: Ohne Energie wird es immer nur ein Downcycling, aber kein Recycling geben. Die Sonneneinstrahlung ist die einzige externe Energie, die unserer Erde ständig zugeführt wird. Diese Energie treibt sowohl die Winde als auch die Meeresströmungen an.

Wenn wir die überschüssige Energie aus dem erneuerbaren System haben, können wir sie zum Recycling verwenden. Wenn dies in automatisierten Recyclingfabriken geschieht, könnten diese Fabriken flexibel dem Strommarkt folgen. Recyclingmaschinen könnten zu den Zeiten laufen, in denen zu viel Energie aus Wind und Sonne erzeugt wird. Recycling würde von einem geringen oder sogar kurzfristig negativen Strompreis profitieren. Es würde zusätzlich sowohl das physikalische Stromnetz als auch den wirtschaftlichen Strompreis stabilisieren.

Im Bereich der Wirtschaft würde die Grenze Nullressourcen neben der Wiederaufbereitung von Rohstoffen auch die Bedeutung des Reparierens aufwerten. Kehren wir zu meiner etwas ungewöhnlichen Idee aus Kapitel 5 zurück und nehmen an, es könnte in Zukunft mit besonderem Prestige verbunden sein, ein Auto möglichst lange zu fahren. Unternehmen wie VW könnten deutlich weniger Neuwagen herstellen und einen großen Teil ihrer Fabriken in Reparaturwerkstätten umbauen, sodass Autos statt zwei, fünf oder zehn Jahre 25, 30 oder sogar 50 Jahre gefahren werden. Das würde den Bedarf an neuen Ressourcen extrem reduzieren, und gleichzeitig würden die Arbeitsplätze, die man auf der einen Seite abbaut, auf der anderen Seite für Dienstleistungen wie Reparatur, Wartung und vielleicht technisches Upgrade benötigt. Das ist nur ein kleines, vielleicht naiv anmutendes Beispiel, die wirtschaftliche Transformation könnte sich mit Blick auf die Faltungsgrenze Null-Rohstoffabbau weiter in Richtung von mehr Dienstleistungen entwickeln.

Schließlich würde die Nachhaltigkeitsgrenze Null-Ressourcenabbau politisch einiges verändern. Europa würde nicht nur unabhängig von den fossilen Brennstoffen Russlands und Saudi-Arabiens, sondern auch von den Rohstoffen Chinas. Seltene Erden zum Beispiel, die vor allem in China vorkommen, würden recycelt statt neu abgebaut und importiert. Heute sind Rohstoffvorkommen ein entscheidender Faktor im Ringen um globalen Einfluss und regionale Vorherrschaft. Diese Logik würde sich völlig verändern, wenn wir aufhören, der Erde Ressourcen zu entnehmen. Die globale wirtschaftliche Vernetzung würde sich nach neuen Kriterien transformieren und bisherige Machtverhältnisse sich anders austarieren.

Mit den beiden ökologischen Faltungsgrenzen Nullemissionen und Null-Ressourcenabbau würden wir eine Anreizstruktur schaffen, die nicht nur die Klimakrise löst, sondern uns erlaubt, die Nachhaltigkeitskrise insgesamt wirklich in den Griff zu bekommen. Am Ende können wir vielleicht aufhören, unseren Planeten auszubeuten, und nur das verwenden, was wir bereits in unser System gezogen haben, plus nachwachsende Materialien.

Die Nachhaltigkeitsgrenze Null-Ressourcenabbau liegt derzeit noch im Bereich des Utopischen. Wir wissen heute noch nicht, wie es geht. Aber das heißt nicht, dass es nicht geht. Viele Innovationen haben einen langen Weg aus dem Reich der Fantasie zurückgelegt, ehe sie zu einem Teil unseres Alltags geworden sind – angefangen bei Leonardo da Vincis Träumen vom Fliegen bis zur märchenhaften Reise zum Mond. Die beiden ökologischen Faltungsgrenzen beschreiben eine klare Vision für die Zukunft; eine Vision, wie die Welt extrem viel besser gestaltet werden könnte, indem wir die erneuerbaren Energien nutzen und nichts mehr abbauen. Die Menschheit könnte im Einklang mit ihrem Heimatplaneten leben, und wir könnten unserer jungen Generation eine neue Utopie anbieten: eine Utopie der Fülle statt des Verzichts. Was für eine wunderbare Welt das sein könnte.

7 Die Faltung der Wirtschaft: Wettbewerb und Vielfalt

For want of a toy, a child was lost.

TOM WAITS, MISERY IS THE RIVER OF THE WORLD

In den nächsten zwei Kapiteln werde ich die Faltung auf zwei wirtschaftliche Aspekte der Gesellschaft anwenden und Vorschläge machen, wie man hier in einem gesellschaftlichen Abstimmungsprozess Faltungsgrenzen einziehen könnte. Es ist wichtig, klarzustellen, dass die Faltung unabhängig von diesen Anwendungsvorschlägen ihre Berechtigung hat. Um sie als mögliches Narrativ zu akzeptieren, muss man nicht mit diesen Ideen übereinstimmen. Sie sind Möglichkeiten, auf die sich die Gesellschaft einigen könnte, aber sie sind in keiner Weise zwingend. Die Faltung ist ein exzellentes Narrativ, und ihre konkrete Ausprägung hängt davon ab, welche Grenzen man zum Rahmen macht, innerhalb dessen gesellschaftliche Entwicklungen sich entfalten. Über die konkrete Gestalt dieser Grenzen muss die Gesellschaft entscheiden.

Wenn ich im Folgenden drei zusätzliche Faltungsgrenzen vorschlage – eine in diesem und zwei im nächsten

Kapitel –, dann gibt es bei allen politischen Unterschieden und Perspektiven, aus denen man diese akzeptiert oder vielleicht ablehnt, ein Kriterium zu bedenken: Die Notwendigkeit, überhaupt Faltungsgrenzen zu setzen, entsteht daraus, dass Entwicklungen gefährlich für das System werden, wenn es sich um selbstverstärkende Prozesse mit explodierendem Wachstum handelt. In ihrer konkreten Gestalt sind die beiden Grenzen, die ich hier vorstelle, Vorschläge, die diskutier- und verhandelbar sind. *Dass* wir solche Grenzen mit Blick auf bestimmte Entwicklungen brauchen, daran besteht für mich kein Zweifel.

7.1 Too big to fail

An guten Tagen betrachte ich die Wirtschaft als den Motor der Gesellschaft, weil sie die Energie bereitstellt, die wir für unser Leben brauchen. Aber wenn ich an schlechten Tagen an die Entwicklungen in Russland oder China denke oder auch an die starke Armut in den USA, dann erscheint mir die Wirtschaft eher wie ein tollwütiger Bär. In jedem Fall ist sie eine der zentralen Kräfte in unserer Gesellschaft, und sie ist nicht von uns entkoppelt, sondern Teil unseres Zusammenlebens. Sie wird von uns gestaltet, und wir nutzen die aus ihr entstehenden Produkte und Dienstleistungen. Weil sie die fundamentale Antriebskraft dafür ist, dass wirklich gerichtete und effektive Arbeit verrichtet wird, gehe ich auch davon aus, dass die Geschwindigkeit bei der Lösung des Klimaproblems stark von der Wirtschaft bestimmt werden wird. Die Politik muss mit ihrer demokratischen Legitimierung die Richtung – nämlich weltweite Klimaneutralität bis Mitte des Jahrhunderts – unumstößlich vorschreiben. Und die Politik muss die entsprechenden Rahmenbedingungen so setzen, dass es wirtschaftlich von Vorteil ist, zum Beispiel klimaneutrale Technologien zu entwickeln und zu verwenden.

Im Geiste der Faltung wäre das Instrument der Wahl ein klares Ausstiegsdatum für das Verbrennen fossiler Brennstoffe, ein Datum für die Nullemissionen-Grenze. Damit würde dieses Ziel Teil der Wettbewerbsstrategie von Unternehmen. Wenn es gelingt, die Wirtschaft in einen Wettbewerb um die umweltfreundlichsten Produkte zu lenken – nicht aus Imagegründen, sondern weil es zu einem entscheidenden Wettbewerbsnachteil würde, die Transformation zu verschlafen –, dann werden wir dieses Ziel schneller erreichen, als es sich jeder Politiker trauen würde vorzuschreiben.

Die Wirtschaft ist essenziell für unsere Gesellschaft. Damit sie sich aber nicht wie ein tollwütiger Bär benimmt, sondern uns wie ein funktionierender Motor dient, haben wir seit Langem Regeln eingeführt. Diese Regeln wurden nicht nur dafür geschaffen, die Ausbeutung von Menschen zu verhindern, sondern sie sollen zudem gewährleisten, dass Unternehmen und Konsumenten für das Funktionieren des Systems bezahlen, das erfolgreiches Wirtschaften und Handel und letztlich unser tägliches Leben überhaupt möglich macht. Ich spreche von Steuern.

Wer einmal für selbstständige Tätigkeit Geld bekommen hat und die Steuern erst im Nachhinein zahlen musste, kann nachvollziehen, warum es manch einen schmerzt, verdientes Geld an den Staat abzugeben. Man vergisst dabei leicht, dass wir dieses Geld überhaupt nur verdienen können, weil mithilfe von Steuergeldern essenzielle Rahmenbedingungen für unser Wirtschaften geschaffen werden. Selbstverständlich ist diese Erkenntnis nicht neu, sondern eigentlich so trivial, dass sie nicht der Erwähnung bedarf. Wie in anderen Fällen in diesem Buch erscheint es mir aber auch hier wichtig für die Argumentation, sich diesen Umstand klar ins Bewusstsein zu bringen.

Um ein Windows-Betriebssystem verkaufen zu können, bedarf es nicht nur eines funktionierenden Wirtschaftssystems, sondern auch eines Rechtssystems, das die Rechtmäßigkeit des Wertes bestätigt und verteidigt. Es bedarf der Netzwerkinfrastruktur mit allen materiellen Notwendigkeiten, diese aufrechtzuerhalten. Es bedarf eines Energiesystems, das vom Rechtsstaat geschützt wird. Es bedarf eines Bildungssystems, das die Verwendung von Computern überhaupt auf entsprechend hohem Niveau möglich macht. Faktisch jedes Gut, sei es materiell oder virtuell, und jede Dienstleistung kann nur erzeugt und gehandelt werden, weil die Gesellschaft drum herum funktioniert.

Dieses Funktionieren wird durch Steuergelder ermöglicht. Wir bezahlen damit für staatliche Dienstleistungen, für Rechtsstaatlichkeit und Sicherheit, Bildung und Straßen und so weiter. Dabei ist es kein Problem, wenn die Leistungen des Staates über die puren Notwendigkeiten hinausgehen. Auch die Finanzierung von Kultur, Wissenschaft und sozialem Frieden sind in einer Demokratie gerechtfertigt, wenn sich die Mehrheit dazu entschließt.

Diese Gedanken sind, wie gesagt, selbstverständlich,

aber sie zeigen, dass es ein Wirtschaftsleben auf dem Niveau, wie wir es betreiben, nicht ohne Staat geben kann. So offensichtlich uns das in Europa erscheinen mag, so wenig offensichtlich scheint es einer großen Menge von US-Amerikanern zu sein, die glauben, sie könnten ohne staatliche Organisation ein Leben führen, wie sie es gewohnt sind. Selbst in manchen Wahlprogrammen der FDP in Deutschland wird die Steuer manchmal wie ein Almosen gegenüber dem Staat dargestellt. Natürlich kann man über die konkrete Ausgestaltung von Steuern trefflich streiten. Aber sie sind kein Almosen.

Der Punkt ist: Wirtschaft braucht eine funktionierende Gesellschaft und damit einen Staat, genauso wie die Gesellschaft die Wirtschaft braucht. Staat und Wirtschaft sind keine Konkurrenten, sondern spielen zusammen, und dieses Zusammenspiel braucht eine Balance. Die Balance ist hierbei nicht symmetrisch. In einer Demokratie repräsentiert der Staat die Mehrheit der Bevölkerung. Es herrscht daher – im rechtsstaatlichen Rahmen – das sogenannte Primat der Politik. Vor dem Hintergrund totalitärer Regime und übermächtiger Verwaltungen, die ein undemokratisches Eigenleben entwickeln können, ist es dabei immer auch wichtig, den Staat nicht übermächtig werden zu lassen. Lange Zeit waren wir als Gesellschaft auf diese Gefahr eines übermächtigen Staates fokussiert. Die dystopischen Visionen reichen von Franz Kafkas *Der Prozess* bis hin zu George Orwells *1984* oder dem Film »Staatsfeind Nr. 1« mit Will Smith und Gene Hackman – der Missbrauch von Staatsgewalt ist eine immerwährende Gefahr, gegen die wir wachsam sein müssen. Selbstverstärkungsprozesse spielen auch hier meist eine zentrale Rolle.

Mittlerweile erscheint aber eine andere Gefahr vordringlicher geworden zu sein: Unternehmen untergraben die Demokratie, wenn sie zu groß werden. Diese Gefahr ist nicht neu, sondern bekannt. Unternehmen drohen der Politik damit, massenhaft Arbeitsplätze abzubauen oder ins Ausland zu verlagern, und nehmen so Einfluss auf Gesetze oder verhindern sie. Diese Macht der Wirtschaft über die Politik hat aber völlig neue Dimensionen erreicht, seit eine Gruppe von Konzernen sich durch unbegrenztes Wachstum aus dem Wettbewerb verabschiedet hat: Google, Amazon, Meta[49] & Co. Sie haben das Primat der Politik über die Wirtschaft in vielen Bereichen nahezu gänzlich ausgehebelt, und das nicht nur innerhalb des Landes, in dem sie ansässig sind, sondern in weiten Teilen der Welt – was die Versuche staatlicher Akteure, ihre Macht zu begrenzen, ausgesprochen schwierig macht.

Das liegt unter anderem an ihrer Größe. Derzeit gibt es für Firmen einen enormen monetären und zugleich machtpolitischen Anreiz, zu wachsen und mit anderen Firmen zu fusionieren. Im Gegensatz dazu gibt es keinen relevanten monetären Anreiz, sich aufzusplitten. Wenn man eine solche Asymmetrie im Anreizsystem entdeckt, lohnt es sich, genauer hinzuschauen. In welche Richtung schiebt die Asymmetrie das System? Eine Asymmetrie im Anreizsystem wird das System immer in die Richtung des höheren Anreizes leiten, im Falle von Unternehmen also dazu, immer größer zu werden. Wenn es sich dabei zusätzlich um ein System handelt, das selbstverstärkendes Wachstum zulässt – wie im Falle von Unternehmen –, dann wird es gefährlich.

---

49 Der Zusammenschluss von Facebook, Instagram etc.

Während der Finanz- und Wirtschaftskrise in den Jahren 2008 und 2009 wurde der Ausdruck *»too big to fail«* populär. Einige Banken und Firmen waren so groß geworden, dass bei ihrem Bankrott die gesamte Volkswirtschaft der USA und damit das Wirtschaftssystem der Welt zusammenbrechen würde. In Deutschland nennt man Unternehmen dieser Größe häufig etwas positiver und auch harmloser klingend »systemrelevant«.

Im Fall von 2008 waren es Banken, die unter hohem Einsatz von Steuern gerettet wurden, weil ihr Zusammenbruch das größere Übel für die Gesellschaft zu sein schien. Aber natürlich können auch andere Unternehmen *too big to fail* sein. Die Existenz solcher Firmen ist erschreckend. Dass unsere gesamte Wirtschaft an einem einzigen Unternehmen hängen könnte, ist schon an sich ein atemberaubender Gedanke. Wenn man aber bedenkt, dass »das Wirtschaftssystem« nicht etwas Abstraktes ist, sondern dafür verantwortlich, dass Menschen Essen, Kleidung, Wohnung bekommen, dann ist das eine inakzeptable Situation. Folgerichtig hat US-Präsident Obama damals die Devise ausgegeben, dass in der Zukunft keine Firma mehr systemrelevant sein darf. Das ist aber nicht umgesetzt worden.

In den meisten Ländern haben wir Kartellämter, deren Aufgabe darin besteht, einzugreifen, wenn das Wachstum von Firmen und die damit einhergehende Marktmacht den Wettbewerb auszuhebeln drohen. Firmen wie Google, Amazon und Meta beweisen aber, dass das derzeit nicht gut funktioniert.

Bei der Betrachtung dieses Versagens geht es mir selbstverständlich nicht um die Fähigkeiten der Mitarbeiter der Kartellbehörden. Selbst die Strukturen innerhalb solcher Behörden sind hier nicht wirklich relevant. Was nicht funktioniert und hinterfragt werden muss, ist das Konzept der Einzelfallentscheidung. Der Präsident des Bundeskartellamts, Andreas Mundt, hat im Januar 2022 gesagt, dass »nach weniger als einem Jahr« der Analyse seine Behörde »eine überragende Bedeutung von Google festgestellt« habe. Das sei ein »ganz wesentlicher Schritt«, denn auf dieser Grundlage könne das Kartellamt »jetzt konkrete, für den Wettbewerb schädliche Verhaltensweisen aufgreifen«[50]. Man kann aber einem multinationalen, stark wachsenden und kraftvollen Unternehmen wie Google nicht mit dieser Art von Schildkrötendynamik begegnen (und man möchte fast etwas spöttisch sagen: Das ist ja schön, dass das dem Kartellamt schon im Jahr 2021 aufgefallen ist). Aber natürlich liegt das Problem nicht bei der Behörde. Es liegt daran, dass die gesellschaftliche Antwort auf die Entstehung monopolistischer Unternehmen nicht dynamisch und dem Wirtschaftssystem inhärent ist, sondern von außen durch eine Behörde geschieht. Damit tritt sie gegen einen dynamisch selbstverstärkenden Wachstumsprozess an, und diesen Kampf kann sie nicht gewinnen.

Neben der nationalen Beschränktheit der Kartellämter ist es daher ein grundsätzlicher Fehler, dass sie im Einzelfall entscheiden. Damit sind die Konsequenzen ihrer Entscheidung nicht Teil der Systemdynamik, sondern ein Instrument, das von der Idee her eigentlich eher in eine Plan- als in eine Marktwirtschaft passt. Da sie jeden Einzelfall prüfen und politisch aushandeln müssen, können

---

50 https://www.tagesschau.de/wirtschaft/unternehmen/bundeskartellamt-google-datenverarbeitung-101.html

die Kartellämter eine immer stärkere Zusammenballung der Wirtschaftsmacht in wenigen Megakonzernen nicht wirklich verhindern, auch wenn das ihr Auftrag ist. Was geschieht, ist eine gleitende Entmachtung des Staates und damit der Bevölkerung durch Firmen, die mächtiger sind als die Staaten, in denen sie operieren.

Mit der Entstehung der Plattformökonomien, der Techgiganten auf der Basis von massenhaft gesammelten Daten und der sozialen Netzwerke – um nur einige Aspekte zu nennen – hat, wie gesagt, das Problem der Macht von Unternehmen eine völlig neue Qualität, denn der Einfluss von einer Handvoll US-amerikanischer Firmen erstreckt sich auf große Teile der Welt, und zahlreiche nationale Regierungen haben bisher wenig Mittel, ihn zu begrenzen.

Wenn wir dieser Macht überhaupt begegnen wollen, dann müssen wir uns der Möglichkeiten und vor allem der Legitimation des Staates wieder bewusst werden. In einer demokratischen Gesellschaft repräsentiert der Staat die Bevölkerung. Diese Legitimation hat kein Unternehmen, egal, wie viel bei ihm gekauft wird. Google hat nicht zu entscheiden, wie unser Zusammenleben funktioniert. Diese Entscheidungsgewalt liegt bei uns selbst, und wir müssen wählen, wie wir unsere Belange am besten organisieren wollen.

7.2 Grenzen als Teil des Systems

Unternehmen haben ein großes wirtschaftliches Interesse, zu wachsen und mit anderen Unternehmen zu fusionieren. Die Gründe hierfür sind vielfältig: mehr Unabhängigkeit von Zulieferern, effizientere Kommunikations- und Managementstrukturen zwischen den Unternehmensteilen, vor allem aber Marktmacht. Anreize für eine Verkleinerung von Unternehmen oder eine Aufsplittung in mehrere Firmen mit unterschiedlichen Produkten gibt es hingegen praktisch nicht. Deshalb sind Unternehmensfusionen wesentlich häufiger als die Aufteilung großer Konzerne in mehrere kleine oder mittlere, es sei denn, ein Unternehmen veräußert aus wirtschaftlichen Gründen bestimmte Anteile.

Konzerne können faktisch ins Unendliche wachsen. Als sich in den USA im 19. Jahrhundert zeigte, dass Firmen ihre damit wachsende Marktmacht hemmungslos ausnutzen, entstand als Antwort auf solche Fehlentwicklungen mit dem Sherman Antitrust Act von 1890 zum ersten Mal ein Wettbewerbsrecht. Es ist die Geburtsstunde der Kartellämter. Die Motivation hinter ihrer Einrichtung in mehr als 120 Ländern weltweit ist zunächst eine inhärent ökonomische. Einzelne Unternehmen sollen keine Monopole bilden, und ebenso sollen sich Unternehmen nicht zu Kartellen zusammenschließen und mit Preis- oder ähnlichen Absprachen die Marktdynamik untergraben. Der Gedanke ist hier, den Markt und damit den Konsumenten vor der Übermacht eines Unternehmens oder einer Gruppe von Unternehmen zu schützen, die ihre Monopolstellung beispielsweise durch überhöhte Preise ausnutzen. Das kapitalistische Anreizsystem beruht ja auf Wettbewerb – nur wenn er funktioniert, verhindert er unverhältnismäßige Preissteigerungen und fördert Innovation. Oder, um es mit Blick auf die Möglichkeiten zu sagen, selbstverstärkende Prozesse zu kontrollieren: Ein Problem entsteht immer dann, wenn ein Unternehmen sich aus dem Wettbewerb verabschiedet, also so stark wird, dass kein anderes Unternehmen seinen Machtzuwachs mehr bremsen kann. In der Ökologie nennt man das eine Plage – etwa wie die Kaninchenplage, unter der Australien noch heute leidet. Seit gut 150 Jahren breiten sie sich massenhaft aus und richten dabei gewaltige ökologische und landwirtschaftliche Schäden an. Die Plage wird auf ursprünglich 24 Tiere zurückgeführt, die ein englischer Siedler 1859 per Schiff ins Land bringen ließ.

Aber zurück zur Wirtschaft. Die Monopolstellung zu großer, zu mächtiger Unternehmen schadet nicht allein dem Markt. Während der Finanz- und Wirtschaftskrise der Jahre 2008 und 2009 wurde klar, dass die »Systemrelevanz« von Finanzunternehmen wie Goldman Sachs, Lehman Brothers und AIG eine Bedrohung für die gesamte Weltwirtschaft darstellte. Dieser Umstand zeigte sehr deutlich, dass wir unsere Versorgung mit essenziellen Gütern wie Lebensmitteln und Energie von der Existenz einzelner Unternehmen abhängig gemacht haben. Unabhängig von moralischen Betrachtungen ist das einfach keine vernünftige Risikostrategie. Wie oben diskutiert, schaffen wir stabilere Verhältnisse, wenn wir uns auf eine reichhaltige Unternehmenskultur stützen. Das gilt nicht nur für Ökosysteme und das Internet, sondern auch für unsere Versorgung mit Gütern und Dienstleistungen. Wir brauchen ein Versorgungssystem, das auf den breiten Schultern einer Vielzahl von Unternehmen ruht, um das Risiko eines Kollapses zu minimieren.[51]

---

51 Stabilität durch Vielfalt wurde schon in Kapitel 5.2 an Beispielen wie dem Amazonas-Regenwald und dem Internet illustriert.

Die Idee einer Begrenzung des Unternehmenswachstums ist nicht neu und kann mit verschiedenen Argumenten untermauert werden. Der Gedanke, diese Aufgabe in die Hand staatlicher Ämter zu legen, ist nachvollziehbar. Es macht zunächst mal Sinn, dem möglicherweise exponentiellen Wachstum von Unternehmen eine übergeordnete Entscheidungsgewalt entgegenzusetzen, die dieses Wachstum aufspalten kann in kleinere Einheiten, die dann wiederum wachsen können. Dieser Ansatz trägt dem Fakt Rechnung, dass zum Beispiel eine Steuer, die immer nur einen bestimmten Anteil des Gewinns einer Firma an den Staat abführt, nicht zu einer Begrenzung, sondern nur zu einer Verlangsamung des Wachstums führt.

Die genauen Mechanismen zu analysieren, mit denen Google und Amazon es schaffen, den Kartellämtern zu entgehen, würde hier zu weit führen. Entscheidend ist aber, dass das Ziel nicht erreicht wird. Die Einzelfallentscheidungen ermöglichen es den Unternehmen, auf juristischem oder anderem Wege die Maßnahmen zu beeinflussen oder zu umgehen. Eine mögliche Begrenzung der Unternehmensmacht ist damit nicht Teil des dynamischen Wirtschaftssystems, sondern Gegenstand eines externen juristischen und letztlich politischen Verhandlungsprozesses. Wenn sich die Gesellschaft aus welchen Gründen auch immer dazu entscheidet, dass die Größe von Konzernen begrenzt werden soll – was sie mit dem Kartellrecht ja getan hat –, dann sollte diese Grenze selbst (nicht ihre genaue Position) ein zentraler Teil der Wirtschaftsdynamik werden. Das ist aus vielen Gründen sinnvoll. Nicht zuletzt, damit die Unternehmen diese Grenzen in ihre Unternehmensstrategien einbauen könnten. Denn dann kommt es zur Faltung.

Eine Möglichkeit der Grenzsetzung ist die über die Unternehmenssteuer. Es gibt eine umfangreiche ökonomische Literatur zur Besteuerung von Unternehmen und auch dazu, wie man hiermit eine faktische Obergrenze für Unternehmen einführen kann. Entscheidend für die Faltung ist, dass man tatsächlich das beschränkt, was man verhindern möchte. In diesem Fall ist dies, dass ein Konzern mächtiger wird als der souveräne Staat, in dem er operiert. Deshalb darf die Besteuerung eines Unternehmens erst dann für das Unternehmen unwirtschaftlich werden, wenn es in Größe und Umsatz beziehungsweise Gewinnen der Größenordnung von Staatshaushalten nahekommt. Der Haushalt der Bundesrepublik bewegt sich im Bereich von 500 Milliarden Euro pro Jahr.

Man könnte sich also überlegen, ob man Unternehmen in Deutschland so besteuert, dass ihre Aufspaltung sinnvoll oder notwendig wird, wenn sie mit ihrem jährlichen Umsatz beispielsweise etwa zehn Prozent des Bundeshaushalts erreichen, das wären etwa 50 Milliarden Euro. Ein Unternehmen, das 50 Milliarden im Jahr umsetzt, ist immer noch sehr groß. Aber es führt zu mehr Wettbewerb, wenn man das Wachstum jenseits dieser Grenze unterbindet. Wobei die konkrete Zahl natürlich diskutiert, durchdacht und verhandelt werden muss. Ist es sinnvoll, diese Grenze bei zehn Prozent zu setzen; oder wären drei oder fünf Prozent des bundesdeutschen Haushalts sinnvoller? Es geht mir hierbei um das Prinzip einer Grenzsetzung mit Bezug auf die Haushaltsgröße des Staates, der den Souverän, nämlich die Bevölkerung, repräsentiert.

Um die Auswirkungen einer solchen Maßnahme zur

Größenbegrenzung konkreter durchdenken zu können, lassen Sie uns hier eine sehr einfache Möglichkeit diskutieren. Angenommen, der Unternehmenssteuersatz auf Gewinne würde zunächst linear mit dem Umsatz ansteigen und sich dann langsam abflachen, sodass er (Wissenschaftler sagen: asymptotisch) für unendlich hohe Umsätze einhundert Prozent beträgt[52]. Bei 100 Prozent Besteuerung bleibt nichts übrig, der Anreiz für weiteres Unternehmenswachstum verschwindet also weit vor dieser Grenze. Es gibt, wie gesagt, eine Literatur zu dieser Problematik (z. B. Riedel und Simmler, 2021; Wentland, 2023; Zimmerman, 1983). Hier geht es nicht um die konkrete Umsetzung, die möglichst einfach und damit transparent für alle sein sollte, sondern um die Idee einer Steuer, die abhängig von der Größe des Unternehmens auf 100 Prozent zuläuft und damit eine faktische, aber in gewissem Rahmen flexible Obergrenze für Konzerne definiert.

Der Fakt, dass diese Grenze durch eine Steuer induziert wird, verhindert, dass sie eine harte Zahl ist. Für manche Wirtschaftsbereiche wird es sich eher lohnen,

52 Für das Gedankenexperiment kann sich die mathematisch trainierte Leserin vorstellen, dass der Gewinn nach Steuern G sich aus dem Gewinn vor Steuern U wie folgt berechnet: $G = \frac{U}{U+U_{50}} \cdot G_{max}$. Man kann hieraus leicht den Steuersatz, $t = \frac{U-G}{U}$, errechnen. Die Gesellschaft müsste sich darüber einigen, wie hoch der maximale Profit, G_{max}, einer Firma sein darf und bei welchem Umsatz der Steuersatz 50 Prozent betragen soll (U_{50}). Das sind die beiden Parameter der Steuer. G_{max} ist hierbei die Größe, die sich am Staatshaushalt des Landes orientieren sollte. Mit U_{50} als freiem Parameter kann man zusätzlich die Steuereinnahmen, die der Staat benötigt, kontrollieren.

eine höhere Steuer zu zahlen, als für andere. Die Steuer kann am Umsatz oder am Gewinn berechnet werden. Selbstverständlich ist das ein enormer Unterschied. Ich treffe aber mit Absicht hier diese Unterscheidung nicht, um klarzumachen, dass die Umsetzung von Experten diskutiert und ausgearbeitet werden muss. Mir geht es hier nur darum, durchzudeklinieren, was geschehen würde, wenn wir die Größe von Konzernen ab einem Volumen von mehreren Milliarden Euro oder Dollar begrenzen, ohne die unternehmerische Freiheit unterhalb dieser Größe einzuschränken.

Diese Unternehmenssteuer würde für jedes unabhängige Unternehmen einzeln gelten. Die Kartellbehörde wäre dann ausschließlich noch damit beschäftigt, zu überprüfen, ob ein Unternehmen unabhängig ist oder Teil eines anderen Unternehmens, dem sein Umsatz oder Gewinn zugerechnet werden muss. Die Vorteile eines solchen Besteuerungssystems liegen auf der Hand. Wird ein Unternehmen zu groß, geschieht seine Aufteilung in kleinere Unternehmen aus der Unternehmensdynamik heraus, die Teil des Wirtschaftssystems ist. Sie käme von innen und wäre keine Entscheidung, für die erst Akteure in Politik und Verwaltung aktiv werden müssten. Lassen Sie uns das einmal durchdenken.

7.3 Wachstum in die wirtschaftliche Vielfalt

Was wäre die Reaktion auf eine solche Steuer? Zunächst wäre der Steuersatz für kleine Unternehmen relativ gering, denn er beginnt ja bei null und steigt dann langsam an. Für wachsende Firmen gäbe es weiterhin die herkömmlichen Anreize, größer zu werden. Ab einer gewissen Größe etwa des Umsatzes, die sich an der Größe des Staatshaushalts orientiert, gäbe es einen deutlichen fiskalen Anreiz, sich aufzuspalten. Daraus ergäbe sich ein Bereich maximaler Unternehmensgrößen, die für die verschiedenen Branchen unterschiedlich wären. Nach der Teilung eines Unternehmens in zum Beispiel zwei Unternehmen, könnte es weiterhin geschäftliche Beziehungen zwischen diesen geben. Die eine Firma könnte etwa Zulieferer von bestimmten Produktteilen für die andere sein. Diese Zulieferer ständen aber in Konkurrenz mit anderen, die Ähnliches anböten, und sie könnten auch an andere Unternehmen liefern. Die zwei kleineren Unternehmen würden sich mittelfristig auseinanderentwickeln. Der Markt wäre bereichert, die Vielfalt im Angebot erhöht und der Wettbewerb verstärkt. Die eingeführte Grenze würde damit die Trajektorie der Wirtschaft der Einzelunternehmen, die Richtung, in die sie sich entwickeln, verändern und die Diversität in der Gesamtwirtschaft erhöhen.

Das ist die Faltung im Sinne der Chaostheorie. Ein Wachstum in die Vielfalt. Qualitativ statt quantitativ. Entscheidend für die Faltung ist, dass die Aufteilung eines Unternehmens nicht qua Einzelfallentscheidung durch eine Kartellbehörde geschieht, sondern als Entscheidung des Unternehmens und seiner Anteilseignerinnen selbst, also als Mechanismus der Wirtschaftsdynamik. Die genaue Umsetzung bringt viele wichtige Detailfragen, aber konzeptionell entscheidend ist die Einführung einer faktischen Obergrenze. Diese wäre so hoch angesetzt, dass sie für fast alle Firmen keine

Steuererhöhung bedeuten würde, sondern in weiten Teilen sogar eine Steuerersparnis. Es geht explizit nicht darum, mehr Steuern für den Staat, sondern eine neue Dynamik zu generieren. Gezielt mit Blick auf die Megakonzerne, die den Wettbewerb gefährden und oft auch die Gesellschaft, indem sie zu viel Macht über die Politik haben.

Bei den Firmen, bei denen die Grenze eine Rolle spielt, würde kein Kartellamt langwierig über die Marktlage entscheiden, sondern es würde mit zunehmendem Gewinn ein Anreiz geschaffen, sich in kleinere Unternehmen aufzuspalten und damit den Wettbewerb zu erhöhen. Es wäre die Entscheidung der Anteilseigner, welche Entwicklung profitabler ist.

In den Vereinigten Staaten hat es in der Vergangenheit immer wieder von der Regierung beschlossene Firmenaufspaltungen gegeben. Der Grund für diese Entscheidungen waren immer Wettbewerbsverschiebungen durch Monopolbildung. Jedes Mal hat sich danach der Gesamtwert der beteiligten Unternehmen gesteigert, und der Wettbewerb in diesem Sektor ist enorm gestiegen. Die letzte Regierungsentscheidung dieser Art betraf den Telekommunikationsgiganten AT&T. Sie hat zehn Jahre gedauert.

Die Organisation solcher Firmenaufsplittungen über das Steuersystem ist ungleich besser, weil die Frage nach der Größe und dem Zeitpunkt der Teilung ein kalkulierbares Element der Firmenstrategie wird. Die Unternehmer entscheiden selbst über die Aufsplittung. Megakonzerne wären schlicht unwirtschaftlich. Das System faltet sich und generiert mehr Vielfalt und Wettbewerb.

7.4 Der Weg zur Vielfaltswirtschaft

Die Einführung einer so drastischen Änderung ist selbstverständlich eine Herausforderung, und wie das im Einzelnen passieren sollte, darüber sollten Experten nachdenken und beraten. Eines der Probleme, das auch hier wieder auftritt, ist das der Ländergrenzen. Wie geht man mit dem Dilemma der nationalen Begrenztheit von Entscheidungen um, die international handelnde Konzerne betreffen? Die Drohung der Abwanderung oder des Verlusts von Steuergeldern wird von den Unternehmen sehr kraftvoll für die Durchsetzung ihrer Forderungen verwendet. Das hat den tendenziellen Effekt, dass Arbeitsplätze in ärmeren Ländern entstehen, was hart für Arbeitnehmer in reicheren Ländern ist, aber zu einer weltweit gerechteren Verteilung des Geldes führen kann. Im Gegensatz zur steten Wanderung des Geldes »nach oben« hin zu Personen, die bereits über großen Reichtum verfügen, ist ein Abfließen »zur Seite«, also in ärmere Länder, etwas, was wir prinzipiell begrüßen könnten. Die Arbeitnehmer in den reicheren Ländern stehen dann in Konkurrenz mit denen in ärmeren Ländern. Das muss erlaubt sein.

Probleme entstehen dann, wenn die Arbeit in anderen Ländern den Gesetzen in unseren nicht entspricht. Unser Leben ist derzeit von Produktionsweisen abhängig, die wir in Europa nicht erlauben würden. Dieses Problem ist so groß, dass die meisten Menschen, mit denen ich darüber spreche, vollkommen hilflos auf diesen Mechanismus reagieren. Leute, denen moralische Erwägungen wichtig sind, flüchten sich als Reaktion in die persönliche Verantwortung. Sie versuchen verzweifelt, das richtig zu machen, für das sie keine gesellschaftliche Lösung zu finden scheinen. Ethische Gütesiegel haben seit Jahren Hochkonjunktur.

Ich bin davon überzeugt, dass wir uns als Staat die Souveränität unseres Handelns zurückholen sollten. Das ist keine radikale Kampfansage, sondern einfach die Überzeugung, dass es nicht sein kann, dass wir vieles aufgeben, was wir für richtig halten und über Jahrzehnte bis Jahrhunderte gesellschaftlicher Diskussion entwickelt haben.

Der Möglichkeit der Konzerne, in anderen Ländern zu produzieren, steht eine Reihe von Möglichkeiten der Länder gegenüber, die diese Produkte importieren wollen. Man kann zum Beispiel entscheiden, welche Produkte in die Europäische Union eingeführt werden und hier verkauft werden dürfen.

In jeder Diskussion zu globalen Umweltfragen wie dem Klimawandel kommt die Frage nach den Ländergrenzen auf. Der völlig gerechtfertigte Einwand gegen starke politische Maßnahmen lautet, ein die Wirtschaft regulierendes Gesetz führe dazu, dass große Firmen ins Ausland abwandern und dort produzieren. Wenn wir dann diese Waren und Dienstleistungen einkaufen, haben wir jeglichen Einfluss auf die Produktionsweise, auf Umwelt- und Arbeitsbedingungen verloren. Tatsächlich gilt dieser Einwand natürlich nicht nur für ökologische Aspekte, sondern auch für andere Regeln, die wir für richtig halten und etablieren wollen. In letzter Konsequenz führt der Verweis auf die Gefahr des Abwanderns von Produktion dazu, dass wir nur noch Gesetze erlassen können, durch die der Standortvorteil, den unser jeweiliges Land bieten kann, nicht beeinträchtigt wird.

Damit verlieren wir zunehmend die Möglichkeit, über unsere Art zu leben zu entscheiden.

Das ist schon lange so, und wir haben uns daran gewöhnt, aber es ist nicht akzeptabel. Es führt zu einer Ohnmacht und einer Demokratieverdrossenheit, die gefährlich ist. Wir sind der Möglichkeit beraubt, unsere Gesellschaft zu gestalten. Wir können keine fundamentalen Veränderungen in der Gesellschaft mehr vornehmen, weil Konzerne weltweit operieren, das Internet weltweit funktioniert, aber die Gesetzgebung nur national.

Meiner Auffassung nach müssen wir die Entscheidungsgewalt über unsere Gesellschaft wieder in unsere demokratischen Institutionen zurückholen, und diese sind entweder auf Staatenebene oder liegen bei der Europäischen Union. Eine mögliche Lösung ist eine Verallgemeinerung des am 1. Januar 2023 in Kraft getretenen Lieferkettengesetzes. Ähnliche Gesetze gibt es bereits in Frankreich, den Niederlanden, der Schweiz, Österreich und Großbritannien. In der Europäischen Union ist ein entsprechendes Gesetz in der Vorbereitung. Alle diese konkreten Implementierungen sind noch nicht weitreichend genug, aber sie können der Beginn in eine neue Zukunft sein.

Das Ziel muss sein, dass nur noch Produkte in ein Land eingeführt werden können, deren Produktion den Gesetzen, zumindest aber den Grundgesetzen des Landes entspricht. In den derzeitigen Fassungen beschränken sich die Regelungen der Lieferkettengesetze noch hauptsächlich auf die Arbeitsbedingungen. Ihre Erweiterung auf sämtliche soziale und ökologische Standards ist ein weiter Weg, und es ist klar, dass damit ein großer Einschnitt für Firmen verbunden ist, die im Ausland produzieren. Sie müssen gewährleisten, dass die Regeln eingehalten werden, und dabei wettbewerbsfähig bleiben.

Lassen Sie uns kurz bei diesem Aspekt verweilen. Es gibt zwei Gründe, die die Produktion in ärmeren Ländern günstiger macht. Der eine ist, dass die Löhne woanders niedriger sind, weil die Lebenshaltungskosten geringer sind. Die Verlagerung der Produktion führt in gewissem Maße zu einer Reduktion von Wohlstandsunterschieden, und das ist gut, denn es verringert Armut. Die Produktion kann aber auch dadurch billiger werden, dass Standards im sozialen und ökologischen Bereich niedriger sind. Da wir diese aber in unserem Land für richtig halten, dürfen wir sie auch nicht lockern, wenn wir im Ausland produzieren. Genauso wie Unternehmen in Deutschland gewährleisten müssen, dass diese Regeln eingehalten werden, so müssen sie es auch im Ausland tun, wenn sie bei uns verkaufen wollen.

Das sogenannte Lieferkettengesetz könnte damit eine Kehrtwende bedeuten, indem es Unternehmen verpflichtet, entlang der gesamten Lieferkette für die Einhaltung von Menschenrechten sowie von sozialen und ökologischen Standards zu sorgen – also auch da, wo Rohstoffe abgebaut oder beispielsweise Vorprodukte billig hergestellt werden. Das Gesetz übergibt damit die Verantwortung darüber, unter welchen Umständen und mit welchen Materialien etwas produziert wird, an das Unternehmen. Diese Verantwortung für die Lieferkette ist derzeit noch recht eingeschränkt. Aber das Prinzip könnte eine Lösung darstellen.

Stellen Sie sich vor, man könnte in Europa nur noch Produkte kaufen, bei denen man sicher sein kann, dass sie mit den Gesetzen der EU konform sind. Das heißt, die Arbeitsbedingungen entsprechen den europäischen Gesetzen ebenso wie die Umweltbedingungen. Wenn das der Fall wäre, dann hätten wir die Souveränität über diese zentralen Aspekte unseres Lebens zurückerobert und müssten uns nicht bei jedem iPhone Sorgen um die Bedingungen machen, unter denen es hergestellt wurde.

Der Macht der Unternehmen, in andere Länder abzuwandern, steht der Macht der Länder entgegen, zu kontrollieren, was sie einführen. Über diese Kontrolle ihres Absatzmarktes hat die EU enorme Möglichkeiten, die wir langsam anfangen müssen auszuschöpfen. Kein wirklich großes Unternehmen kann es sich erlauben, die EU als Absatzmarkt zu verlieren.

In gewissem Sinne ist das Lieferkettengesetz eine Antwort darauf, dass es der Weltgemeinschaft bisher nicht gelungen ist, bestimmte Standards auf globaler Ebene durchzusetzen. Im Gegenteil. Als 1945 Staaten wie Russland und China, aber auch Iran, Saudi-Arabien, Syrien und viele andere die Charta der Vereinten Nationen unterzeichneten, die weitgehend Kants Vorschlag eines Völkerrechts folgt, einigte sich damit ein überwiegender Teil der Staaten der Welt auf bestimmte, im Zuge der europäischen Aufklärung entstandene Werte. Heute sind wir von dieser globalen Einigkeit weit entfernt; es fällt nicht nur schwer, sich vorzustellen, dass die Weltgemeinschaft sich derzeit auf neue Faltungsgrenzen einigt. Es ist sogar fraglich, wie viele von den Gründungsstaaten der UN und vielen anderen Unterzeichnern heute noch für diese Charta gewonnen werden könnten.

Dennoch kann ein verhältnismäßig kleines politisches Instrument wie das Lieferkettengesetz nicht darüber hinwegtäuschen, dass wir die großen Herausforderungen, vor denen wir stehen, auf Dauer nur lösen können, wenn wir das auf globaler Ebene tun. Das gilt zuallererst für die Umweltprobleme. Nullemissionen sind nur dann zu erreichen, wenn alle mitmachen – wenn Länder wie China, Russland, Indien, selbst kleinere weiterhin fossile Energien verbrennen, können wir den Klimawandel allenfalls bremsen, aber nicht aufhalten. Deshalb kann und muss es langfristig so sein, dass die Faltungsgrenzen als universelle Grenzen gedacht und durchgesetzt werden – so fern und abwegig das angesichts der politischen Weltlage im Sommer 2023 erscheint.

Ebenso wie die Menschenrechte im Detail unterschiedlich in die Gesetzgebung der Länder eingeflossen sind, kann auch die Umsetzung anderer Faltungsgrenzen im Detail verschieden sein. Das Lieferkettengesetz wäre hier also eine konkrete Umsetzung einer Faltungsgrenze, die da heißen könnte: »In einem Land dürfen nur noch Waren und Dienstleistungen verkauft werden, deren Produktion den (Grund-)Gesetzen des Landes entspricht.«

8 Die Faltung der Gesellschaft: Anreiz und Zusammenhalt

You can always find a millionaire
to shovel all the coal.

TOM WAITS, CLAP HANDS

8.1 Vermögenspyramide und Herrschaftsturm

Wir leben in einer sozialliberalen Demokratie. Liberal ist sie, weil sie dem Einzelnen größtmögliche Freiheit einräumt und der Staat sich aus individuellen Lebensentscheidungen weitgehend heraushält. Und sozial ist sie, weil der Staat gleichzeitig versucht, ein zu großes Maß an Ungleichheit auszubalancieren. Dabei geht es nicht so sehr um Gleichheit, schon gar nicht in Bezug auf die Vermögensverhältnisse, aber um Chancengleichheit. Jeder soll, so lautet das Versprechen, von jedem Punkt in der Gesellschaft aus in der Lage sein, seine Verhältnisse durch Leistung zu verbessern. Ein gewisses Maß an Ungleichheit ist in demokratisch verfassten Staaten akzeptabel, unter anderem deshalb, weil dieses Leistungsprinzip, das Anstrengung belohnt und sich in sozialer und monetärer Wertschätzung niederschlägt, ein wichtiger Motor für gesellschaftliche Entwicklung ist. Mir ist derzeit kein System bekannt, das diese Werte besser bestimmen kann als die Verhandlung zwischen den Menschen – das, was man den Markt nennt.

Schwierig wird es aber offensichtlich dann, wenn die Ungleichheit das »gewisse Maß« übersteigt. Dieser Gedanke ist nicht neu. Nahezu alle demokratisch verfassten Staaten versuchen, zu große Ungerechtigkeiten durch entsprechende Sozialsysteme (Bildungssystem, Gesundheitswesen, Sozialversicherung) auszugleichen. Der Fokus lag hier bisher meist auf der Vermeidung starker Armut. Mittlerweile macht uns aber der starke Reichtum zunehmend Probleme.

Wenn ich im Folgenden vorschlage, zwei weitere ökonomische Faltungsgrenzen einzuziehen, dann ist zunächst wichtig, zu verstehen, dass es nicht der Markt, also der Verhandlungsprozess ist, der die Probleme verursacht, sondern bestimmte Selbstverstärkungsprozesse innerhalb unserer Marktwirtschaft. Wie wir oben gesehen haben, gehört es zu den Eigenschaften von Selbstverstärkungsprozessen, dass das damit verbundene Wachstum zwar bis zu einem bestimmten Punkt linear verläuft, aber danach explodiert (Abbildung 3, siehe S. 25). Dieses exponentiell ansteigende Wachstum zerstört da, wo es explodiert, den Markt mit seinem freien Wettbewerb, wie ich in Kapitel 7 gezeigt habe. Da das Kartellrecht offensichtlich nur ungenügend in der Lage ist, Wettbewerb zu erhalten – ein Problem, das mit den Megakonzernen Google, Meta und Amazon eine neue Qualität erreicht hat –, schlage ich in Bezug auf Unternehmen als Faltungsgrenze eine Besteuerung vor, die das unendliche Wachstum auf ein gesundes Maß begrenzt. Manch einer mag in der Besteuerung nicht den besten Weg sehen – wichtig ist mir, *dass* das unendliche Wachstum begrenzt wird. *Wie* das passiert, ist Teil des politischen Verhandlungsprozesses.

Es gibt jedoch auch im Bereich von Privatvermögen selbstverstärkende Prozesse, die der Gesellschaft schaden und damit unser Zusammenleben zerstören. Unser Finanzsystem ist so konstruiert, dass jemand, der Geld hat, mehr daraus machen kann. Er muss dafür praktisch nichts tun.[53] Wer viel Geld hat, kann das in so großem Stil tun, dass er nicht arbeiten muss. Früher oder später, insbesondere wenn diese Vermögen über mehrere Generationen hinweg uneingeschränkt vererbt werden, explodiert diese selbstverstärkende Geldvermehrung. Der Wohlstandsunterschied vergrößert sich dann nicht mehr linear; stattdessen entsteht eine Schicht von sehr Reichen, die sich von der Gesellschaft absondern. Wer zu dieser Finanzelite gehört, hat Möglichkeiten, die andere nicht haben und, das ist das Entscheidende, die sie sich auch nicht mehr erarbeiten können.

Das Problem entsteht immer dann, wenn das Wachstum von Vermögen explodiert. Auch hier kommt es also wieder auf die Skala an. Meist sind es über mehrere Generationen vererbte Vermögen: Wenn deren Zunahme nicht unterbrochen wird, folgt ihr Anstieg einer exponentiellen Kurve (Abbildung 3, siehe Seite 25).

53 Fun fact: In der Ökonomie wird Geld, das man ohne eine aktuell erbrachte Leistung bekommt, eine Rente genannt.

Am Anfang wachsen die Unterschiede moderat, doch das ändert sich, je mehr auf der einen Seite dazukommt. Viele kennen die berühmte indische Legende von den Reiskörnern auf dem Schachbrett. Dieser Legende nach bat Sissa ibn Dahir als Entlohnung für die Erfindung des Schachspiels um Reis. Der König solle auf das erste Feld eines Schachbrettes nur ein Reiskorn legen, auf das nächste zwei und von jedem Feld zum nächsten die Zahl der Körner verdoppeln. Was entsteht, ist ein exponentielles Wachstum, genau als würde man den Unterschied zwischen den Menschen in jeder Generation verdoppeln. Am Anfang erscheint das Ganze noch akzeptabel. Aus einem Reiskorn werden zwei und dann vier und dann acht. Aber schon auf dem 54. Feld liegt dann ein Reishaufen, der so hoch ist wie der Fernsehturm auf dem Alexanderplatz in Berlin.[54] Auf dem 64., also dem letzten Feld des Brettes, liegen dann 18 Trillionen Reiskörner. Das ist eine Menge, die die gesamte Bundesrepublik mit einer ein Meter dicken Reisschicht bedecken würde. Die Vermögen der reichsten Personen der Welt sind in etwa so weit von unseren Vermögen entfernt wie diese Deutschland überdeckende Meterschicht von einem Sack Reis. Es geht nicht darum, zu verbieten, dass Menschen unterschiedlich viel Geld haben. Der eine kann einen Sack Reis haben, während der andere hundert Säcke hat. Es geht darum, zu verhindern, dass ein Mensch so viele Säcke hat wie der andere Körner. Dafür

---

54 Ein kleiner Hinweis für Genießer: Schütthaufen von Reiskörnern sind in einem selbstorganisiert kritischen Zustand und haben eine universelle Form. Ein Reishaufen ist also durch seine Höhe eindeutig bestimmt.

darf das Wachstum nicht über Generationen hinweg exponentiell zunehmen.

Das exponentielle Auseinanderdriften der Gesellschaft durch explosionsartig ansteigenden Reichtum passiert aber nicht nur am Übergang von einer Generation zur nächsten. Die Geschwindigkeit, mit der der Reichtum Einzelner in einigen Bereichen wächst, schafft schon innerhalb einer Generation Unterschiede, die man mit der eigenen Intuition nicht mehr erfassen kann. Exponentielle Marktentwicklungen wie bei Amazon oder Tesla sind atemberaubend. Es geht mir hier dabei in keiner Weise um die Frage, ob diese gerecht sind oder nicht. Amazon liefert ganz klar einen Dienst für die Gesellschaft, der genutzt und gewollt ist. Dass es große Probleme mit diesem Dienst gibt, kann nicht darüber hinwegtäuschen. Tesla hat eine Revolution in der Automobilindustrie initiiert, die über wenigstens eine Dekade hin von den anderen Autobauern aktiv blockiert wurde, und den Markt für Elektroautos zunächst fast im Alleingang aufgebaut. Wir brauchen ein Anreizsystem, das solche Innovationen entfacht und beflügelt.

Gleichzeitig sind die Vermögenszuwächse der Amazon- und Tesla-Chefs im wahrsten Sinne des Wortes unvorstellbar. Im Jahr 2020 stieg das Vermögen von Jeff Bezos um 75 Milliarden US-Dollar. Das sind mehr als 8,5 Millionen pro Stunde an Zuwachs. Man kann diese Zahlen drehen und wenden, wie man will. Man bekommt keine wirkliche Intuition dafür. Elon Musks Vermögen ist im Jahr 2021 um 121 Milliarden US-Dollar angestiegen. Das sind 13,8 Millionen pro Stunde. Ich nehme hier einfach nur diese sehr bekannten Personen heraus, um das Problem zu illustrieren. Das bedeutet, dass diese beiden

Männer jeweils in fünf Minuten weitaus mehr verdienen, als eine Krankenschwester in ihrem ganzen Leben erarbeiten kann.

Ohne auch nur eine Sekunde von Neid und Missgunst abgelenkt zu werden, möchte ich behaupten, dass der Abstand der Vermögensverhältnisse zwischen dem Reichtum von Männern wie Musk und Bezos und normalen Dienstleisterinnen wie einer Krankenschwester schlecht für eine Gesellschaft ist. Die globale Ausbreitung von Ideen und Unternehmen mit einer nie da gewesenen Geschwindigkeit erlaubt eine nie da gewesene Reichtumsexplosion, die die Gemeinschaft zerstört. Wir brauchen diese Gemeinschaft aber, denn ohne sie sind auch Unternehmertum und Wohlstand nicht möglich.

Die Ungleichverteilung in Einkommen und Vermögen wird häufig in dem kurz nach dem Zweiten Weltkrieg entwickelten Gini-Index gemessen. Dieser hat bei vollkommener Gleichverteilung den Wert null, und wenn eine Person alles besitzt, dann hat er den Wert eins. In Deutschland, China und den USA ist der Index für Einkommen in den letzten dreißig Jahren mehr oder weniger stetig angestiegen. Bei uns liegt er derzeit bei etwa 0,3 – das könnte im Prinzip darauf hindeuten, dass die meisten Einkommen in unserer Gesellschaft nicht so weit auseinanderliegen. Global ist der Wert zwar leicht abgefallen, bewegt sich aber auf einem erschreckenden Niveau von fast 0,7, also dichter bei dem eigentlich absurden Wert eins.

Leider ist dieser Gini-Index mittlerweile kein gutes Maß mehr für die Ungleichheit, die wir erleben. Er beschreibt in gewissem Sinne eine *mittlere* Ungleichheit, die unser Problem nicht ausreichend einfängt. Das lässt sich an einem Beispiel verdeutlichen. Der Gini-Index-Wert für Einkommen in Deutschland von etwa 0,3 kann sich aus sehr unterschiedlichen Situationen ergeben. Zum Beispiel könnte er eine Gesellschaft beschreiben, in der jedes Einkommen genau einmal vorkommt; wenn also genau ein Mensch 10 000 Euro im Jahr verdient, genau ein anderer 10 001 Euro und wieder einer 10 002 Euro. Bei 45 Millionen Erwerbstätigen bekäme dann auch genau einer diese 45 Millionen Euro.

Dies ist ein konstruiertes Beispiel zur Illustration, in dem die einkommensschwächere Hälfte im Mittel genau halb so viel bekommt wie die einkommensstärkere Hälfte. Das entspricht offensichtlich keiner Gleichverteilung, sondern eher einer Art Einkommenspyramide. Ob es möglicherweise eine vernünftige Verteilung für eine gerechte Gesellschaft sein könnte, kann man diskutieren – ich bezweifle es, aber ganz absurd ist diese Verteilung nicht.

Entscheidend ist, dass man den gleichen Wert für den Gini-Index auch bei einer vollkommen anderen Verteilung der Einkommen erhält, nämlich bei einer Art Einkommensturm: wenn nämlich alle das Gleiche verdienen würden, sagen wir 10 000 Euro, aber 45 Personen bekämen fünf Milliarden pro Jahr, also 500 000-mal mehr. Auch dann läge der Gini-Wert bei 0,3. Diese beiden Gesellschaften sind sehr unterschiedlich, obwohl eine Vermögenspyramide und ein Herrschaftsturm über einer flachen Ebene von Niedrigeinkommen den gleichen Gini-Index haben. Derzeit konzentrieren sich Vermögen zunehmend bei einzelnen Personen. Das heißt: Dadurch, dass besonders Reiche immer reicher werden, weil ihre Vermögen explodieren, entwickelt sich die Verteilung in

Abbildung 5 – Illustrative Einkommensverteilungen in einer imaginären Gesellschaft. Es geht hierbei um die Verbildlichung der Skalen. In der Pyramide (oben) sind die Einkommen gleichmäßig auf die verschiedenen Einkommensgruppen aufgeteilt. In der Mitte kommt zur gleichen (!) Pyramide noch eine Gruppe von zehn Prozent der Bevölkerung hinzu, die hundertmal mehr verdient als die Reichsten in der Pyramide. Schon aus der Perspektive dieser Menschen ist es praktisch das Gleiche, ob jemand 20 000 Euro oder zwei Millionen Euro im Jahr verdient, d. h. für sie ist die Pyramide bereits nicht mehr sichtbar. Im Herrschaftsturm (unten) verdient die Gruppe der Reichsten zwei Milliarden im Jahr und ist auf ein Prozent der Bevölkerung zusammengeschrumpft. Der Gini-Index für die Pyramide ist 0,3, genauso wie seit Jahren in Deutschland. Den gleichen Wert hat aber auch ein Herrschaftsturm, in dem alle 45 Millionen Erwerbstätigen in Deutschland die gleichen 20 000 Euro pro Jahr verdienen, während 45 Einzelpersonen zehn Milliarden pro Jahr bekommen. Diese Verteilung wäre sogar noch extremer als die in der unteren Grafik illustrierte.

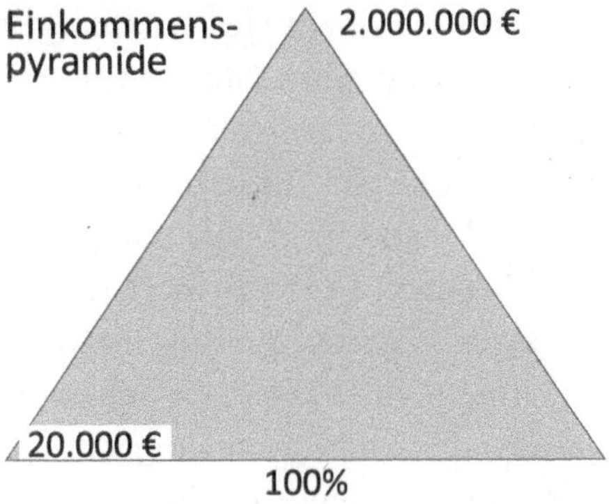
Einkommens-
pyramide
2.000.000 €
20.000 €
100%

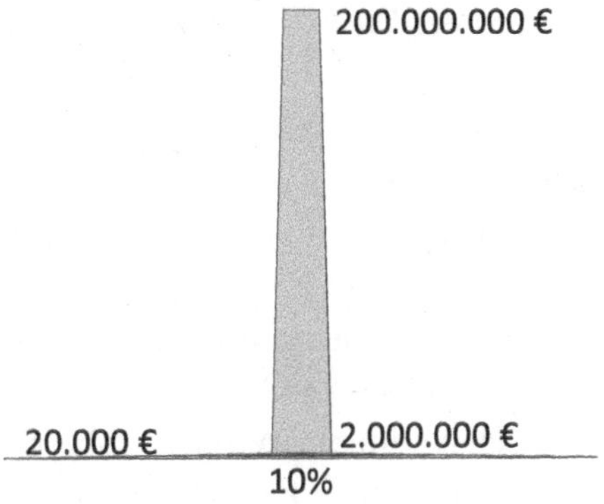
200.000.000 €
20.000 €
2.000.000 €
10%

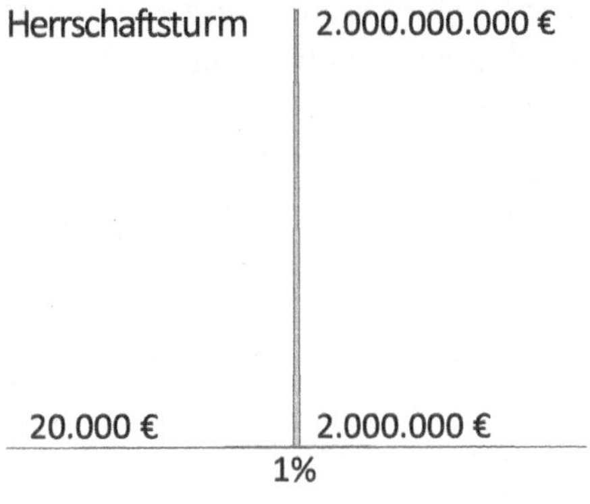
Herrschaftsturm
2.000.000.000 €
20.000 €
2.000.000 €
1%

unserer Gesellschaft so, dass sie einem Herrschaftsturm entspricht. Dieser Umstand geht beim Gini-Index verloren.

Deshalb versuchen Akteure wie die internationale Hilfsorganisation Oxfam, die enorme Ungleichheit mit anderen Maßen zu beschreiben. In ihrem Bericht von Januar 2022 heißt es, dass die reichsten ein Prozent Menschen der Welt zwanzigmal mehr Vermögen haben als die gesamte untere Hälfte der Einkommensverteilung. Also mehr als vier Milliarden Menschen zusammen. Zudem hat sich während der Pandemie der Reichtum der zehn reichsten Männer der Welt verdoppelt.

8.2 Selbstverstärkung der Immobilienvermögen

Eine besondere Rolle spielen explosionsartig anwachsende Vermögen im Bereich des Immobiliensektors. Er unterscheidet sich von vielen anderen Wirtschaftsbereichen darin, dass er einen Einfluss auf das gesamte Wirtschaftsleben hat. Wenn ich in New York City bei einem Straßenverkäufer zum Beispiel ein asiatisches Gericht kaufe, dann zahle ich dafür ungefähr zehn US-Dollar. Wenn ich das dem Namen nach gleiche Gericht in einem Restaurant direkt daneben bestelle und mich zum Verzehr an einen Tisch setze, kostet es mich über 50 Dollar. Es hat wahrscheinlich eine etwas bessere Qualität und wird mir an den Tisch gebracht. Aber die Differenz der Preise fließt nicht in erster Linie in das Gehalt der Bedienung und auch nicht in die Zutaten des Essens, sondern zu einem großen Teil in die Miete, die der Restaurantbesitzer zahlt. Der Großteil meiner 50 Dollar geht damit an den Besitzer oder die Besitzerin der Immobilie. Durch diesen Mechanismus ziehen die Immobilienpreise über die dadurch steigenden Mieten die Kosten für das gesamte Leben in einer Stadt in die Höhe. Die Mietpreise erhöhen nicht nur die Restaurantrechnung, sondern auch das, was ein Kellner verdienen muss, damit er halbwegs in der Nähe[55] seines Arbeitsplatzes wohnen kann. Die Preise in den Supermärkten in Manhattan ebenso wie allen anderen Geschäften steigen mit den Mieten, und damit steigen die gesamten Lebenshaltungskosten. Über die Immobilienpreise fließt ein scharfer Strahl von Geld direkt nach oben zu den Leuten, denen die Immobilien gehören, während die, die von den steigenden Lebenshaltungskosten betroffen sind, daran gar nicht verdienen. Auch hier geht es nicht darum, Immobilienbesitz an sich zu verteufeln. Der Sektor erfüllt selbstverständlich einen gesellschaftlichen Dienst. Es werden Häuser gebaut und renoviert, um mehr Wohnraum zu schaffen. Das Problem entsteht wieder in einem bestimmten Bereich der Skala, dort, wo die Gewinne exponentiell wachsen, nachdem die Anschaffungs- oder Reparaturkosten abbezahlt sind. Hierbei kommt noch erschwerend die sogenannte Konkavität der Nutzenfunktion hinzu: Je wohlhabender man ist, desto mehr Geld braucht man, um einen empfundenen Wohlstandsgewinn zu erzielen.[56] Dadurch ent-

55 Und hiermit meine ich nicht in Manhattan, sondern irgendwo in einem Umkreis, der ihm erlaubt, innerhalb von zwei Stunden zur Arbeit zu kommen.

56 Diese Annahme ist seit mehr als hundert Jahren etabliert in der Makroökonomie. Sie ist sehr naheliegend und generiert eine Reihe gesellschaftlicher Probleme.

steht ein Anreiz, eine immer höhere Gewinnmarge zu verlangen, je mehr man schon hat. Das verstärkt die Selbstverstärkungsdynamik nicht nur im Immobilienmarkt.

8.3 Explodierende Vermögen gefährden die Gesellschaft

Wir haben in den rechtsstaatlichen Demokratien Regeln, die es formal gewährleisten, dass Menschen die gleichen Rechte vor Gericht haben und dass jedes Menschen Stimme bei der Wahl gleich viel zählt. Praktisch gesehen führt das schon bei verhältnismäßig moderaten Einkommensunterschieden nicht zu wirklicher Gleichberechtigung vor dem Gesetz, denn nicht jeder hat die gleichen Möglichkeiten, die Rechtslage zu überblicken oder jemanden zu engagieren, der das für einen übernimmt.

In den Vereinigten Staaten von Amerika gilt das auch für den politischen Einfluss. Für den Ausgang der Wahlen ist entscheidend, welcher von den Kandidaten das meiste Geld einwirbt. Das wird von den politischen Kommentatoren und Parteistrategen ganz offen kommuniziert. Der Grund liegt darin, dass Geld sich direkt in Wählerstimmen übersetzen lässt – ähnlich wie durch Werbung die Verkaufszahlen eines Unternehmens steigen. Unabhängig davon, wie gut man die Zusammenhänge versteht: Werbung führt zu Umsatz, und Geld einer politischen Partei führt zu Wählerstimmen. Deshalb sind die Möglichkeiten, Parteien mit Geldspenden zu unterstützen, in Deutschland stark begrenzt und unterliegen strengen Regeln. Das ist in den USA grundsätzlich anders – eine Spendenaffäre wie seinerzeit bei der CDU unter Helmut Kohl würde es dort nicht geben –, und man kann durchaus daran zweifeln, wie demokratisch die Wahlen in der ältesten Demokratie der Welt wirklich sind, nicht nur, aber auch weil Geld die politischen Ergebnisse derart stark beeinflusst.

Die Verhältnisse in den USA sind nur ein Beispiel dafür, dass es für den Zusammenhalt der Gesellschaft problematisch ist, wenn Menschen mit sehr viel Geld sich aus dem Rahmen der gesellschaftlichen Regeln verabschieden, wenn sie also vor dem Gesetz und in der Politik Macht haben, die ihnen nach den Regeln des demokratischen Systems nicht zusteht. Beispiele für dieses systemische Problem sind die Finanzierung des republikanischen Wahlkampfs durch die Ölmagnaten Charles und David Koch und der über Jahrzehnte geplante Aufstieg Donald Trumps, der ohne den Sender Fox News, vom australischen Medienmogul Rupert Murdoch mit dem erklärten Ziel der politischen Einflussnahme finanziert, vermutlich nicht stattgefunden hätte. Aber auch die Rolle des Milliardärs Michael Bloomberg im Wahlkampf der Demokraten gegen Trump sei hier erwähnt, und gerade hat Alexander Soros, Sohn des »Philanthropen-Milliardärs« George Soros, erklärt, sich mit dem geerbten Vermögen des Vaters noch stärker politisch einzumischen[57]. Diese Möglichkeiten, mit Geld Politik zu machen, entstehen nicht durch einen bloßen Unterschied von Wohl-

57 https://www.spiegel.de/politik/deutschland/news-des-tages-donald-trump-alexander-soros-ampelkoalition-heizungsgesetz-arbeitsstress-a-4581ba18-5990-4a8a-81ae-8fadd4afff87

habenden und weniger Wohlhabenden, sondern allein in einer Finanzelite.

Man muss nicht in die USA schauen, um zu verstehen, dass die Explosion der Vermögen von wenigen reichen Menschen eine Gefahr für demokratische Gesellschaften darstellt. Ihre Einflussmöglichkeiten auch bei uns in Europa mögen weniger offensichtlich sein als im politischen System der Vereinigten Staaten – sie sind dennoch enorm. Die Probleme, die daraus entstehen, sind vielfältig. Zum einen wird Geld, das auf den Finanzmärkten ohne Leistung erwirtschaftet wird – eben weil es nicht er-wirtschaftet, sondern durch Spekulation gewonnen wird –, dem System an anderer Stelle entzogen. So wetten Börsenhändler auf den Bankrott von Staaten, und Steuergelder fließen in die Bankenrettung und sind dann für die Sozialsysteme nicht mehr verfügbar. Als Griechenland »gerettet« werden musste, stiegen die Gewinne an den Börsen, während der harte Sparkurs viele Menschen in Griechenland in den finanziellen Ruin und nicht wenige sogar in den Selbstmord trieb.

Zum anderen beeinflussen Superreiche auch in Europa seit Jahren das politische System, so hat zum Beispiel das Medienimperium des verstorbenen italienischen Ex-Premiers Silvio Berlusconi maßgeblich zum Aufstieg der Rechtspopulisten in Italien beigetragen. Die Schäden mögen weniger unmittelbar sein, aber sie sind deshalb nicht weniger folgenreich. Dazu gehört, dass wir, wenn wir zulassen, dass sehr wenige astronomische Summen anhäufen, das Anreizsystem zerstören. Menschen, die mit einem Reichtum geboren werden, der es ihnen erlaubt, ohne eigenen Beitrag zur Gesellschaft zu leben, haben das Anreizsystem verlassen. Vielleicht betreiben sie weiter Wirtschaft, investieren und führen Unternehmen, aber sie tun das in einer von der normalen Bevölkerung und von normalen Unternehmen losgelösten Reichtumssphäre – mit nahezu unbeschränkten Handlungs- und Einflussmöglichkeiten. Hinzu kommt der schon immer viel diskutierte Anreizverlust für Bevölkerungsgruppen, die keinerlei Möglichkeit sehen, in die Mitte der Gesellschaft vorzudringen, geschweige denn sich selbst richtigen Wohlstand zu erarbeiten. Wenn diese beiden Gruppen anwachsen, dann ist unsere Gesellschaft in Gefahr, zu zerreißen.

Es gibt gute Gründe für eine Begrenzung – nicht eine Eliminierung – des Unterschieds von Arm und Reich in der Gesellschaft. Das für mich persönlich entscheidende Argument ist, dass wir als Gesellschaft ein bestimmtes Maß an Zusammenhalt brauchen, auf den wir alle angewiesen sind. Was es bedeutet, wenn dieser Zusammenhalt nicht gegeben ist, kann man in vielen Autokratien der Welt beobachten. So ist es kein Zufall, dass Diktatoren von Saudi-Arabien bis Nordkorea sich, wenn sie krank sind, in die Hände westlicher Ärzte begeben und ihre Zöglinge in der Schweiz oder in England zur Schule schicken. Die Länder, die sie regieren, stellen keine Dienstleitungen von annährend gleicher Qualität zur Verfügung. Der Wohlstand selbst der kleinsten schwerreichen politischen Kaste hängt von der Existenz westlicher Demokratien ab, in denen eine breite, relativ wohlhabende Bevölkerung gut funktionierende Systeme – ein Bildungswesen, ein Gesundheits- und Sozialsystem, eine gut funktionierende Justiz und Verwaltung – hervorbringt und trägt. Dass diese Systeme auch bei uns zunehmend in Gefahr sind, zeigt ein Blick auf den Pflegenotstand oder den Lehrkräftemangel in Schulen.

Wenn ich hier also mit Blick auf die Vermögensentwicklung zwei weitere Faltungsgrenzen vorschlage, dann tue ich dies nicht aus moralischen Gerechtigkeitserwägungen heraus – auch wenn solche Erwägungen selbstverständlich ihre Berechtigung haben. Ich glaube, dass die Fehlentwicklungen, die wir gerade beobachten, unsere demokratisch-rechtsstaatlichen Gesellschaften in ihrer Existenz bedrohen.

8.4 Explodierende Vermögen durch Vererbung begrenzen

In Bezug auf das durch Vererbung exponentiell wachsende Vermögen könnte die erste Grenze darin bestehen, dass man sich auf eine maximale Geldmenge einigt, die eine Person einer anderen vererben kann. Diese Geldmenge wäre eine Grenze, die von der Gesellschaft gesetzt wird – eine Grenze, die Kraft entfalten kann im Sinne der Faltung. Die Grenze sollte so gewählt sein, dass sie ausschließlich dem einen Ziel dient, nämlich die Startbedingungen für Menschen in einem vernünftigen Maß auszugleichen. Natürlich sollte die konkrete Vererbungsgrenze Ergebnis eines gesellschaftlichen Verhandlungsprozesses sein. Sie könnte sich daran orientieren, was man mit seiner eigenen Leistung in einer endlichen Zeit erarbeiten kann. Ich werde später argumentieren, dass es ein maximales Verhältnis von oberem zu unterem Einkommen in einer Gesellschaft geben sollte. Man könnte dieses obere Jahreseinkommen als Maß für die Vererbungsgrenze nehmen.

Da Skalen hier entscheidend sind, lassen Sie uns einen Wert in Erwägung ziehen, um zu verdeutlichen, worum es bei dieser Grenze gehen könnte. Nehmen wir an, die Gesellschaft würde sich einigen, dass eine Person nicht mehr als zwei Millionen Euro an eine andere Person vererben kann. Es ist wichtig, sich hier die Summe der zwei Millionen klarzumachen, denn tatsächlich ist die Skala hier entscheidend – nicht als präzise, aber doch als konkrete Zahl. Es geht nicht darum, zu überlegen, ob man es prinzipiell richtig findet, dass man Geld vererben kann. Es geht um die Größenordnung. Die meisten Menschen haben an ihrem Lebensende keine zwei Millionen zu vererben. Andere jedoch schon, und das sind nicht wenige. Lassen Sie uns einmal schauen, was passiert, wenn jemand mehr als zwei Millionen zu vererben hat. Zunächst mal wäre es erlaubt, an mehrere Personen zu vererben. Hat man zum Beispiel zwei Kinder, dann kann man von seinem Vermögen schon vier Millionen vererben. Hat man Nichten oder Neffen oder Enkelkinder, dann erhöht sich die Zahl des Erbbetrags schnell. Aber sie erhöht sich linear. Als Nächstes kann man überlegen, ob man Geld an Freunde vererbt oder an Organisationen. Es geht nicht darum, das Geld dem Staat zuzuspielen. Es geht darum, dass es nicht in ungeheurer Höhe bei einer oder ganz wenigen Personen bleibt, die für dieses Vermögen nichts geleistet haben. Die konzentrierte Weitergabe von Reichtum ist eine entscheidende Sollbruchstelle unserer Gesellschaft. Reichtum, der sich am Ende eines Lebens angesammelt hat, in die Gesellschaft zurückzufalten, kann ein exponentielles Auseinanderstreben der Gesellschaft verhindern.

Es ist mir wichtig zu betonen, dass diese Grenze für mehr als 98 Prozent der Bevölkerung nichts an ihren Verrbungsabsichten ändern würde.[58] Man könnte sogar die Erbschaftssteuer unterhalb der Grenze vollständig eliminieren. Für einen Großteil der verbleibenden zwei Prozent würde es nur etwas daran ändern, wie das Erbe verteilt würde. Entscheidend ist, dass die Entwicklung verhindert wird, die schon heute den Zusammenhalt unserer Gesellschaft bedroht: das unbegrenzte Vererben von riesigen Vermögen, das die Schicht der Reichen langsam zu einer Klasse der Reichen macht.[59]

8.5 Die Verhältnismäßigkeit des Einkommens

Die zweite Grenze betrifft die Vermögensbildung durch Einkommen. Gehen wir davon aus, dass es sinnvoll und für den Zusammenhalt, ja sogar für die Existenz der Gesellschaft notwendig ist, das maximale Einkommen zu

---

58 Im Jahr 2020 lagen in Deutschland etwa zwei Prozent der vererbten Summen über einer Millionen Euro, d.h. weniger als zwei Prozent lagen über zwei Millionen.

59 Ich benutze hier die Unterscheidung von Schicht und Klasse in dem Sinne, dass eine Klassenstruktur nicht durch normale Arbeit einer Person durchbrochen werden kann. Die Klassenzugehörigkeit wird vererbt und kann nicht erworben werden. Hierzu mag es Ausnahmen geben, wie die Erfinder von Amazon, Tesla und Facebook zeigen, aber im Allgemeinen sind Klassenstrukturen zementiert, während eine Schichtung der Gesellschaft ein, zumindest für mich, akzeptabler Prozess ist, weil er Teil einer Anreizstruktur ist.

begrenzen. Die Schweiz hat vor wenigen Jahren über ein Gesetz mit einer ähnlichen Zielrichtung abgestimmt. Es hätte bestimmt, dass das höchste Gehalt in einer Firma nur zwölfmal so groß sein darf wie das niedrigste. Nach einem solchen Gesetz würde niemand in einem Monat mehr verdienen als der andere im ganzen Jahr. Das Gesetz hat keine Mehrheit bekommen und wurde deshalb nicht verabschiedet, und ich glaube, das lag daran, dass das Verhältnis zu gering angesetzt war. Ich denke, es sollten Einkommensunterschiede erlaubt sein, die größer sind als das Verhältnis eins zu zwölf. Aber eben nicht unendlich große.

Mir geht es darum, eine solche Begrenzung der Unterschiede überhaupt einmal durchzudenken. Da ich nicht der Auffassung bin, dass man Reichtum verhindern sollte, damit man seine Funktion als Anreiz für die Gesellschaft nicht verliert – und weil es ungerecht ist, wenn Leistung sich nicht im Einkommen widerspiegelt –, geht es auch hier wieder um eine Skala. Deshalb muss das Gedankenexperiment anhand konkreter Zahlen durchgeführt werden. Die tatsächliche Grenze des zulässigen Verhältnisses zwischen höchsten und niedrigsten Einkommen muss aber, sollte sie je politische Realität werden, aus einem gesellschaftlichen, einem demokratischen Entscheidungsprozess entstehen.

Zur Illustration nehmen wir an, dass das jährliche Netto-Minimaleinkommen in Deutschland bei etwa 20 000 Euro liegen sollte. Das sind etwas mehr als 1600 Euro im Monat und ist hier nur als möglichst runde Jahressumme gewählt, die von der Realität in Deutschland im Jahr 2023 nicht allzu weit entfernt ist. Wenn wir uns jetzt darauf einigen könnten, dass niemand in einem

Jahr mehr verdienen sollte als der andere im ganzen Leben, dann könnten wir das großzügig so übersetzen, dass das Maximaleinkommen hundertmal das Minimaleinkommen sein darf. Das würde bedeuten, dass niemand mehr als zwei Millionen Euro pro Jahr verdienen kann.

Wer bei einer Begrenzung des Maximaleinkommens gleich kommunistische Verhältnisse befürchtet, dem sei gesagt: Versuchen Sie sich einmal vorzustellen, dass Sie zwei Millionen im Jahr zusätzlich auf Ihrem Konto hätten. Ein Staat, in dem jemand ein Zwei-Millionen-Nettoeinkommen im Jahr bekommen kann, während ein anderer 20 000 verdient, ist kein kommunistischer. Ganz unabhängig davon, dass ja auch die Produktionsgüter nicht verstaatlicht sind und auch ansonsten keine Verhältnisse herrschen, wie sie in kommunistischen Staaten üblich waren, mit staatlich kontrollierten Medien etc. Mit zwei Millionen im Jahr ist man reich. Es bedeutet, dass man in fünfzig Jahren Arbeitsleben fast 100 Millionen anhäufen kann. Das ist ein enormer Reichtum, der zugleich aber weit von dem entfernt ist, was derzeit mit den beschriebenen Vermögen mancher Superreicher geschieht. Man würde die Explosion verhindern, die wir bei den höchsten Vermögenszuwächsen sehen.

Der Gedanke eines Maximaleinkommens ist nicht neu. Es gibt eine umfangreiche ökonomische Literatur zu diesem Thema. Praktisch umsetzen kann man eine solche Faltungsgrenze auf verschiedene Arten. Ein möglicher Weg wäre, die Steuerrate ansteigen zu lassen, bis sie asymptotisch für unendlich hohe Bruttogewinne bei 100 Prozent liegt. Das ginge mit einer simplen mathematischen Formel.[60] Aber es gibt, wie gesagt, auch andere Wege.

Eine Faltungsgrenze, die das exponentielle Wachstum an einem Ende der Skala bremst, steht vollkommen im Einklang mit dem Leistungsprinzip und mit der Notwendigkeit eines Anreizprinzips. Sollten wir uns auf eine solche Grenze einigen können, dann ist es vielleicht möglich, aus dem Turm der Herrschaft, zu dem sich die Vermögensverteilung in unserer Gesellschaft zu entwickeln droht oder vielleicht schon entwickelt hat, wieder eine Wohlstandspyramide zu machen. Der entscheidende Unterschied ist, dass der Turm über dem Rest der Gesellschaft herausragt; wer sich darin aufhält, thront losgelöst über ihr, mit sehr viel Macht und Einfluss, die nicht politisch gewünscht und oft unsichtbar sind. Die Pyramide dagegen ist eine zusammenhängende Gesellschaft, in der Chancengleichheit und Rechtsgleichheit möglich sind.

Menschen sind nicht gleich, und deshalb muss auch ihre Bedeutung in der Gesellschaft nicht gleich sein. Die Konsequenz aus dieser Einsicht ist, dass auch die mate-

---

60 Man könnte zum Beispiel die gleiche Formel verwenden wie oben bei der Unternehmenssteuer. Das Nettoeinkommen N würde sich aus dem Bruttoeinkommen B wie folgt berechnen: $N = B / (B + B_{50}) \cdot N_{max}$. Diese Formel hat zwei Parameter, auf die sich die Gesellschaft einigen muss. Der erste ist das bereits besprochene maximale Nettoeinkommen N_{max}. Der zweite ist das Bruttoeinkommen, bei dem der Steuersatz 50 Prozent beträgt, B_{50}. Dieser könnte zum Beispiel dadurch bestimmt werden, wie viel Steuereinnahmen der Staat benötigt. Damit ergäbe sich eine direkt spürbare Verbindung von Staatsausgaben und Nettoeinkommen. Jeder könnte seine Steuer sofort selbst ausrechnen.

rielle Entlohnung nicht gleich sein muss. Es muss aber jede gesellschaftliche Position durch Leistung erreichbar sein. Die natürlichen Unterschiede in den Fähigkeiten von zum Beispiel Familienmitgliedern sollten ein Auf- und Absteigen erlauben, ohne dass hier das Leistungsprinzip durch Erbschaft aufgehoben ist.

8.6 Noch eine Grenze, für Liebhaber: Ultra-Fast-Trading

Grenzen müssen sich nicht immer auf eine Menge beziehen, und sie müssen nicht immer nur nach oben abgrenzen. Vor allem ist wichtig, dass wir nur sehr wenige Grenzen setzen und uns dieser Grenzziehung bewusst sind. Es geht darum, Freiheit zu erhalten, indem man sich vor den Entwicklungen und Selbstverstärkungsprozessen schützt, die etwas Wichtiges bedrohen. Entsprechend muss jede Grenze gut und klar begründet sein.

Ich möchte hier noch eine weitere mögliche Grenze skizzieren und zur Diskussion stellen. Der Wert von Unternehmen an den Wertpapiermärkten der Welt wird mittlerweile zum großen Teil von Algorithmen bestimmt. Das Handeln von Aktien geschieht heute oft so schnell, dass es sich der menschlichen Wahrnehmung entzieht. Algorithmen, Computerprogramme werden geschrieben, die durch das Beobachten und Handeln von Aktienkursen den Gewinn maximieren sollen. Hierbei fällen die Programme Entscheidungen im Nanosekundenbereich. Das bedeutet, innerhalb einer Sekunde passieren eine Milliarde Transaktionen. Eine große Gefahr besteht selbstverständlich darin, dass diese Algorithmen Selbstverstärkungsmechanismen in sich bergen und entweder selbst oder im Zusammenspiel mit anderen Algorithmen zu explosionsartigen Ereignissen am Markt führen.

Zunächst einmal birgt der Nanosekundenhandel die gleichen Selbstverstärkungsprozesse wie jeder Börsenhandel. Verkauft zum Beispiel jemand einen großen Anteil von Aktien eines Unternehmens, dann können andere Teilnehmer denken, dass diese Aktie weniger wert ist, und diese ebenfalls verkaufen. Die Nachfrage für die Aktie würde dann fallen, obwohl ihr Preis sinkt. Normalerweise steigt in der Marktwirtschaft die Nachfrage, wenn der Preis eines Gutes sinkt, aber hier ist es umgekehrt. Je nach der genauen Situation nennt man solche Güter in der Ökonomie gelegentlich Giffen-Güter (Jensen und Miller, 2008) oder Veblen-Güter (Bagwell und Bernheim, 1996; Veblen, 1899). Diese Begriffe werden in leicht anderen Zusammenhängen verwendet und unterscheiden sich auch. Die Eigenschaft, auf die ich hier abziele, ist aber die, dass die Nachfrage sich verringert, obwohl der Preis sinkt. Das bedeutet im Allgemeinen, dass die Verhandlung um den Preis des Gutes keinen Abschluss findet. Es wird kein Equilibrium erreicht, kein Gleichgewicht. Der Preis stürzt ins Bodenlose. Der Umkehrschluss funktioniert ähnlich. Ein Gut, dessen Nachfrage steigt, obwohl es teurer wird, führt zu einer Preisspirale, wie wir es gelegentlich bei Luxusgütern beobachten können. Je teuer die Gucci-Tasche ist, desto mehr Leute wollen sie haben.

Diese Art von Selbstverstärkungen sind schon ohne Nanosekundenhandel gefährlich und führen dazu, dass Börsencrashs wesentlich häufiger vorkommen als »natürliche« Katastrophen. Es wurde in einer Reihe von Studien gezeigt, dass die statistische Verteilung von Aktienwertschwankungen einer sogenannten Eins-durch-f-Verteilung entspricht (Per Bak, »How Nature Works – the science of self-organized criticality«, Springer, 1999). Wenn f die Größe des Preissturzes ist, dann kommt dieser mit einer Wahrscheinlichkeit vor, die dem Kehrwert der Größe entspricht. Also ein Ereignis der Größe 10 kommt mit der Wahrscheinlichkeit ein Zehntel, 0,1, vor. Ein Ereignis der Größe 100 mit einem Hundertstel Wahrscheinlichkeit und so weiter. Die Börse kann damit als ein sogenanntes selbstorganisiert kritisches System betrachtet werden. In der Praxis bedeutet das, dass Zusammenbrüche häufiger auftreten, als wir es gewöhnt sind. Schneelawinen und Erdbeben folgen einer ähnlichen Verteilung. Das hat sehr praktische Konsequenzen. Eine davon ist, dass man keine mittlere Schadensgröße mehr ausrechnen kann, denn diese wäre unendlich groß. Das führt dazu, dass es keine wirkliche Versicherung gegen diese Art von Unfällen gibt, denn die mittlere Schadensmenge bestimmt die Summe der Versicherungspolice, und entsprechend müsste die Versicherung unendlich teuer sein.

Dieses Phänomen hat ebenso wie die Gefahr des Kollapses der »systemrelevanten« Banken und Unternehmen das Potenzial, die Weltwirtschaft schwer zu schädigen oder gar zum Zusammenbruch zu bringen. Bei Naturkatastrophen, wie Erdbeben, die einer solchen Wahrscheinlichkeitsverteilung folgen, springt im Allgemeinen der Staat ein und rettet sozusagen die Versicherungen. Aber ein globaler Börsencrash hat eine andere Dimension, und man muss sich fragen, ob man dieses Risiko, eines mit rechnerisch unendlichem Schadensvolumen, als Gesellschaft tragen möchte.

Die Handelsfrequenz bestimmt beim Börsenhandel den Lyapunov-Exponenten des Selbstverstärkungsprozesses. Ist diese Frequenz im Nanosekundenbereich, dann ist es die gleiche Zeitskala wie bei der Atombombe. Die Schadensgröße verdoppelt sich eine Milliarde Mal pro Sekunde. Das ist sehr schnell. In diesem Sinne haben wir mit dem Nanosekundenhandel die Atombombe in den Finanzmarkt eingeführt. Menschen können in eine solch gewaltige Dynamik nicht mehr stabilisierend eingreifen.

Gleichzeitig hat der Börsenhandel eine Funktion in der Weltwirtschaft. Er stellt Firmen Finanzmittel zur Verfügung und verhandelt den Wert von Unternehmen. Man könnte sich jedoch als Gesellschaft darauf einigen, dass man Wertpapiere nicht schneller handeln sollte, als ein Mensch Entscheidungen treffen kann. In diesem Zusammenhang wurde lange Zeit eine sogenannte Transaktionssteuer diskutiert, für die sich auch Bundeskanzlerin Angela Merkel und Finanzminister Olaf Scholz seiner Zeit auf europäischer Ebene eingesetzt haben. Dieses wäre ein sehr kleiner Anteil vom Umsatz, den man für jede Wertpapiertransaktion bezahlen müsste. Dadurch würde extrem häufiges Handeln weniger attraktiv. Mir scheint dies eine sehr elegante Art, etwas Ungewolltes zu verhindern, auch wenn man nicht eine direkte Grenze einzieht. Im Sinne der Faltung könnte man ebenso einfach eine Grenze für die Handelsfrequenz setzen und würde zum Beispiel sagen, es darf nur einmal pro Sekunde gehandelt werden, weil das in der Größenordnung der menschlichen Entscheidungsgeschwindigkeit liegt.

Im Sinne der Faltung ist es vor allem wichtig, transparent zu sagen, dass der Grund für diese Steuer nicht ein indirekter ist. Man führt sie nicht ein, um eine gesellschaftliche Aufgabe zu finanzieren, sondern weil man die Gefahr einer Selbstverstärkung und damit das Risiko eines Systemzusammenbruchs verhindern will.

8.7 Die Gesellschaft der Faltung

Lassen wir den Nanosekundenhandel beiseite. Was würde geschehen, wenn wir die beiden von mir vorgeschlagenen Faltungsgrenzen in die Gesellschaft einführen? Wenn zum einen niemand in einem Jahr mehr als hundertmal so viel verdienen darf wie der andere, wir also das mögliche Jahreseinkommen auf einen sehr hohen Wert begrenzen, sagen wir zwei Millionen – und wenn wir dann erlauben, dass höchstens dieses maximale Jahreseinkommen von einer Person an eine andere vererbt werden darf? Wenn also jedes Kind bis zu zwei Millionen erben darf – aber nicht mehr. Was würde dann geschehen?

Für fast alle Menschen würde sich zunächst nichts direkt ändern. Wahrscheinlich würden alle Menschen, die ich kenne, ihren Ambitionen mit der gleichen Intensität folgen wie bisher. Die Börsenhändler würden weiter versuchen, reich zu werden. Die Krankenpfleger würden weiter Menschen helfen. Es würde sich aber wohl nicht mehr lohnen, möglichst hohe Mieten zu verlangen, denn man würde immer höhere Steuern auf die Einnahmen aus diesen Mieten zahlen. Der sogenannte Grenzgewinn würde bei hohen Gewinnen immer kleiner. Dadurch müssten Geschäfte und Menschen auf Dauer niedrigere Mieten zahlen. Es würde sich weiter lohnen, Geld zu investieren und Häuser zu renovieren. Der Anreiz, dies zu tun, würde sich ab einem Netto-Jahreseinkommen von einer Million langsam verringern und wäre bei zwei Millionen gleich null. Der Wohlstand würde sich auf mehr Schultern verteilen, während aber der Antrieb, sich diesen Wohlstand zu erarbeiten, bei jeder Generation wieder neu entfacht würde.

Worin liegt die Faltung in diesem Gedanken? Nun, zunächst liegt sie einfach darin, dass das Geld am Ende eines Lebens zurück in die Gesellschaft gefaltet würde. Das Einführen einer Einkommensgrenze, sei sie auch noch so hoch, würde aber in alle gesellschaftlichen Bereiche strahlen. Ebenso wie die Erkenntnis, dass die Erde nicht im Mittelpunkt des Universums liegt, unser Selbstverständnis verändert hat. Es spielt eine Rolle, ob man in einer Gesellschaft lebt, die es prinzipiell möglich und erstrebenswert macht, nach oben ins Unendliche zu streben, oder in einer, die eine Balance von Bewegung und Ausgleich als gut definiert. Ganz praktisch würde es sich aufgrund der Besteuerung jeder Einzelperson finanziell lohnen, wenn beide Partner in einer Familie arbeiten, denn das würde die Einkommensgrenze für die Familie verdoppeln – nicht, weil die Familie mehr Einkommen haben darf, sondern weil beide Elternteile jeweils ein Einkommen haben dürfen.

Vielleicht würde man die Lebensarbeitszeit verlängern und gleichzeitig die Wochenarbeitszeit verringern? Die Reichtumsgrenze würde den Lebenssinn Geld etwas entwerten. Manche würden ihn weiterverfolgen, denn es ist ja weiterhin möglich, sehr reich zu werden. Aber der Abfluss von Werten hoch in eine Schicht der Superreichen wäre unterbunden. Dieses Geld würde immer wieder in die Mitte der Gesellschaft zurückgefaltet und müsste immer wieder neu erworben werden. Durch die leichte Verschiebung weg von einem Reichtumsanreiz würde sich möglicherweise die Suche nach anderen sinnstiftenden Zielen verstärken, wie die Suche nach Wissen, der Erschaffung von Kunst oder der Erfüllung in der Interaktion mit anderen Menschen, zum Beispiel in der Pflege.

Das ist ein Blick in die Glaskugel; was genau passieren würde, wie sich gesellschaftliche Entwicklungen verändern würden, lässt sich schwer vorhersagen. Entscheidend ist, dass zwischen allen Teilen der Gesellschaft und ihren Mitgliedern eine gewisse Balance erhalten bleibt. Diese Balance, davon bin ich überzeugt, ist existenziell für den Erhalt unseres Wohlstands und unserer Demokratie.

9 Der Weg der Einigung

> Hey-ho, they love the way I do it.
> Hey-ho, there's really nothing to it.
>
> TOM WAITS, BIG IN JAPAN

Dieses Buch liefert keine praktischen Lösungen für eine neue Gesellschaftsordnung. Dafür sind die Umwälzungen, die ich hier beschreibe, zu grundlegend, das Buch zu kurz, und ich bin dafür nicht qualifiziert genug. Die praktischen Lösungen müssen aus einem demokratischen Prozess erwachsen, in dem sich die Expertise einiger und die Ideenvielfalt aller verbinden. Das Narrativ der Faltung kann hierbei helfen, der Kreativität Raum zu geben und sie zu beflügeln. Die Gesetze und Regeln müssen selbstverständlich von gewählten Vertretern der Bevölkerung, unterstützt mit Expertenwissen, erdacht, diskutiert und erarbeitet werden.

Mit dem Buch versuche ich ein Narrativ zu liefern, das den Wachstumsgedanken ersetzt, der seit Jahrzehnten, wenn nicht Jahrhunderten unser Denken prägt; heute aber durch einige Fehlentwicklungen und Auswüchse unsere Gesellschaft und unseren Planeten zerstört. Im Kern bedeutet der Wachstumsgedanke, dass unser Leben dann einen Sinn hat, wenn wir immer mehr anhäufen. Wenn das Haus, in dem wir leben, größer ist als das, in dem unsere Eltern gelebt haben. Das Wachstum ins Größer und Mehr zerstört unsere Erde und damit unsere Freiheit. Gleichzeitig hat sich das Wachstumsnarrativ als Antrieb für unseren Fortschritt lange Zeit bewährt. Es gibt also gute Gründe, es nicht leichtfertig aufzugeben.

Das neue Narrativ kann das alte daher nicht einfach aufheben, indem wir uns bremsen. Eine Lebensphilosophie, die uns dazu veranlasst, uns morgens beim Aufstehen zu sagen »Es ist am besten, wenn ich heute möglichst nichts tue« und auch ein »Heute erhalte ich das Leben, wie wir es kennen«, wird nicht funktionieren. Denn die Vernunft reicht als Antrieb allein nicht aus. Sie ist ein Steuer, kein Antrieb.

Das Dilemma, das es aufzulösen gilt, besteht darin, dass wir Möglichkeiten der Entwicklung und des Fortschritts brauchen, die ohne Zerstörung auskommen. Diese Lösung bedarf tatsächlich eines neuen Gedankens. Der Gedanke der Faltung ist an sich nicht neu. Er existiert bereits in vielen Bereichen unseres Lebens. In der Kunst und Kultur geschieht Entwicklung seit Jahrtausenden nach dem Prinzip der Faltung, in der Physik und Mathematik seit Jahrhunderten, und auch in der Wirtschaft kommt es vielfach zum Tragen, ohne dass das so benannt wird. Es ist auch nicht auszuschließen, dass jemand diesen Gedanken bereits ähnlich formuliert hat. Sicher ist aber, dass der Gedanke noch keine gesellschaftliche Breite erreicht hat.

Es wäre gut, davon bin ich überzeugt, wenn wir uns auf dieses neue Narrativ einigen könnten. Die Faltung ist etwas, auf das sich vernünftige Kommunisten mit vernünftigen Kapitalisten zusammen mit vernünftig ökologisch denkenden Menschen einigen können, und dabei können auch die reinen Pragmatiker überzeugt werden.

9.1 Argumente für Kapitalisten

Mit Blick auf die von mir vorgeschlagene Begrenzung von Firmengrößen und der Ungleichheit von Vermögen hat sich vielleicht so mancher gedacht, das sei doch Kommunismus. Aber eine Gesellschaft, in der man zwei Millionen Euro netto im Jahr – also der eine das Hundertfache des anderen – verdienen kann und in der die Produktionsgüter nicht beim Staat liegen, ist keine kommunistische Gesellschaft. Zumindest keine, die der Idee entspricht. Die Faltung begrenzt lediglich die Auswüchse kapitalistischer Entwicklungen, dabei schränkt sie für 99 Prozent der Selbstständigen die unternehmerische Freiheit kein bisschen ein. Auch hebelt sie nicht jede Möglichkeit von Wachstum im Wertschöpfungssinne aus. Tatsächlich faltet sie nur die durch exponentielles Wachstum entstandenen und wettbewerbsfeindlichen Extreme zurück in die Gesellschaft – Extreme und Auswüchse, die überhaupt erst nach dem Ende des Kalten Kriegs und dem damit verbundenen Systemwettbewerb erreicht worden sind, als sich der Kapitalismus in einen ungezügelten Turbokapitalismus verwandelt hat. Diese Auswüchse sollen nun durch die Faltung nicht auf intransparente Weise und plötzlich kontrolliert werden, sondern dadurch, dass man offene und klare Regeln vorgibt. Sie sollen die Ungleichheit in der Gesellschaft und der Wirtschaft begrenzen, ohne sie aufzuheben.

Das Verständnis von Skalen ist hier fundamental wichtig. Das Wachstum von Firmen wird nicht beschnitten, solange es nicht im Konflikt mit demokratischen Interessen steht. Neu ist allein, dass man sich entschließt, Fehlentwicklungen ernsthaft zu kontrollieren, die mittlerweile in vielen Ländern offensichtlich geworden sind: nämlich die Tatsache, dass das Primat der Politik über die Wirtschaft von der Macht einiger Unternehmen infrage gestellt wird – von Unternehmen und einigen extrem Vermögenden, die mit ihrer Macht den Markt mit seinem Wettbewerb ebenso zerstören wie die Demokratie.

Die Marktwirtschaft hängt davon ab, dass es eine funktionierende Gesellschaft gibt. Diese ermöglicht, dass Bedürfnisse sich entfalten können, Werte verhandelt und Werte geschützt werden. Wenn wir uns darauf einigen können, dass all das in einer demokratischen Staatsform geschehen soll, dann müssen wir den Markt mit seinem Wettbewerb und das Volk als Souverän in seiner Souveränität schützen. Allein diesen Zwecken dient die Begrenzung der Unternehmensgröße. Die Unternehmen werden aber nicht dadurch begrenzt, dass sie wie heute durch ein Kartellamt geteilt werden. Um die unternehmerische Entscheidungsgewalt zu erhalten, werden sie transparent so besteuert, dass es sich nicht lohnt, über Grenzen, die im Verhältnis zum Staatsbudget gesetzt werden, hinauszuwachsen. Die konkrete Zahl dieser Grenze dürfte sich dabei nicht an einem Staatshaushalt bemessen, sondern an etwas wie einem internationalen Mittel (z. B. der G7-Staaten), damit nicht automatisch die Unternehmen am größten werden können, die aus sehr reichen Wirtschaftsnationen stammen, während andere global konkurrenzlos bleiben.[61]

---

61 Die Grenze sollte hier global gesetzt werden, damit man mit multinationalen Unternehmen umgehen kann. Das zeigt aber auch, dass es hier keine klare Regel geben kann, die sich rechnerisch eindeutig am Haushalt nur eines Landes orientiert.

Wer an die Kraft des Marktes glaubt, dem kann diese Idee nur willkommen sein. Denn Unternehmen, die so groß sind, dass sie »*too big to fail*« sind oder gar so groß, dass sie dem Staat, in dem sie operieren, in Finanzgröße Konkurrenz machen, haben sich aus dem Wettbewerb bereits verabschiedet. Kein etabliertes mittleres Unternehmen oder gar ein neues Start-up kann mit diesen Megakonzernen konkurrieren. Der Wettbewerb ist ausgehebelt.

Manch einer mag argumentieren, dass Konzerne wie Microsoft oder Facebook erst vor wenigen Jahrzehnten entstanden sind und sich im Markt etabliert haben, dass auch sie einmal kleine Start-up-Unternehmen waren. Das ist wahr. Sie mussten sich aber nicht gegen einen Megakonzern im gleichen Produktbereich durchsetzen. Sie haben neue Marktbereiche erschlossen. Die Dynamik, die entsteht, wenn bereits ein Megakonzern auf dem Markt ist, konnte man sehr schön an Instagram beobachten. Hier wurde ein Start-up-Unternehmen kurz nach der Firmengründung von Facebook für eine Milliarde Dollar gekauft und geschluckt. Die Konkurrenz ausgeschlossen. Wie in der Sozialistischen Einheitspartei Deutschlands oder bei der CSU in Bayern ist damit Wettbewerb nur noch innerhalb der Organisation möglich und damit für Vetternwirtschaft und Korruption anfällig.

Tatsächlich ist die Faltung einfach die zweite Hälfte der Theorie, die bisher in der Makroökonomie fehlt. In herkömmlichen Wachstumsmodellen erreicht die Wirtschaft ein Gleichgewicht, wenn die Technologie nicht voranschreitet und das Bevölkerungswachstum stagniert. Das technologische Wachstum ist häufig eine extern vorgeschriebene Größe und unterliegt damit in der ursprünglichen neoklassischen Theorie im Allgemeinen keiner Selbstverstärkungsdynamik[62]. Tatsächlich ist aber das Kapital, das in die technologische Entwicklung von lukrativen Ideen und Konzepten geht, ein Selbstverstärkungsfaktor. Und damit muss eine Theorie des technologischen Fortschritts auch eine Selbstverstärkung enthalten, wenn sie Phänomene wie das Wachstum von Microsoft, Facebook, Apple und Amazon erklären will.

Wir beobachten sowohl eine Beschleunigung des technologischen Fortschritts als auch eine Ausweitung des Wirtschaftsraums auf den gesamten Globus. Das führt dazu, dass die Gleichgewichtsbedingungen eines herkömmlichen Wachstumsmodells, wenn nicht ausgehebelt, dann doch so weit verschoben sind, dass dieses Gleichgewicht erst nach einer quasi exponentiellen Wachstumsphase und erst dann erreicht ist, wenn praktisch die gesamte Welt durchdrungen wurde[63].

---

62 Es gibt mittlerweile eine reiche Literatur, die sich damit beschäftigt, den technologischen Fortschritt auch innerhalb der ökonomischen Gedankenwelt zu beschreiben. Diese gehört aber noch nicht zur klassischen Theorie. In jedem Fall wird eine erfolgreiche Theorie des technologischen Fortschritts, so sie denn möglich ist, Selbstverstärkungsprozesse enthalten müssen, wenn sie die Explosion der Erkenntnisse innerhalb des letzten Jahrhunderts und damit auch das exponentielle Wachstum von Microsoft, Facebook und Amazon erklären möchte.

63 In der häufig verwendeten neoklassischen Theorie mit einer sogenannten Cobb-Douglas-Produktionsfunktion ergibt sich ein subexponentielles Wachstum, was aus der Annahme heraus entsteht, dass die Wirkung des Kapitals auf das Wachstum abnimmt mit höherem Kapital. Ob das eine sinnvolle Annahme für eine Volkswirtschaft ist, kann diskutiert werden. Hier geht es aber um die Situation, in der ein Unternehmen, das eigent-

Jeder und jede, die an Wettbewerb und Freiheit als fundamentale gesellschaftliche Kräfte glaubt, hat ein Interesse daran, dass diese Kräfte erhalten bleiben. Die Selbstverstärkung innerhalb des kapitalistischen Wirtschaftssystems schafft aber genau diese, ihre eigenen Antriebskräfte, ab. Wir können sie erhalten, indem wir jedem Menschen am Beginn seines Arbeitslebens einen frischen und gleichberechtigten Start geben und die Größe von Unternehmen innerhalb eines konkurrenzfähigen Bereichs halten.

Seit dem Zweiten Weltkrieg sind fast achtzig Jahre vergangen. Das sind in etwa drei Generationen. Wenn wir für einen Moment mal davon ausgehen, dass eine Generation die Zeitskala für unser exponentielles Wachstum ist, dann sind wir jetzt an einem Scheidepunkt. Innerhalb der ersten Generation sieht exponentielles Wachstum noch linear aus (Abbildung 3, siehe S. 25). Der, der mehr leistet, verdient mehr. In der zweiten Generation erkennt man schon den Vorteil, den diejenigen haben, die reich geboren wurden. Sie starten mit anderen Voraussetzungen, und es beginnt sich eine Ungerechtigkeit abzuzeichnen. In der dritten Genera-

---

lich betriebswirtschaftlichen Gesetzen gehorcht, so groß wird, dass es beginnt, die Makroökonomie zu dominieren. Für die Phase der Entwicklung vom Start-up zum Megakonzern ist die makroökonomische Beschreibung mit großer Wahrscheinlichkeit keine passende und die Frage, wie eine Theorie verändert werden muss, wenn man nicht mehr annehmen kann, dass eine Volkswirtschaft aus einer großen Menge von Unternehmen besteht, sondern aus wenigen, ist eine sehr spannende. Denn hier bricht das Gesetz der großen Zahlen, der Statistik, zusammen, und die Welt wird komplex.

tion haben die, die am Anfang mit etwas besseren Startbedingungen begonnen haben, ihren Vorteil so weit ausgebaut, dass sie für den Rest der Gesellschaft unerreichbar werden. Auch wenn es heute möglich ist, innerhalb einer Generation in die Gesellschaft der Superreichen vorzudringen, so ist das doch denen vorbehalten, die von Selbstverstärkungsprozessen profitieren, wie den Topmanagern und Fußballstars. Dagegen ist nichts einzuwenden. Es soll nur nicht davon ablenken, dass Erfolg innerhalb der dritten Generation nicht mehr von Leistung abhängt. Menschen, die an den Markt glauben, sollte das stören. Die Faltung kann das beheben.

9.2 Argumente für Kommunisten

Ich kann jede und jeden verstehen, die oder der ein tiefes Misstrauen gegen den Kapitalismus und die Marktwirtschaft hegt. In seiner ungezügelten Form ist dieses System eines, das den Wettbewerb und damit vermeintlich die Leistungsfähigkeit über die Würde des Menschen stellt. Es gibt zahllose Regionen in der Welt und in diesen zahllose Gesellschaftsgruppen, die aufgrund der Marktwirtschaft in unwürdige Lebensbedingungen gezwungen werden. Das selbstverstärkende Wachstum des Kapitals zementiert die Wohlstandsdifferenzen und baut sie weiter aus. Der unbegrenzte Kapitalismus schafft seine eigenen Tugenden ab. Exponentielles Wachstum vernichtet den Wettbewerb zwischen den Unternehmen. Exponentielles Wachstum von Privateigentum hat durch unbegrenztes Einkommen und Vererbung eine Schicht generiert, die außerhalb der übrigen Gesellschaft operiert. Gleichzeitig hat der exponentiell wachsende Rohstoffverbrauch einen globalen Klimawandel und ein unvorstellbares Artensterben verursacht.

Dass Menschen aufgrund der Lage, in der wir uns global befinden, das Vertrauen in den Gedanken verloren haben, dass dieses System reformierbar ist, verstehe ich sehr gut. Ich kann den Ruf nach einem grundlegend anderen System nachvollziehen. Es ist aber nur der erste Schritt, die Missstände aufzuzeigen und zu benennen. Häufig bleiben Bewegungen an diesem Punkt stehen, man richtet sich in seiner kritischen Blase ein und wartet auf die nächste Generation, die es lösen soll.

Wenn wir weiterkommen wollen, dann müssen wir die Frage stellen, wie dieses andere System aussehen soll. Klar ist, dass man nicht in der Lage ist, den Kapitalismus menschlich zu halten[64], wenn das Steuersystem es erlaubt, dass nicht nur Firmen mehr Geld haben als man-

---

64 Wenn man sich die Einkommens- oder Vermögensdaten verschiedener Länder anschaut und innerhalb der Länder oder zwischen den Ländern vergleicht, dann ist es üblich, diese in Graphen auf einer sogenannten logarithmischen Skala darzustellen. Auf solch einer Skala sind 1000 Euro genauso weit von 100 Euro entfernt wie von 10 000 Euro. Diese Metrik entspricht aber natürlich nicht der menschlichen Realität. Man tut dies nur, weil die Unterschiede zwischen den Menschen und Ländern so groß sind, dass man die Daten sonst nicht wirklich überblicken kann. Solange die Unterschiede so groß sind, dass wir das tun müssen, ist etwas Großes falsch. Eine sehr hilfreiche Datenbank hierfür ist das vom französischen Ökonom Thomas Piketty mitgeleitete Portal World Inequality Database: https://wid.world.

che Länder, sondern sogar einzelne Personen reicher sind als die Staatshaushalte mancher Länder. Aber was ist die Lösung?

Wenn sich die Gesellschaft darauf einigen kann, dann kann die Faltung ein neues System darstellen. Sie begrenzt den Wohlstandsunterschied zwischen den Menschen. Gleichzeitig ist das Wirtschaftssystem der Faltung das Gegenteil von Planwirtschaft. Ich kann verstehen, dass kommunistische Theoretiker darauf setzen, die Versorgung der Gesellschaft durch eine staatliche, nach den Bedürfnissen geplante Produktion zu gewährleisten. Ich glaube aber, dass wir mittlerweile verstanden haben, dass dies eine Überschätzung der staatlichen Fähigkeiten darstellt und im höchsten Maße korruptionsanfällig ist. Außerdem ist unsere Welt derart komplex, dass die Institutionen der Entwicklung stetig hinterherzulaufen scheinen. Die Antwort auf die derzeit existierenden Probleme der Welt sollte nicht eine Verlangsamung der Entwicklung sein, auch wenn einem das im Zeitalter der Digitalisierung und Globalisierung sehr attraktiv erscheinen mag. Man sollte vielmehr die Kontrolle der Entwicklung wieder so durchführen, wie es mal gedacht war: Der Staat schafft in einem demokratischen und transparenten Verfahren Gesetze, die die Regeln festlegen. Diese Regeln dürfen nicht als überbürokratisches Mikromanagement daherkommen.

Die Frage lautet: Was soll ein neues Gesellschaftssystem leisten? Es soll Fortschritt zum Wohlstand der Menschen schaffen, aber die Unterschiede zwischen den Menschen vernünftig halten. Unterschiede ganz zu eliminieren, halte ich für ungerecht. Damit aber jeder entsprechend seiner eigenen Leistungen entlohnt wird, muss man die Vererbung begrenzen und die Startbedingungen ähnlicher machen.

Bleibt die Frage des Eigentums der Produktionsgüter. Wenn Firmen, die mehr als zwei Millionen wert sind, nicht mehr als Ganzes vererbt werden können, dann kommen wir hin zu einer Gewinnbeteiligung aller an der Entwicklung der Wirtschaft. Wenn nicht mehr Einzelne große Aktienpakete anhäufen können, weil das Einkommen pro Jahr begrenzt ist und auch die Vererbung, dann bedeutet das eine Diversifizierung der Anteilseigner. Im Gegensatz zur Konzentration des Vermögens mit der Zeit, wie sie heute geschieht, bekommen wir in jeder Generation eine erneute Verteilung des Vermögens auf die Bevölkerung. Eine Demokratisierung der Wirtschaft über Anteilseigentum an den Unternehmen. Dieser Teil des Aktienmarkts ist ja auch momentan nicht das Problem. Problematisch und gefährlich für die Demokratie sind die Anhäufung der Aktien bei Großaktionären und die damit verbundenen leistungsfreien Einkommen.

Allgemeine Armut in Kauf zu nehmen, um Gleichheit zu erzwingen, kann nicht sinnvoll sein. Wir müssen Entwicklung zu Wohlstand erlauben und ein klares Anreizsystem für Leistung aufrechthalten, zu große, unwürdige Unterschiede jedoch verhindern.

9.3 Argumente für die Nachhaltigkeit

Wir brauchen Fortschritt, nicht nur zur Bekämpfung der Armut auf der Welt, sondern auch, wenn wir nachhaltig auf unserem Planeten leben wollen. In der Klimadebatte liegt der Fokus auf Katastrophen, die auf uns zukommen. Wir können die Verhinderung einer Dystopie aber in eine Utopie verwandeln, mit dem positiven Narrativ der Koevolution von Mensch und Natur. Dieses Konzept ist umfangreich, und ich möchte hier nur zwei Aspekte herausgreifen. Wenn wir es schaffen, unsere Energieversorgung vollständig aus erneuerbaren Energien zu gewinnen, dann können wir wesentlich mehr Energie generieren[65] als heute, denn die Menge an Sonnenenergie[66] ist unendlich. Diese Energie steht uns in der praktischsten Form überhaupt, nämlich als Strom, zur Verfügung. Auch diesbezüglich sind Wind- und Solarenergie den thermischen Energiekraftwerken überlegen. Sie gehen bei der Stromerzeugung nicht den Umweg über die Wärmeerzeugung und umgehen damit das Problem des endlichen Wirkungsgrads.[67] Wenn uns

---

65 Energie wird natürlich nicht erschaffen, sondern von einem Zustand höherer Entropie in einen niedrigeren überführt. Mit dieser »geordneten« Energie können wir dann mehr anfangen. Prinzipiell ist es nicht möglich, die Entropie eines Systems zu erniedrigen, außer man führt von außerhalb des Systems Energie zu. Das bedeutet, dass schlussendlich das Universum in Richtung einer Art Wärmetod strebt. Aber lassen Sie uns einfach auf das Leben auf der Erde konzentrieren. Ich glaube, das ist eine wundervolle Aufgabe. Das Universum muss jemand anderes retten.

66 Hiermit ist explizit auch die von der unterschiedlichen Sonneneinstrahlung generierte Windenergie mitgemeint. Winde und Meeresströmungen entstehen durch die räumlich unterschiedliche Verteilung der Sonneneinstrahlung auf der Erde und sind damit auch in gewisser Weise Sonnenenergie.

67 Alle Kraftwerke, die aus Wärme Strom generieren, brauchen einen Wärmeunterschied, der in irgendeiner Form eine Turbine antreibt. Aus den Hauptsätzen der Thermodynamik lässt sich hieraus ein maximaler Wirkungsgrad, der sogenannte Carnot-

aber unbegrenzt Energie zur Verfügung steht, dann können wir tatsächlich endlich anfangen, unser enormes Recyclingproblem anzugehen. Der zweite Hauptsatz der Thermodynamik impliziert, dass man Materialien nur wirklich recyceln kann, wenn man zusätzliche Energie hineinsteckt. Wenn diese zur Verfügung steht, dann können wir so produzieren, dass man nur noch bereits verwendete Materialien benutzt. Ziel muss es sein, dass jedes Mobiltelefon ausschließlich aus Materialien besteht, die zuvor schon verwendet wurden. Nach seiner Lebenszeit wird es dann auch wieder vollständig dem Kreislauf zugeführt. Wenn wir es schaffen sollten, keine weiteren Rohstoffe aus der Natur zu entnehmen, dann haben wir die Chance, in ein stabiles Gleichgewicht mit dem Planeten zu kommen, auf dem wir leben. Aus Industriekreisen wurden und werden ökologische Aspekte häufig als idealistisch und damit als unrealistisch abgetan, aber es gibt keine härtere Realität als die, dass man aus einem endlichen Planeten nicht unendlich lange Materialien entnehmen kann.

Das Ende des fossilen Brennstoffzeitalters kann der Anfang einer wirklichen Recyclinglösung sein. Wir streben als Weltgemeinschaft an, dass kein Öl, kein Gas und

---

Wirkungsgrad, ableiten. Dieser steigt zwar mit dem Temperaturunterschied, der geschaffen werden kann, aber er ist dennoch gering. Das bedeutet, dass mehr als die Hälfte der Energie, die zum Beispiel in der Kohle steckt, als Abwärme verloren geht und lokale Umweltprobleme schafft. Bei Hitzewellen zum Beispiel durch Klimawandel haben diese Kraftwerke ein Kühlungsproblem und werden zunächst ineffizienter und müssen schließlich abgeschaltet werden. Das gilt für Kohle-, Gas-, Öl- und auch Atomkraftwerke.

keine Kohle mehr aus der Natur entnommen und verbrannt werden. Wenn wir die politischen und ökonomischen Instrumente geschaffen haben, das global zu erreichen, und wir sind gerade dabei, dann ist das der Fahrplan dafür, auch andere Materialien nicht mehr aus der Natur zu entnehmen. Plastikverbote in vielen europäischen Ländern machen den Anfang.

Kombiniert man diesen Gedanken mit der projektierten Bevölkerungsentwicklung der Erde, dann haben wir vielleicht eine Chance in der Zukunft. Bevölkerungswachstum ist so lange ein Selbstverstärkungsprozess, wie die Anzahl der Geburten größer ist als die Sterberate. Schaut man sich die Geburtenraten in Europa und den Vereinigten Staaten an, dann deutet sich seit Jahrzehnten eine Veränderung an. Es scheint so zu sein, dass sich überall dort, wo Frauen in einer Gesellschaft frei über ihr Leben entscheiden können, ein Gleichgewicht einstellt, mit dem wir leben können. Wenn die direkte und indirekte Abhängigkeit der Frauen von Männern und gesellschaftlichen Zwängen reduziert wird, scheinen sich manche Frauen für Kinder und andere dagegen zu entscheiden. Hierzu gehören die Befreiung von religiösen und gesellschaftlichen Zwängen, aber vor allem Bildung und finanzielle Unabhängigkeit. Dabei handelt es sich um Werte, die wir jenseits vom Nachhaltigkeitsproblem anstreben. Es spricht vieles für die Annahme, dass sich durch fortschreitenden Wohlstand die Weltbevölkerung stabilisieren wird. Wenn wir das erreichen und ausreichend Energie zur Verfügung haben, dann besteht begründete Hoffnung, dass es gelingt, den Fußabdruck der Menschen auf dem Planeten zu verringern – so stark, dass wir im Einklang mit dem Planeten leben können.

In den Achtzigern und Neunzigern des letzten Jahrhunderts formierte sich die Umweltbewegung zunächst nicht aufgrund des Klimawandels, sondern vor allem als Reaktion auf die chemische Zerstörung der Umwelt durch den Menschen. Damals waren die Säureverklappung in der Nordsee, die »gekippte Ostsee«, in der kaum noch marines Leben möglich war, und der »saure Regen«, der die Wälder massiv angriff, die Umweltthemen. Die Herausforderungen waren verhältnismäßig klein im Vergleich zur Erderwärmung, aber es wurden von der Seite der Industrie ähnliche Gegenargumente ins Feld geführt wie heute.

Durch vernünftige Politik ist es in den westlichen Demokratien gelungen, diese Probleme stark zu reduzieren. Wir haben mittlerweile sowohl in den USA als auch in Europa Gesetze gegen das »Entsorgen« von Müll in der Umwelt. Es gibt Begrenzungen für die Abgase aus Haushalts- und Industrieschornsteinen. Diese Regulierungen sind sicher nicht perfekt, aber sie haben uns einen großen Schritt nach vorne gebracht, und wir beschäftigen uns jetzt mit anderen Aspekten. Wir haben Grenzen eingeführt, und die Wirtschaft ist nicht zugrunde gegangen. Sie hat einen Weg gefunden, innerhalb dieser Grenzen zu existieren und Neues zu kreieren.

Vom Standpunkt der Faltung aus betrachtet lautet die Hauptkritik an vergangenen Regulierungen wohl, dass sie recht kompliziert und detailliert waren. Im Sinne der Faltung sind simple Regeln vorteilhaft, weil sie transparent in die Dynamik des Systems eingehen können. Man könnte zum Beispiel ein Gesetz beschließen, dass keine Stoffe in die Natur entlassen werden dürfen, die Flora und Fauna schaden. Es kann gut sein, dass es ein solches

Gesetz schon gibt. Damit würde man die Risikoabschätzung auf den Verursacher übertragen, anstatt dem Staat und seinen Behörden die Suche nach Schadstoffen aufzubürden.

Bei all diesen Betrachtungen ist es mir wichtig, klarzustellen, dass der Fußabdruck der Menschheit meines Erachtens nicht vollständig verschwinden muss. Wir haben selbstverständlich ein Recht, auf diesem Planeten zu leben und auch Raum einzunehmen. Nur so, wie wir es derzeit machen, ist es katastrophal. Die Faltung mit zwei, vielleicht auch drei ökologischen Faltungsgrenzen könnte den Weg zur Transformation in eine nachhaltige Gesellschaft weisen.

9.4 Argumente für Pragmatiker

Die Welt ist wesentlich komplexer geworden seit der Zeit, in der wir unsere Gesellschafts- und Wirtschaftssysteme entwickelt haben. Während es im 19. und zu Beginn des 20. Jahrhunderts vielleicht noch möglich erschien, die Wirtschaft eines Landes zentral von Staatsseite aus zu planen, hat sich gezeigt, dass selbst damals dieses Konzept nicht funktioniert hat. Die Planung scheitert schon daran, im Vorhinein alle in einer Gesellschaft auftretenden Bedürfnisse und Notwendigkeiten abzuschätzen, und sie kollabiert dann vollständig bei ihrer Umsetzung.

Wir haben uns deshalb in vielen Ländern gegen eine Planwirtschaft entschieden und die Abfederung sozialer Ungerechtigkeiten, die durch den Markt entstehen, in eine zunehmend detailliertere Gesetzgebung verlagert. Je größer das Detail, desto undurchsichtiger werden die Gesetze. Das führt zu Verdrossenheit bei der Bevölkerung, die die Regeln nicht mehr versteht. Zu viel Bürokratie und ein Mikromanagement vonseiten des Staates stoßen auf Ablehnung. Zudem sind im Allgemeinen die Schwächeren in einer Gesellschaft im Nachteil, wenn die Regeln kompliziert werden. Wir sollten uns wieder daran erinnern, dass die Gesetzgebung nur den Rahmen setzt, innerhalb dessen gehandelt werden kann. Sie muss und darf das Handeln nicht im Detail vorschreiben. Ein vierter Aspekt ist die Effizienz der Lösungsfindung durch eine freie Gesellschaft mit klaren Regeln im Vergleich zu staatlich vorgegebenen Lösungsansätzen.

In diesem Sinne handelt es sich bei der Faltung um eine Deregulierung, obwohl sie mit der Setzung harter Grenzen beginnt. Wenn jedoch nur an den äußersten Rändern selbstverstärkender Prozesse Dinge verboten werden, induziert dies eine moderne Art der Problemfindung. Man lässt die Bevölkerung, die Wirtschaft, die Wissenschaft, die Kultur ihre eigenen Wege in die Zukunft finden. Im Prinzip ist das schon jetzt der Fall, aber wir müssen verstehen, dass Grenzen diese Lösungsfindung beflügeln und nicht verhindern, solange sie kein Mikromanagement darstellen.

So wie man darauf vertrauen kann, dass ein Raum gelüftet wird, wenn man das Fenster aufmacht, und auch die letzte Ecke des Raumes von der frischen Luft erreicht wird, so kann man auch damit rechnen, dass die Menschheit Lösungen für die Zukunft findet, wenn man sie lässt. Irrwege werden beschritten und wieder verworfen, aber die funktionierenden, gangbaren Wege bleiben bestehen. Das ist eine ergodische Lösungsfindung, induziert durch die Faltung. Die Verbote müssen bei dem ansetzen, was man aus moralisch-ethischen Gründen als Gesellschaft nicht möchte. Man muss sich aber davor hüten, Dinge zu verbieten, die indirekt die Lösung vorschreiben, weil diese möglicherweise in ungewünschte Richtungen führen. Denn damit verhindert man mögliche Lösungen, nur weil man sich kurzfristig nicht vorstellen kann, dass sie vielleicht erfolgreich sein könnten. Einige Beispiele: Man verbietet nicht das Fliegen, sondern den Kohlendioxid- und anderen Schadstoffausstoß. Man verbietet nicht die Stromerzeugung, sondern das Produzieren von Atommüll. Man verbietet nicht die Verpackung, sondern das Plastik. Auch wenn das möglicherweise in manchen Fällen nur als semantische Differenz erscheint, so beschreibt dieses Vorgehen doch einen fundamentalen Unterschied zur gegenwärtigen Politik, der in vielen Fällen auch direkte Konsequenzen hat.

Die Lösung von Problemen und vor allem die Hervorbringung von innovativen, neuen Lösungsmöglichkeiten innerhalb eines Rahmens, der Freiheit lässt und Anreize setzt, sind Unternehmern vertraut. Es ist der kraftvollste Weg in die Zukunft. Die Kunst liegt darin, das Verhältnis von Freiheit und Begrenzung richtig zu balancieren.

Natürlich beruhen die Faltungsgrenzen auf Entscheidungen, denen bestimmte fundamentale Werte zugrunde liegen, auf die wir uns als Gesellschaft einigen. Eine Welt, die ohne Menschenrechte auskommt, ist denkbar und möglich, wie die chinesische Regierung zunehmend unverhohlen beweist. Dennoch haben die Grenzen, die wir setzen, einen universellen Anspruch; das lässt sich schon an ihrer ungebrochenen Anziehungskraft ablesen. Nicht nur wandern Menschen von überall aus der Welt in jene Länder, die demokratisch verfasst sind, sondern es sitzen auch in zahlreichen Diktaturen Häftlinge in Gefängnissen, die mit ihrem Leben für die Menschenrechte einstehen.

Wenn ich hier neue Faltungsgrenzen vorschlage, dann ist mir mit Blick auf die beiden ökologischen Faltungsgrenzen wichtig, zu betonen, dass ich damit einen grundsätzlich anderen Weg einschlage als die meisten Vertreterinnen der Ökologiebewegung. Die Debatten um eine nachhaltige Lebensweise drehen sich vielfach um unsere Werte im Alltag. Viele, die die Umweltbewegung ablehnen, stören sich an dem Gefühl, bevormundet zu werden. Die einen gingen am liebsten so weit, das Wertesystem vorzuschreiben: Ich soll kein Autoliebhaber mehr sein, sondern gerne Fahrrad fahren, und obwohl mir das Schnitzel schmeckt, soll ich Gemüse lieber mögen. Die anderen treibt genau dieser ökologische Moralismus dazu, jede Form ökologisch sinnvoller Politik abzulehnen. Und das verstehe ich sogar. Selbstverständlich habe ich nicht das Recht, einer anderen Person vorzuschreiben, was er oder sie zu mögen oder abzulehnen hat. Genauso selbstverständlich aber ist es, zu verbieten, dass sich das Klima weiter erhitzt. Denn alles, was die Natur uns zum Überleben zur Verfügung stellt mitsamt ihren Umweltbedingungen, ist ein Gemeingut. Das aber bedeutet zum Beispiel, nicht unbedingt das Fliegen zu verbieten, sondern eben nur Flüge, bei denen CO_2 emittiert wird.

Die Faltungsgrenzen bieten damit einen Ausweg aus diesem Bevormundungsdilemma. Denn sie schreiben in keiner Weise vor, wie mein Wertesystem auszusehen hat, sondern sagen nur: Das darfst du nicht, denn es beeinträchtigt andere. Oder konkret: Was immer wir tun, müssen wir in absehbarer Zeit tun, ohne CO_2 zu emittieren, und in vielleicht noch etwas fernerer Zukunft auch ohne den Einsatz neuer Ressourcen. Wenn es gelingt, zu 100 Prozent auf erneuerbare Energien, auf recyceltes Material und nachwachsende Rohstoffe umzusteigen, dann ist es völlig in Ordnung, zu reisen oder Porsche zu fahren. Ähnliches gilt für die ökonomischen Faltungsgrenzen, die ich vorschlage. Sie sollen nicht die Freiheit einschränken, sich zu entwickeln, reich zu werden und das Leben zu genießen. Im Gegenteil, ich glaube, solche Grenzen sind notwendig, um unsere freiheitliche Lebensweise und unseren Wohlstand auch in Zukunft zu erhalten.

9.5 Worauf wir uns einigen können

Fast achtzig Jahre, nachdem mit der Charta der Vereinten Nationen der Grundstein für eine Weltgemeinschaft gelegt wurde, die sich auf bestimmte global geltende Rechte und Werte einigte – man könnte sagen: die ersten global wirksamen Faltungsgrenzen –, sind unsere gesellschaftlichen Diskurse heute in vielen Ländern gespalten und verhärtet. Nicht nur die Weltgemeinschaft selbst, sondern auch innerhalb der Staaten zerfallen Gesellschaften in politische Lager mit scheinbar unüberbrückbaren Differenzen. Radikal antidemokratische Bewegungen werden wieder stärker, in vielen Ländern sind sie bereits in die Regierung gewählt oder führen sie sogar an. Die Gründe für diese Entwicklung mögen vielfältig sein. Klar aber ist, dass bestimmte Selbstverstärkungsprozesse innerhalb unseres demokratischen Systems langsam beginnen, nicht nur die ökologischen, sondern auch die von uns gesetzten gesellschaftlichen Grenzen zu sprengen. Wir müssen etwas tun.

Aber wir können auch etwas tun. Nach dem Zweiten Weltkrieg haben wir uns als Staatengemeinschaft auf einige grundlegende Dinge geeinigt. Es bildeten sich zwei Lösungsansätze für die praktische Durchsetzung aus. Auch wenn der sozialistische oder kommunistische Weg mit einer diktatorischen Staatsform verbunden war und die Regierungen dieser Staaten die meisten dieser Ziele mit Füßen getreten haben, so war die Existenz dieser Alternative lange Zeit ein Ansporn für die westliche Welt, die eigenen Sozialstandards hochzuhalten. In den 1970er-Jahren gab es in vielen Ländern des Westens Steuersätze, die bis zu 70 Prozent für sehr hohe Einkommen erreichten (in den USA galt dieser Steuersatz sogar bis 1982). Erst der Wegfall der kommunistischen Alternative entfesselte in den westlichen Demokratien einen Turbokapitalismus, der die 1990 gehegten Hoffnungen auf weltweiten Frieden und Wohlstand innerhalb von nur wenigen Jahrzehnten zunichtegemacht hat. Mit der Gründung der Welthandelsorganisation im Jahre 1995 bekam der globalisierte Handel eine neue Dimension. Die damit verbundenen Selbstverstärkungsprozesse in der globalisierten Wirtschaft entfalten langsam ihre volle Kraft. Gegen ihre Macht kommt eine zumeist auf Nationalstaaten begrenzte Gesetzgebung nicht mehr an.

Viele sehen das Problem in der Globalisierung, in den internationalen Handelsbeziehungen, mit denen wir uns als Gesellschaft in immer undurchsichtigere Verflechtungen und Abhängigkeiten verstrickt haben, und sie fordern eine Rückkehr zu staatlichen Grenzen. Die Überforderung der Gesellschaft durch die Globalisierung gehört zu den Ursachen, mit denen das weltweite Erstarken des Rechtspopulismus erklärt wird. Auf der anderen Seite halten die Verfechter des freien Marktes entgegen, dass der Wohlstand weltweit seit den Anfängen des Welthandels mit jedem Jahrzehnt gestiegen ist. Was in dieser Debatte übersehen wird, ist, dass die großen Probleme nicht durch die globale Wirtschaft selbst, sondern durch ihre nicht regulierten, selbstverstärkenden Prozesse entstehen. Handel bringt auf jeder Ebene große Gewinne für alle am Handel Beteiligten. Das gilt aber nur solange, wie die Macht- und Vermögensverhältnisse zwischen den Beteiligten einigermaßen ausgeglichen sind. Entfesseltes, selbstverstärkendes Wachstum in der Wirtschaft und deregulierte Finanzmärkte bringen dieses Gleichgewicht zum Kippen.

Es ist Zeit, die Balance wiederzufinden und von der Vergangenheit zu lernen. Mit der Faltung beschreibe ich einen Weg, wie sich die Zerstörung unseres endlichen Planeten und zugleich das Zerreißen unserer Gesellschaft verhindern lassen, ohne dabei Wachstum als notwendiges Anreizsystem zu eliminieren. Eine Entwicklung in eine zukünftige Gesellschaft, die ihr Wertesystem langsam, aber stetig den neuen Herausforderungen anpasst, sei es, dass diese Herausforderungen in der Endlichkeit des Planeten oder neuen technologischen Errungenschaften bestehen. Die Akzeptanz von Grenzen, insbesondere der Grenzen unseres Planeten, ist ein notwendiger und der aktuell wichtigste Zusatz zu den Menschenrechten und unserer demokratisch rechtsstaatlichen Verfassung.

Ich lade Sie ein, sich eine Welt vorzustellen, in der wir uns zusätzlich zu den in vielen Staatsverfassungen verankerten Menschenrechten auf fünf neue Faltungsgrenzen geeinigt haben:

1. **Ende der Verbrennung fossiler Energieträger:** Um das Pariser Klimaabkommen, auf das sich 195 Staaten geeinigt haben, einzuhalten, müssen CO_2-Emissionen weltweit innerhalb der nächsten zwanzig Jahre auf null heruntergefahren werden.[68]
2. **Ende des Rohstoffabbaus:** Unser Planet ist endlich, und daher dürfen ihm irgendwann keine weiteren Rohstoffe mehr entnommen werden.[69]
3. **Begrenzung der Unternehmensgröße:** Der Souverän eines Landes ist die Bevölkerung. Es gilt das Primat der Politik über die Wirtschaft, und deshalb darf kein Unternehmen größer und mächtiger werden als die Länder, in denen es operiert.[70]

---

68 Wie in Kapitel 6 beschrieben, ist der Europäische Emissionshandel eine Implementation dieser Grenze, um der Wirtschaft zu helfen, die Transformation zu einer kohlenstofffreien Produktion in den Wettbewerb einfließen zu lassen. Mittlerweile ist er in den Bereichen, in denen er implementiert ist, weitestgehend wirksam. Er muss gestärkt, auf alle Sektoren ausgebaut und konsequent umgesetzt werden.

69 Diese Faltungsgrenze ist eine logische und physikalisch eindeutige Schlussfolgerung aus der offensichtlichen Endlichkeit unseres Planeten. Sie wird früher oder später von der Realität eingefordert werden, ob wir sie setzen oder nicht. Unsere Produktion muss dann vollständig auf nachwachsenden und recycelten Produkten basieren. Die Implementation dieser Grenze wird einen enormen Innovationsschub generieren (Kapitel 6).

70 Wie in Kapitel 7 beschrieben, würde diese Grenze erst bei wirklichen Megakonzernen greifen, denn es geht nicht prinzipiell darum, Wachstum von Firmen zu begrenzen, sondern um den

4. **Begrenzung des Erbes:** Die Menschen sollten möglichst chancengleich in das Leben starten, deshalb muss das Erbe, das an eine Person geht, begrenzt sein. Es geht hierbei ausschließlich um das Verhindern des Vererbens von großem Reichtum.[71]
5. **Begrenzung des Einkommensunterschieds:** Die Grundlage unseres Zusammenlebens ist die Existenz einer gemeinsamen Gesellschaft. Um die Gleichheit vor dem Gesetz und bei der Wahl zu gewährleisten, sollte das Verhältnis der Einkommen begrenzt sein. Es geht hierbei nicht um das Verhindern von Reichtum, sondern um das Verhindern eines Auseinanderreißens unserer Gesellschaft.[72]

Anders als viele andere größere und kleinere Grenzen, die wir unserem Handeln in Form von Regeln und Gesetzen geben, beschreiben diese Faltungsgrenzen eine Vision: Sie lenken alle individuellen, unternehmerischen und politischen Entwicklungen auf das Ziel einer nachhaltigen Zukunft, in der wir nicht nur ökologisch, son-

---

Schutz der Regierungssouveränität und die Verhinderung der Zerstörung des Wettbewerbs durch Monopolbildung. Die effektive Unternehmensobergrenze könnte in der Größenordnung von 50 Milliarden Euro Umsatz liegen.

71 Wie in Kapitel 8 beschrieben, ist hier die Skala entscheidend. Das Maximalerbe könnte sich an dem maximalen Jahreseinkommen orientieren, zum Beispiel 2 000 000 Euro.

72 Auch hier ist, wie in Kapitel 8 beschrieben, die Skala entscheidend. Das Verhältnis von Maximaleinkommen und Minimaleinkommen könnte auf 100 begrenzt sein. Bei einem minimalen Jahreseinkommen von 20 000 Euro würde das ein maximales Jahreseinkommen von 2 000 000 Euro bedeuten.

dern auch sozial und ökonomisch erhalten und sogar steigern können, was wir an Wohlstand in Jahrhunderten oder gar Jahrtausenden errungen haben. Wie in der Vergangenheit durch die Erklärung der Menschenrechte geschehen, wird sich auch hierbei unser Wertesystem anpassen. Wir werden neu definieren, was wir als Wohlstand empfinden. Entscheidend ist, dass diese Neuorientierung nicht vorgegeben ist, sondern sich frei entfalten kann. Es werden nur die Grenzen vorgegeben, die unser Zusammenleben gefährden.

Wenn es uns gelingen sollte, uns auf solche neuen Faltungsgrenzen zu einigen, wird es dabei auch notwendig sein, aus der Erfahrung zu lernen. Das Prinzip der Faltung funktioniert nur dann, wenn eine Entwicklung durch die gesetzte Grenze wirklich gestoppt wird. Wenn der Tischtennisball aus dem Prolog die Decke, gegen die er fliegt, durchstößt, wird er nicht die Richtung wechseln, er wird seine Trajektorie nicht in den Raum zurückfalten. Das bedeutet, Faltungsgrenzen müssen harte, absolut unumstößliche Grenzen sein. Wir haben das bereits mit den Menschenrechten erlebt, die seit ihrer Einführung immer wieder unterlaufen werden. Die nationalen und europäischen Lieferkettengesetze sind Versuche, solche Bewegungen zu unterbinden. Auch mit Blick auf den Emissionshandel entwickelt die EU mit dem sogenannten Carbon Border Adjustment gerade ein politisches Instrument, mit dem verhindert werden soll, dass Unternehmen das CO_2 einfach außerhalb der EU emittieren bzw. Produkte mit hohem CO_2-Fußabdruck von außerhalb einkaufen.

Wir brauchen dringend diese Art von Lieferkettengesetzen, die, gewissermaßen als »Faltungsgrenzen der

Faltungsgrenzen«, dafür sorgen, dass gefährliche, menschenverachtende, umwelt- und klimaschädliche Entwicklungen sich nicht immer wieder eine Hintertür suchen, um dort weiter Schaden anzurichten. Eine mögliche allgemein gültige Formulierung dieser Faltungsgrenze der Faltungsgrenzen, eine Art verallgemeinertes Lieferkettengesetz, könnte sein:

> Die Gesetze eines Rechtsstaats gelten auch für importierte Produkte, und deshalb dürfen im Geltungsbereich einer Legislative, sei es ein Land oder die Europäische Union, nur Produkte verkauft werden, die den Grundgesetzen dieser legislativen Einheit entsprechen.

Natürlich sind die von mir vorgeschlagenen Faltungsgrenzen nicht die einzigen, die man sich vorstellen kann, und schon gar nicht erreicht man die in einer Vision beschriebenen Ziele über Nacht. Wenn es uns aber gelingt, diese Vision zu entwickeln und uns dann darauf zuzubewegen: »What a wonderful world this could be.«

Großer Dank

geht an

Hans Joachim Schellnhuber, der in der Anwendung der Theorie der nicht-linearen Dynamik schon lange die Lösung unserer Probleme gesehen hat. Ich bin dir, John, zu unendlichem Dank verpflichtet, weil du mir so früh in meiner Karriere die Freiheit zur Forschung gegeben und ein Institut erschaffen hast, das diesen Geist der Forschungsfreiheit trägt und fördert und aushält.

Stefan Rahmstorf, der mit unglaublicher Integrität und Kraft seit Jahrzehnten für das Klima kämpft und mit wissenschaftlicher Souveränität und Brillanz die Wahrheit erforscht und verteidigt. Danke auch dir, dass du so früh an mich geglaubt hast und es seit zwanzig Jahren so sportlich aushältst, wenn wir mal unterschiedlicher Auffassung sind.

Ottmar Edenhofer, der mir die Faszination für die Ökonomie geschenkt und mir gezeigt hat, wie man kraftvoll und intelligent über Gesellschaft nachdenkt.

Itamar Procaccia, der mir beigebracht hat, dass Forschen ein Kreativprozess ist. Deine Klassifikation von theoretischen Physikern als Kulturschaffende war eine Offenbarung für mich als junger Wissenschaftler, die mich bis heute begleitet.

Jonas Viering, der mir das Schreiben beigebracht hat und mir damit noch sehr viel mehr gegeben hat als dieses Buch.

Gunnar Luderer, **Benjamin Bodirsky** und **Leonie Wenz**, an die ich mich mit den wirklich schwierigen ökonomischen Fragen wenden kann.

Literatur

Bagwell, L. S., Bernheim, B. D., 1996. Veblen effects in a theory of conspicuous consumption. Am. Econ. Rev. 349–373.

Bamber, J. L., Riva, R. E. M. M., Vermeersen, B. L. A. a, LeBrocq, A. M., 2009. Reassessment of the potential sea-level rise from a collapse of the west antarctic ice sheet. Science 324, 901–903.

Clausius, R. 1850. Über die bewegende Kraft der Wärme und die Gesetze, welche sich daraus für die Wärmelehre selbst ableiten lassen, Annalen der Physik 155 (4), S. 500–524.

Clapeyron, E. 1834. Mémoire sur la puissance motrice de la chaleur. Journal de l'École Polytechnique XXIIIe Cahier, Tome XIV.

Favier, L., et.al. 2014. Retreat of Pine Island Glacier controlled by marine ice-sheet instability. Nat. Clim. Chang. 5, 117–121.

Feldmann, J., Levermann, A., 2015. Collapse of the West Antarctic Ice Sheet after local destabilization of the Amundsen Basin. Proc. Natl. Acad. Sci. 112, 14191–14196.

Garbe, J., Albrecht, T., Levermann, A., Donges, J. F., Winkelmann, R., 2020. The hysteresis of the Antarctic Ice Sheet. Nature 585, 538–544.

Harari, Y. N. 2011. Eine kurze Geschichte der Menschheit, Deutsche Verlagsanstalt.

IPCC-ExRes: Field, C. B., Barros, V., Stocker, T. F., Qin, D., Dokken, D. J., Ebi, K. L., Mastrandrea, M. D., Mach, K. J., Plattner, G.-K., Allen, S. K., Tignor, M., Midgley, P. M., 2012. Managing the Risks of Extreme Events and Disasters to Advance Climate Change Adaptation – SREX Summary for Policymakers, A Special Report of Working Groups I and II of the Intergovernmental Panel on Climate Change.

IPCC-WG1: Masson-Delmotte, V., Zhai, P., Pirani, A., Connors,

S. L., Péan, C., Berger, S., Caud, N., Chen, Y., Goldfarb, L., Gomis, M. I., Huang, M., Leitzell, K., Lonnoy, E., Matthews, J. B. R., Maycock, T. K., Waterfield, T., Yelekçi, O., Yu, R., Zhou, B. (Eds.), 2021. IPCC, 2021: Climate Change 2021: The Physical Science Basis. Contribution of Working Group I to the Sixth Assessment Report of the Intergovernmental Panel on Climate Change. Cambridge University Press.

IPCC-WG2: Pörtner, H.-O., Roberts, D. C., Tignor, M., Poloczanska, E. S., Mintenbeck, K., Alegría, A., Craig, M., Langsdorf, S., Löschke, S., Möller, V., Okem, A., Rama, B. (Eds.), 2022. IPCC, 2022: Climate Change 2022: Impacts, Adaptation, and Vulnerability. Contribution of Working Group II to the Sixth Assessment Report of the Intergovernmental Panel on Climate Change. Cambridge University Press.

IPCC-WG3: Shukla, P. R., Skea, J., Slade, R., Khourdajie, A. Al, van Diemen, R., McCollum, D., Pathak, M., Some, S., Vyas, P., Fradera, R., Belkacemi, M., Hasija, A., Lisboa, G., Luz, S., Malley, J. (Eds.), 2022. IPCC, 2022: Climate Change 2022: Mitigation of Climate Change. Contribution of Working Group III to the Sixth Assessment Report of the Intergovernmental Panel on Climate Change. Cambridge University Press, Cambridge, UK and New York, USA.

Jensen, R. T., Miller, N. H., 2008. Giffen behavior and subsistence consumption. Am. Econ. Rev. 98, 1553–1577.

Joughin, I., Smith, B. E., Medley, B., 2014. Marine ice sheet collapse potentially under way for the thwaites glacier basin, West Antarctica. Science 344, 735–738.

Kornhuber, K., Coumou, D., Vogel, E., Lesk, C., Donges, J. F., Lehmann, J., Horton, R. M., 2020. Amplified Rossby waves enhance risk of concurrent heatwaves in major breadbasket regions. Nat. Clim. Chang. 10, 48–53.

Kornhuber, K., Osprey, S., Coumou, D., Petri, S., Petoukhov, V., Rahmstorf, S., Gray, L., 2019. Extreme weather events in early summer 2018 connected by a recurrent hemispheric wave-7 pattern. Environ. Res. Lett. 14.

Levermann, A., et al., 2012. Potential climatic transitions with profound impact on Europe. Clim. Change 110, 845–878.

Levermann, A., Winkelmann, R., 2016. A simple equation for the surface-elevation feedback of ice sheets. Cryosph. 10, 1799–1807.

McKay, D. I. A., et al, 2022. Exceeding 1.5 °C global warming could trigger multiple climate tipping points. Science 377, eabn7950.

Mercer, J. H., 1978. West Antarctic ice sheet and CO2 greenhouse effect: a threat of disaster. Nature 271, 321.

Petoukhov, V., Rahmstorf, S., Petri, S., Schellnhuber, H. J., 2013. Quasiresonant amplification of planetary waves and recent Northern Hemisphere weather extremes. Proc. Natl. Acad. Sci. 110, 5336–5341.

Rahmstorf, S., 1996. On the freshwater forcing and transport of the Atlantic thermohaline circulation. Clim. Dyn. 12, 799–811.

Raymond, C., Matthews, T., Horton, R. M., 2020. The emergence of heat and humidity too severe for human tolerance. Sci. Adv. 6.

Riedel, N., Simmler, M., 2021. Large and influential: Firm size and governments' corporate tax rate choice. Can. J. Econ. Can. D Econ. 54, 812–839.

Rignot, E., Mouginot, J., Morlighem, M., Seroussi, H., Scheuchl, B., 2014. Widespread, rapid grounding line retreat of Pine Island, Thwaites, Smith, and Kohler glaciers, West Antarctica, from 1992 to 2011. Geophys. Res. Lett. 41, 3502–3509.

Robinson, A., Calov, R., Ganopolski, A., 2012. Multistability and critical thresholds of the Greenland ice sheet. Nat. Clim. Chang. 2, 429–432.

Rockström, J. et al. 2009. Planetary boundaries: Exploring the safe operating space for humanity. Ecol. Soc. 14.

Schellnhuber, J. H., 2015. Selbstverbrennung: Die fatale Dreiecksbeziehung zwischen Klima, Mensch und Kohlenstoff, C. Bertelsmann Verlag.

Sherwood, S. C., Huber, M., 2010. An adaptability limit to climate change due to heat stress. Proc. Natl. Acad. Sci. U. S. A. 107, 9552–9555.

Veblen, T., 1899. The theory of the leisure class: an economic study in the evolution of institutions. Macmillan, New York, USA.

Weertman, J., 1974. Stability of the junction of an ice sheet and an ice shelf. J. Glaciol. 13, 3–11.

Wentland, K., 2023. The Effect of Industrial Diversification on Firm Taxes. Account. Rev. 98, 453–478.

Winkelmann, R., Levermann, A., Ridgwell, A., Caldeira, K., 2015. Combustion of available fossil fuel resources sufficient to eliminate the Antarctic Ice Sheet. Sci. Adv. 1, e1500589-e1500589.

Zimmerman, J. L., 1983. Taxes and Firm Size. J. Account. & Econ. 5, 119–149.